Tradução
Celso Roberto Paschoa

DADOS PRIMÁRIOS
MÉDIA DOS DADOS
VARIAÇÃO
ERRO
SINAL DE GANHO

SINAIS DE GANHO®

Como Decisões Baseadas em Evidências Estimulam Avanços no Processo Seis Sigma

M. Daniel Sloan
Russell A. Boyles, Ph.D.

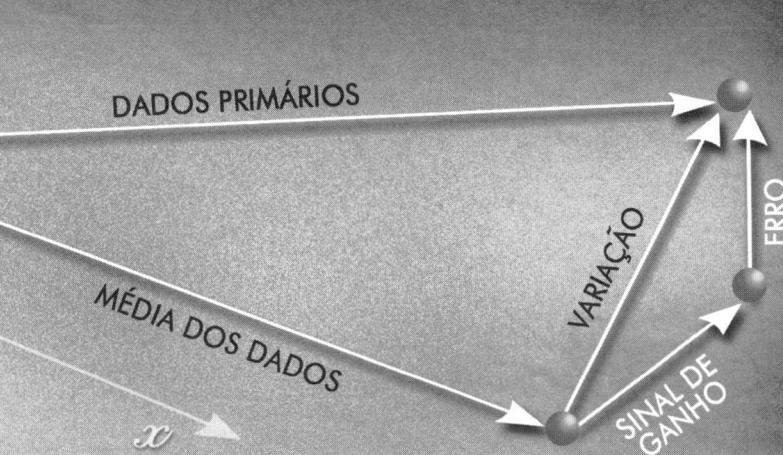

SINAIS DE GANHO®

Como Decisões Baseadas em Evidências Estimulam Avanços no Processo Seis Sigma

Copyright© 2005 by Evidence-Based Decisions, Inc.

Tradução autorizada do original em inglês Profit Signals™,
publicado pela Evidence-Based Decisions, Inc. Todos os direitos reservados.

Todos os direitos desta edição reservados à Qualitymark Editora Ltda.
É proibida a duplicação ou reprodução deste volume, ou parte do mesmo,
sob qualquer meio, sem autorização expressa da Editora.

Direção Editorial SAIDUL RAHMAN MAHOMED editor@qualitymark.com.br	Produção Editorial EQUIPE QUALITYMARK
Capa WILSON COTRIM	Editoração Eletrônica UNIONTASK
Revisão Técnica MARCO ANTONIO SIQUEIRA CAMPOS	Tradução CELSO ROBERTO PASCHOA

CIP-Brasil. Catalogação-na-fonte
Sindicato Nacional dos Editores de Livros, RJ

S643s
    Sloan, M. Daniel, 1950
        Sinais de ganho : como decisões baseadas em evidências estimulam avanços no processo Seis Sigma / M. Daniel Sloan, Russell A. Boyles ; tradução Celso Roberto Paschoa. – Rio de Janeiro : Qualitymark, 2005
        Tradução de: Profit Signals
        Anexos
        Inclui bibliografia
        ISBN 85-7303-532-3

        1. Processo decisório – Modelos matemáticos. 2. Seis Sigma (Controle de processo).
    I. Boyles, Russell A. II. Título.

04-3117   CDD 658.403
                                                                                CDU 658.511.3

2005
IMPRESSO NO BRASIL

Qualitymark Editora Ltda. Rua Teixeira Júnior, 441 São Cristóvão 20921-400 – Rio de Janeiro – RJ Tel.: (0XX21) 3860-8422	Fax: (0XX21) 3860-8424 www.qualitymark.com.br E-Mail: quality@qualitymark.com.br QualityPhone: 0800-263311

"Vários dos planejamentos mais úteis são extremamente simples."
Ronald Alymer Fisher

"Qual o nível de variação que podemos deixar ao acaso?"
Walter A. Shewhart

Prefácio

S*inais de Ganho* é um guia para a utilização de evidências no intuito de aperfeiçoar e tornar mais rentáveis as decisões nos negócios. Critérios rigorosos, opiniões, sensações instintivas, suspeitas, circunstâncias e superstições não são caminhos que levem a evidências. As medições sim. Este livro lhe mostrará como transformar medições em evidências, e evidências em lucros.

As medições tornam-se evidências quando elas são analisadas corretamente. A partir de 1920, uma análise adequada consistia de uma análise vetorial aplicada a uma matriz de dados. Pouquíssimas pessoas sabem disso. Com este livro, pretendemos transformar os mistérios ocultos da análise vetorial em uma disciplina comum. A análise vetorial é uma técnica essencial e fundamental ao trabalho. Qualquer pessoa, em qualquer organização, pode utilizar esta ferramenta para auferir mais lucros.

A análise vetorial é uma generalização vasta, audaciosa e empíricamente verdadeira. Ronald Fisher foi quem primeiro a explicou no início da década de 1920.[1] A base deste livro é a evidência, e a análise vetorial é o fundamento para a evidência.

A palavra "generalização" normalmente denota uma asserção ampla, descuidada, sem base em fatos. Contrariamente, uma Generalização é uma lei do Universo passível de verificação. Assim, um termo tem dois significados opostos.[2] Diferentemente da generalização, uma Generalização fornece conclusões válidas e previsões acuradas.

As leis da gravidade são uma Generalização. A gravidade é uma constante física de nosso Universo. As leis do movimento são uma Generalização. As leis da Variação, as flutuações ocasionais, ou *Noise** (Ruído), que estão presentes em todas as medições, são uma Generalização.

Elas são Lei. Da mesma forma que é possível medir a gravidade (Newton e a maçã), as Generalizações, como é o caso da variação estatística, podem ser testadas e validadas através de um processo de experimentação, observação e análise.

---

* N.T.: *Noise*, também conhecido como **erro**.

VIII Sinais de Ganho™

As decisões baseadas em evidências focam nos três vetores presentes no lado direito da equação da análise vetorial a seguir:

Dados Primários = Média dos Dados + Sinal de Ganho + Erro

Um vetor é um conjunto de números tratado como uma única entidade. Ele define magnitude e direção, e é mais bem visualizado como uma seta que conecta um ponto a outro no espaço. A equação da análise vetorial é muito mais fácil de ser entendida quando ela é apresentada sob a forma de uma figura. Os seis cantos do tetraedro mostrado na **Figura 1** representam as seis diferentes formas de combinação entre os três vetores situados no lado direito da equação. Denominamos esta figura geométrica estável de a "base da evidência".

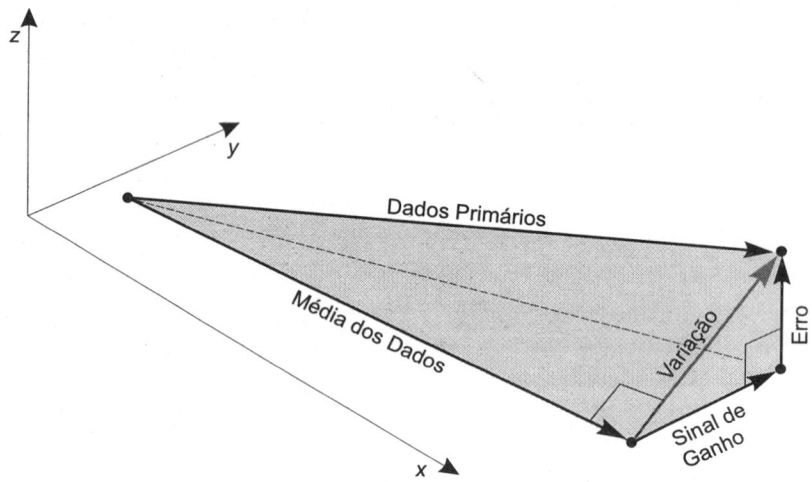

Figura 1. Uma análise vetorial requer um mínimo de três dimensões Generalizadas. Uma decisão baseada em evidência avalia três vetores-chave: 1) uma Média dos Dados; 2) um Sinal de Ganho; e 3) um Erro.

A base da evidência chega até a ser mais bem compreendida em sua forma física. Neste livro você aprenderá como construir uma com palitos de bambu e Sculpey Clay.® O processo de construção é divertido e informativo.

Os segredos para aperfeiçoar e tornar mais rentáveis as decisões nos negócios são: (1) *identificar* e (2) *interpretar* os sinais de ganho em seus dados primários. Os sinais de ganho constituem o elemento mais importante em qualquer decisão de negócio gerada por dados. A análise vetorial é o único meio de identificar sinais de ganho. Saber como encontrar e representar por meio de um gráfico seus sinais de ganho é uma técnica extraordinária que reverte em ganhos financeiros.

Relativamente poucas pessoas têm conhecimento sobre análise vetorial e sua relevância universal. Muitos não entendem a diferença fundamental entre uma matriz de dados e uma planilha de trabalho. *Sinais de Ganho* preenche essas falhas educacionais. Capítulo após capítulo você entenderá mais claramente o que são sinais de ganho. Em breve, você saberá por que eles têm um valor inestimável.

A escola de pensamento que utiliza como conceito o ponto de equilíbrio tem dominado as decisões nos negócios desde 1918. Este foi o ano em que G. Charter Harrison – um contador londrino funcionário da Price, Waterhouse & Company – publicou "Principles of a Cost System Based on Standards" na revista *Industrial Engineering*.[3,4,5] Desde então, os princípios e procedimentos contábeis de Harrison tornaram-se aceitos no mundo inteiro. Eles são conhecidos nos dias de hoje como *análise da variância da contabilidade de custos*.[6]

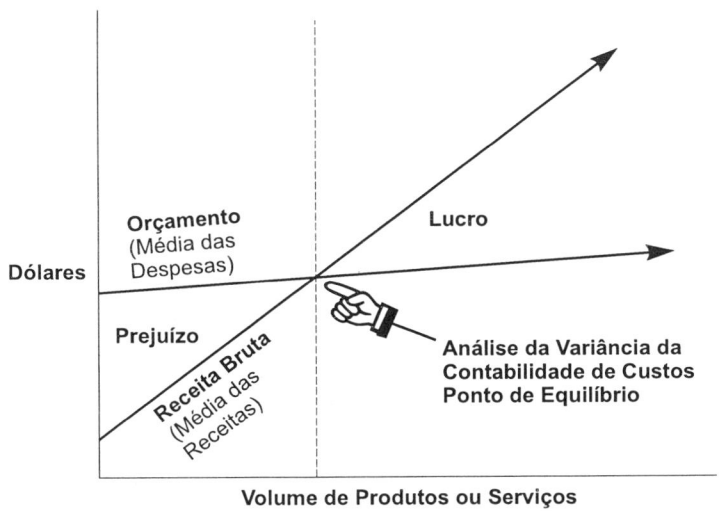

Figura 2. A escola de pensamento do ponto de equilíbrio foi criada por G. Charter Harrison em 1918. Ela é inerentemente unidimensional.

Por exemplo, a **Figura 2** ilustra a análise tradicional do ponto de equilíbrio. Ela assume que as despesas e as receitas médias são funções lineares perfeitas do volume. As linhas se cruzam no "ponto de equilíbrio".

Uma "análise da variância da contabilidade de custos" que utiliza o ponto de equilíbrio é inerentemente unidimensional. Ela é baseada na diferença entre as duas linhas — as diferenças entre a despesa média e a receita média sob vários volumes. Tecnicamente falando, estas diferenças são denominadas de *valores previstos*. Conforme mostrado na **Figura 3**, estas diferenças formam o vetor na parte traseira do tetraedro, que nada mais é do que um dos seis vetores requeridos para uma análise vetorial tridimensional completa.

Definir padrões de desempenho e avaliar resultados reais em relação a eles são importantes etapas a seguir. Infelizmente, não houve um cruzamento de dados entre o trabalho de Harrison em Londres e o desenvolvimento simultâneo da análise vetorial de Ronald Fisher,

x Sinais de Ganho™

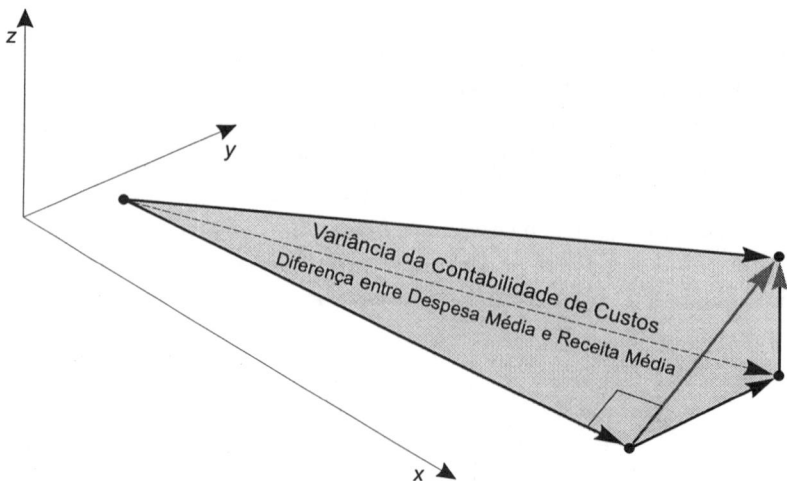

Figura 3. As diferenças entre a receita média e a despesa média formam um vetor no conjunto de seis requeridos para uma análise vetorial completa.

em 1918, na região rural da Inglaterra. Em lugar disso, a análise da variância da contabilidade de custos evoluiu como uma série de métodos unidimensionais. Na análise do ponto de equilíbrio, os valores previstos são utilizados isoladamente. Em outros casos de contabilidade, a análise é baseada exclusivamente nos dados brutos.

Como os métodos de análise da variância da contabilidade de custos são inerentemente unidimensionais, é impossível para qualquer um deles efetuar uma análise correta. Por exemplo, a exatidão de qualquer valor previsto depende do comprimento do vetor do erro. Igualmente importante, a força da evidência suportando qualquer conclusão depende de uma razão envolvendo os vetores do sinal de ganho e do erro. Esta razão F, como é chamada, compara o comprimento do vetor do sinal de ganho com o comprimento do vetor do ruído ou erro.

Os livros didáticos modernos ensinam a análise da variância da contabilidade de custos como um meio de identificar causas de lucros e prejuízos.[7] De acordo com um dos livros de contabilidade que se encontra na lista dos dez mais utilizados nas faculdades de Administração e Economia, uma análise da variância da contabilidade de custos pode "...decompor a diferença total entre desempenho previsto e real em elementos que devem ser atribuídos a centros de responsabilidade individuais".[8]

Esta abordagem parece uma análise vetorial, mas não é. A análise da variância da contabilidade de custos não passa de aritmética. Ela é um conjunto de métodos de análise unidimensionais incapazes de distinguir entre sinais de ganho e erro.

Os métodos de ensino do século XXI e a computação gráfica colocam a análise vetorial em seu devido lugar na tomada de decisões nos negócios. No passado, tínhamos que consultar com dificuldade volumes inteiros de livros contendo uma álgebra confusa para efetuar análise de dados. Somente poucos de nós chegamos a ver um dia a base da evidência. Poucas pessoas foram capazes de levar evidência aos nossos resultados financeiros: "Como posso pessoalmente utilizar análise vetorial para resolver *meus* problemas e tornar *meu* negócio mais rentável?"

A única fórmula que usaremos neste livro é o teorema de Pitágoras. (Se você agora está demonstrando preocupação, provavelmente tomou conhecimento dessa idéia em sua aula favorita na escola secundária – geometria.) Esta equação define os triângulos retângulos que compreendem a base da evidência:

*O quadrado do lado maior de um triângulo retângulo
é igual à soma dos quadrados dos outros dois lados.*

Em outras palavras, $a^2 = b^2 + c^2$. A grande maioria das decisões baseadas em evidências é fundamentada nesta fórmula simples. Nós a denominamos de Nova Equação da Administração. Esperamos que você faça o mesmo.

O presidente de uma empresa de US$ 500 milhões colocou isso da seguinte forma: "Na contabilidade de custos ensinada antigamente, determinávamos a variância e, a partir desse ponto, a análise parava. Com a Nova Equação da Administração, determinamos a variância e, com esse dado, começa a análise." Esta análise vetorial é representada pelo triângulo retângulo exibido na **Figura 4**.

A análise vetorial é *transparente*. Transparência implica a exposição total de todos os elementos. Transparência é indispensável no caso de decisões baseadas em evidências. Ela é uma qualidade desejável da contabilidade.

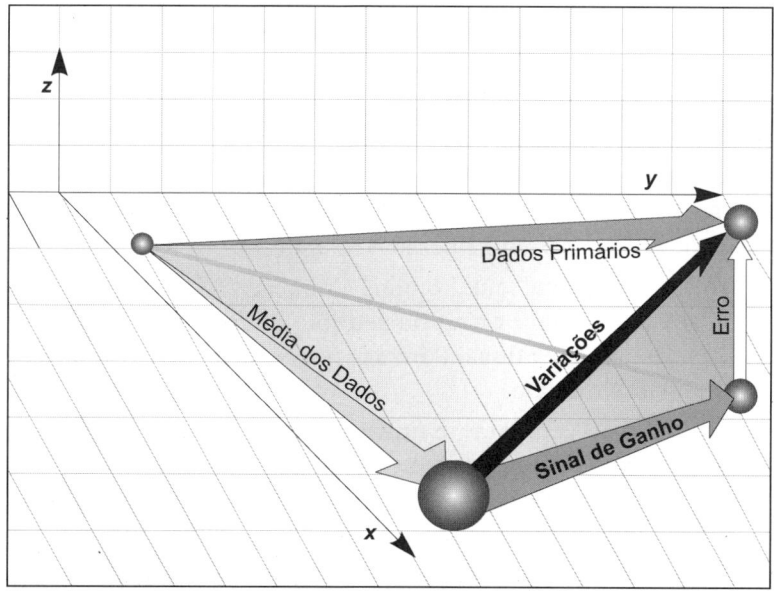

Figura 4. A análise da variância da contabilidade de custos termina com variações dos valores-padrão. Uma análise vetorial inicia com variações em torno da média dos dados. O vetor das variações é, em seguida, decomposto em dois componentes: 1) o vetor do Sinal de Ganho e 2) o vetor do Erro.

Falta transparência à análise da variância da contabilidade de custos. Ela não mudou em nada desde sua criação, durante a "febre" do gerenciamento científico do século XX. Semelhantemente aos espartilhos de osso de baleia daquela época, ela é um artefato restringente. Cria uma aparência externa de propriedade ao passo que esconde impropriedades dissimuladas. Ela suprime cinco sextos – 83% – das informações contábeis e de análise contidas nos dados primários.

As diferenças entre uma análise vetorial aplicada a uma matriz de dados e uma análise de planilha de trabalho aplicada a grupos arbitrários de números são irreconciliáveis. Quanto mais você souber sobre a base da evidência, mais você entenderá como utilizar apenas um dos seis vetores possíveis pode representar erroneamente a evidência e prejudicar a rentabilidade.

Nossa acusação é grave. Ajudaremos você a desafiar esse ponto. Em seguida, desejamos que você seja um apoiador de uma revelação e transparência total.

A Parábola dos Sacos de Papel

Elaboramos este livro para líderes de negócios que são competidores decididos. Competidores, e nós dois pertencemos a esta classe, são humanos. Portanto, todos nós encaramos os mesmos desafios quando enfrentamos a área de conhecimento do Seis Sigma para estudo das decisões baseadas em evidências. Uma de nossas alunas iniciantes contou-nos uma história pessoal no primeiro dia de treinamento. Utilizamos sua parábola dos sacos de papel em nossos cursos de decisão em Seis Sigma.

"O que vocês estão nos ensinando é uma nova técnica difícil de ser entendida. Este processo me faz lembrar da maneira como meu avô administrava os negócios."

Eu amava demais meus avós, e era muito próxima a eles. Meu avô nasceu em Sylva, na Carolina do Norte, em 1893. Ele teve de abandonar a escola no segundo ano para ir trabalhar numa plantação de tabaco. Durante a Grande Depressão, ele e minha avó não conseguiam sustento necessário para viver. Assim, eles empilharam suas tralhas no carro que possuíam e viajaram até o outro lado do país — para Darrington, Washington. Contando com a família do irmão de meu avô, eles somavam 13 pessoas ao todo.

Ele inicialmente trabalhou na Sauk Logging Company. Mas preferiu virar-se por conta própria. Quando o governo federal comprou seu lote de terra na Carolina do Norte para agregá-lo ao Smokey Mountain National Park, ele pegou a indenização recebida e comprou uma propriedade aqui em Arlington.

Meus avós plantaram 80 cerejeiras, e tinham 4,05 ha de framboesas e uma horta com 2,02 ha de área. Eles comercializavam sua produção. Havia vacas de leite e sempre algum tipo de carne bovina. Meu avô comprava e vendia novilhos. Ele cortava toras de cedro em seu tempo livre para complementar a renda familiar.

Corriam todas as espécies de transações. Mas, meu avô não sabia efetuar multiplicações. Em seu lugar, ele mantinha todos seus recibos em diferentes sacos marrons de papel. Uma vez por mês, ele dispunha estes sacos na sala de estar. Em seguida, adicionava colunas de números para saber o que cobrar das pessoas.

Eu aprendi a operação de multiplicação no terceiro ano escolar. E fiquei muito boa nisso no quarto ano. Eu sempre achei que matemática era difícil, e ainda considero o mesmo. Eu tive de me esforçar no estudo da matemática e realmente preferia fazer algo que fosse mais fácil.

Um dia, creio que foi em 1959, cheguei em casa e orgulhosamente disse a ele que poderia ensinar-lhe a multiplicar. Ao efetuar multiplicações, ele não teria de gastar tanto tempo com seus sacos de papel. Ele ouviu atentamente e aprendeu a resolver corretamente alguns problemas simples. Depois que ele entendeu os ensinamentos, voltou imediatamente a usar seus sacos de papel. Meu avô nunca confiou em multiplicações. Ele não conseguia se encaixar neste modo inovador de fazer o trabalho.

Seu sistema dava certo, mas, meu Deus, como ele se sacrificava!

Não havia dúvidas sobre isso. O conceito do ponto de equilíbrio da análise da variância da contabilidade de custos funciona. Todavia, os testemunhos da Arthur Andersen, Cendant, Coca Cola, Enton, Rite Aid, WorldCom, e outras empresas de primeira grandeza, sugerem que a forma como ele funciona seja dispendiosa.

Seria uma generalização da variedade não pertencente às áreas científica e matemática reivindicar que a análise vetorial é a solução de problemas dessa magnitude. No entanto, propomos que a análise vetorial e a inclinação para este tipo de análise são de fato partes importantes das soluções de decisões nos negócios. Nós lhe pedimos para avaliar criticamente esta proposta.

A teoria e os recursos da análise vetorial são para a multiplicação como esta é para a adição. Eles são poupadores valiosos de tempo. Força e beleza são seus pontos fortes, mas também seus calcanhares de Aquiles. Embora estas idéias não intimidem crianças, elas podem assustar os adultos.

Quando você e seus parceiros trabalharem para dominar as decisões baseadas em evidências, não fiquem surpreendidos se observarem raiva, negação, barganha e depressão. Antecipe estes altos e baixos de comportamento. No final do processo, esperamos que você chegue no nível de aceitação. Este ciclo acompanha qualquer e toda mudança significativa na vida.

Negocie e chegue à concordância com seus colegas de trabalho. Concorde com seus executivos e com aqueles que você lidera de modo que sua empresa não fique usando sacos marrons de papel para competir contra um meio mais poderoso, eficiente, efetivo e rentável de efetuar o trabalho.[9] Esse novo modo de fazer o trabalho consiste em uma análise vetorial aplicada a uma matriz de dados.

O Valor da Evidência do Dólar

A qualidade das decisões de um gerente e as ações subseqüentes determinam lucros e prejuízos. Visto que grandes somas de dinheiro estão freqüentemente em risco, os gerentes pesam suas "evidências".

Eles observam a produção. Despejam relatórios de planilhas de trabalho numa base mensal. Normalmente, a informação mais valiosa com que um gerente pode contar permanece enterrada nas planilhas de trabalho. Ela é posteriormente obscurecida pelas somas aritméticas, médias, diferenças, gráficos de barras e diagramas de blocos.

Na condição de executivos seniores, e de consultores destes executivos, vimos este processo repetir-se mês após mês, ano após ano, década após década. Com a pressão para gerar lucros, é fácil de entender por que muitos gerentes recorrem a um dispositivo prático: aparências. Os privilégios da posição – cargo, roupas, carros, localização do escritório e equipamentos, redes sociais, e remuneração financeira –, podem persuadir, e geralmente persuadem, os outros para que a aparência seja vista como uma evidência. As decisões baseadas em evidências requerem padrões mais altos.

Sempre que um gerente verifica os números utilizados para medir o desempenho de uma organização, certas perguntas deveriam começar a tomar forma:

1) eu posso acreditar nesses números?
2) qual é a evidência contida nestes números e quão forte ela é?
3) que ações devem ser tomadas baseadas nessa evidência?
4) qual evidência confirmará que as ações de gerenciamento produziram os resultados desejados?

Como não passamos de seres humanos, estas questões são acompanhadas por sentimentos e pensamentos alterados que alimentam a ansiedade:

a) eu estou confortável com a maneira como as coisas são;
b) este novo conhecimento coloca minhas decisões anteriores numa situação desagradável;
c) eu não quero perder meu emprego.

Você provavelmente está lendo este livro porque tomou decisões nos negócios. Algumas delas foram boas; outras foram ruins. Algumas foram baseadas em evidências; outras não. Nós lhe pedimos para comparar o lucro relacionado com as boas decisões com o prejuízo relacionado com as más. A diferença entre esses dois números prevê o Retorno sobre o Investimento (ROI) inicial esperado ao efetuar a leitura deste livro.

Pelo fato de sermos seres humanos, as evidências e o ROI talvez não sejam suficientes. Nós devemos controlar o medo. Sabemos deste fato por prestarmos serviços a clientes corporativos e individuais em, virtualmente, todos os setores industriais, em países como Austrália, Brasil, Inglaterra, México, Nova Zelândia, Singapura, Uruguai e em 44 estados norte-americanos. Isto deve ajudá-lo a saber que, em todo caso em que nossos alunos utilizaram a informação que apresentamos, o ROI é de, no mínimo, 10:1. Um resultado mais comum é de 50:1. Na maioria dos casos, resultados corporativos financeiros nesse nível eventualmente rompem essas barreiras de medo.

Nossos clientes acolhem a oportunidade de melhorar seus métodos atuais de análise e tomada de decisões. No entanto, todos nós temos uma aversão natural a mudanças. Quanto maior for a mudança, maior nossa aversão. As empresas que seguem o Seis Sigma tomaram uma decisão consciente de vencer suas relutâncias. Experiência, evidência, e, acima de tudo, competição, estão forçando todos nós no sentido do aperfeiçoamento.[11]

O processo de tomar uma decisão baseada em evidência é refinadamente simples. Não é um processo novo, embora seja profundo. Ele tem demonstrado sua habilidade de melhorar a produtividade e a rentabilidade em qualquer setor industrial. Os sinais de ganho de uma, duas, três e n dimensões esperando para serem descobertos em seus dados primários podem prover soluções práticas e rentáveis até mesmo para os problemas de negócios mais complexos, confusos e desafiantes que você precisará enfrentar.

Seis Sigma

Na mídia popular dos dias de hoje, as decisões baseadas em evidências são conhecidas como Seis Sigma (6σ).[12] Bill Smith, um engenheiro da Motorola, concebeu o Seis Sigma em 1986. Este importante avanço gerou trilhões de dólares em lucros. Cada desenvolvimento estimula uma demanda por desenvolvimentos posteriores mais drásticos. Isto é um processo bom e natural.

A natureza repetitiva do ciclo do projeto Seis Sigma nos ensinou que partes do Seis Sigma são essenciais. Nós, e outros profissionais experientes na área, também aprendemos quais partes são irrelevantes. A demanda por novos desenvolvimentos drásticos e rápidos pode ser satisfeita somente se apararmos os excessos da disseminação da fase madura do Seis Sigma. Este conceito possibilitou a elaboração desse livro. Nós retribuímos o favor mostrando como flexionar o músculo da evidência sem carregar o peso da burocracia.

Dois conceitos fundamentais do Seis Sigma, a matriz de dados e a análise vetorial, nunca foram explicados para satisfazer as pessoas em qualquer publicação anterior. Desde 1986, o Seis Sigma tem sido baseado em duas pressuposições aparentemente razoáveis:

1) é impossível ensinar a teoria do Seis Sigma a todas pessoas em uma empresa;
2) as ferramentas do Seis Sigma são de difícil alcance para a utilização da maioria das pessoas.

Descobrimos que estas pressuposições não têm mais validade. Os computadores pessoais e o software transformaram o mundo. Atualmente, os requisitos para o domínio do Seis Sigma são simplesmente:

a) uma atitude impetuosa de perseguir a verdade em um sistema;
b) um entendimento da natureza de uma lei física ou Generalização;
c) a habilidade de operar cuidadosamente um software estatístico estrategicamente selecionado.

Todos podem aprender esta teoria unificadora. Eles podem aprendê-la rapidamente. Qualquer pessoa pode dominar o que é chamado de Área de Conhecimento do *Black Belt* (*Black Belt Body of Knowledge* — BOK). Baseado em nossa experiência, e com o suporte de liderança de gerentes seniores, este processo pode ser concluído de dez a 16 dias.

Esta é a trajetória que adotamos e o caso que assumimos em *Sinais de Ganho*. Você aprenderá os fundamentos rapidamente, e será capaz de utilizar imediatamente o que aprendeu para tomar decisões baseadas em evidências. Decisões melhores podem conduzi-lo, juntamente com sua empresa, aos benefícios do Seis Sigma.

Se a sua empresa almeja ser bem-sucedida, seus produtos e serviços devem exceder as enormes expectativas de clientes volúveis. Bens e serviços devem ser capazes de passar pelo exame minucioso da imprensa livre e até mesmo de um subcomitê investigativo do Senado. Se você espera que sua empresa cumpra estes objetivos, ela deve abraçar e alavancar o poder das decisões baseadas em evidências.

Os lucros sempre estão em alta. O Seis Sigma é um modo muito alinhado de obtê-los. Os princípios subjacentes de uma matriz de dados e de uma análise vetorial guardam um estilo eterno. Durante mais de 2.000 anos, a Nova Equação da Administração ($a^2 = b^2 + c^2$) ajudou pessoas a ganhar dinheiro a partir de medições. A evidência que suporta esta declaração é esmagadora. Ela supera em muito qualquer sombra de dúvida.

Pense num produto, serviço ou esporte rentável do século XXI. Qualquer um conseguirá. As qualidades das amêndoas, aviação, agricultura, cerveja, computadores, eletricidade, eletrocardiogramas, *fast-food*, sistemas de navegação global, sorvetes sofisticados, meios magnéticos de informação, filmes, música, petróleo, patins de alta velocidade desenhados para obtenção da medalha de ouro olímpica, produtos farmacêuticos, canetas esferográficas, instrumentos cirúrgicos, esqui, mergulho em alto mar, telecomunicações, artigos têxteis, janelas, e competições envolvendo esportes radicais, compartilham um vínculo em comum. Os progressos em cada um deles são impulsionados por observação disciplinada, medições, registro de dados em um modo ordenado de matriz de dados e análise.

A base da evidência suportou o teste do tempo. Seus princípios seguem arraigados e distantes do hábito, da rotina e do pensamento empresarial dominante.[13] Nós o recebemos no mundo da matriz de dados, da análise vetorial, dos padrões de evidência, das decisões melhores nos negócios e da Nova Equação da Administração. Bem-vindos ao universo dos Sinais de Ganho.

Como Ler Este Livro

Você pode ler este livro rapidamente em cerca de uma semana. Para captar a "idéia central", passe superficialmente pelas figuras. Leia as legendas das mesmas. "Os argumentos finais" no término de cada capítulo fornecem um resumo do conteúdo-chave.

Após esse panorama inicial, provavelmente você queira lê-lo novamente em um ritmo mais compassado. As idéias, analogias e atividades são apresentadas em uma seqüência particular por uma boa razão. Assim, é melhor ler o livro na seqüência da primeira à ultima página. Se possível, complete as experiências sugeridas à medida que você prossegue na leitura. Sinta-se à vontade para colaborar nisso com seus colegas, amigos, familiares, vizinhos — mesmo seus antigos professores da escola secundária.

Capítulo 1: O PhD de Cinco Minutos – O capítulo de abertura permite que você obtenha seu PhD em decisões baseadas em evidências. Isso leva apenas cinco minutos. Seu PhD de Cinco Minutos confere-lhe a força da análise vetorial. Chame isso de poder vetorial se desejar. Uma vez que você consiga manejar adequadamente os sinais de ganho, será capaz de quantificar sistematicamente e priorizar os efeitos de diversos fatores em qualquer processo ou serviço envolvendo manufatura, atendimento à saúde ou setor financeiro.

Capítulo 2: Padrões de Evidência – Nós recapitulamos a distinção entre contar histórias e evidências. Você aprenderá a diferença entre análise vetorial aplicada a uma matriz de dados e cálculos de planilhas de trabalho aplicados a grupos arbitrários de números.

A coisa engraçada e a curiosidade secreta interna deste capítulo são que um grego de nome Pitágoras inventou a "Nova Equação da Administração" há 2.500 anos. (A Nova Equação da Administração é mais fácil de dizer e soletrar do que o Teorema de Pitágoras. Ela é também mais suave de se ouvir.) No início da década de 1920, um gênio de nome Ronald Fisher descobriu como aplicar a Nova Equação da Administração para identificar sinais de ganho em dados primários e quantificar a força da evidência.

O método de Fisher é o padrão internacional de análise quantitativa em todas as profissões, salvo duas: contabilidade e gerenciamento empresarial. Neste capítulo, traçamos a história da análise da variância da contabilidade de custos e mostramos como aperfeiçoá-la com a ajuda da análise vetorial.

Capítulo 3: Seis Sigma Baseado em Evidências – Se você é um principiante no estudo do Seis Sigma, este capítulo contém todos os fundamentos básicos necessários de se conhecer. Ele revê o conjunto de ferramentas tradicionais do Seis Sigma. Cobrimos diretrizes organizacionais, critérios de seleção de projetos, mapas de processo e gráficos de modelo financeiro. Revemos o tradicional ciclo de projeto de avanço do Seis Sigma: Definir, Medir, Analisar, Aperfeiçoar, Controlar (DMAIC – *Define, Measure, Analyse, Improve, Control*).

Capítulo 4: Estudos de Casos – Cada um de nós conta com mais de 20 anos de experiência em consultoria no campo de decisões baseadas em evidências. Nossos resultados têm sido publicados em livros didáticos revisados por companheiros de trabalho. CEOs, gerentes de nível médio e trabalhadores de linha assinaram declarações e testemunharam o valor de nosso trabalho.[14] O Dr. George E. P. Box, um *Fellow da Royal Society* (Membro da Sociedade Real) e membro-eleito da Academia de Artes e Ciências, endossou um de nossos livros de análise tridimensional em 1997.[15]

Neste capítulo, contamos algumas de nossas histórias favoritas de projetos de avanços, entre as quais:

- aperfeiçoamento da qualidade dos serviços do Governo Estadual prestados ao cliente, envolvendo um dispêndio de US$ 525 mil;
- redução do prazo das contas a receber para 30 dias com um projeto de 14 dias de duração e um impacto nos resultados financeiros de US$ 425 mil;

- melhora nas operações de um Centro de Emergência Hospitalar com uma margem bruta de US$ 18 milhões para um ganho de 38,2% em comparação com o desempenho do ano anterior;

- melhora drástica dos resultados com pacientes de cirurgias cardiovasculares ao passo que se auferia US$ 1 milhão de lucro extra nos resultados financeiros de um hospital;

- progressos na afiação de ferramentas calculados no valor de US$ 900 mil;

- dobro da produtividade em um processo de extrusão de vinil, reduzindo custos com materiais do produto em até 50% num período de três meses. O valor previsto dos resultados financeiros desta empresa para cada um dos próximos três anos é de US$ 1 milhão, totalizando um montante de US$ 3 milhões.

Capítulo 5: Utilizando Sinais de Ganho – Este capítulo apresenta os fundamentos da análise vetorial com algumas páginas dedicadas à leitura e a um modelo físico. Você aprenderá como expor os sinais de ganho em seus próprios dados e a representá-los com espetos de bambu e Sculpey Clay®. Você enfrentará os seguintes desafios ao se deparar com a Corrugated Copters Company:

- estabelecer métricas básicas de desempenho;

- comparar dois modos de executar o trabalho;

- comparar três modos de executar o trabalho;

- comparar 256 modos diferentes de executar o trabalho.

Capítulo 6: Prevendo Lucros — Os gerentes da Corrugated Copters querem ter a habilidade de prever acuradamente tempos de vôo, lucros, custos, estoques e outros itens importantes. Se eles conseguirem promover a qualidade de suas previsões, poderão confiantemente tirar um melhor proveito da dinâmica de mercado. Felizmente, esta equipe de gerentes está preparada para realizar uma *análise de regressão*.

Isto é algo novo e diferente? Não, trata-se apenas de um outro modo de utilizar a Nova Equação da Administração. Consiste em análise vetorial aplicada a uma matriz de dados.

Capítulo 7: Sustentando Resultados — Na Corrugated Copter, os melhores resultados nos negócios sempre significam obter a maior receita com a menor despesa. Isto é mais do que um chavão politicamente correto. Trata-se de um comando responsável. O time aprende como monitorar e aperfeiçoar seus processos produtivos graças aos *estudos de capacidade do processo* e *gráficos de controle do processo*.

Isto representa coisas novas e diferentes? Não, tratam-se somente de outros modos de utilizar a Nova Equação da Administração. Consistem em análise vetorial aplicada a uma matriz de dados.

Capítulo 8: Os Três Rs — Em seu tempo, a iniciativa empresarial do Seis Sigma criou novos desenvolvimentos na qualidade, produtividade e rentabilidade. A Corrugated Copters agora acredita que as idéias organizacionais tradicionais do Seis Sigma estão desatualizadas.

Um time de líderes dessa empresa propôs um sistema educacional que tornaria obsoleta sua burocracia Seis Sigma.

Anexos – Nesta parte, você encontrará um glossário de termos relacionados ao Sinal de Ganho que o ajudarão a aprender a linguagem das decisões baseadas em evidências. Há uma bibliografia completa com uma lista de livros sobre decisões baseadas em evidências. Incluímos ainda um Currículo de *Black Belt* em Sinais de Ganho e informação de produção sobre o ferramental Seis Sigma que utilizamos para redigir e produzir este livro. Cremos que estas informações servirão como um manual para estudos futuros.

Notas Finais

[1] Box, Joan Fisher. *R. A. Fisher, Life of a Scientist*. John Wiley & Sons, New York. 1978.

[2] Box, Joan Fisher. *R. A. Fisher, Life of a Scientist*. John Wiley & Sons, New York. 1978.

[3] Harrison, G. Charter. *Cost Accounting to Aid Production – I, Standards and Standard Costs*, Industrial Management, The Engineering Magazine, Volume LVI, Nº 5, October, 1918.

[4] Harrison, G. Charter. *Cost Accounting to Aid Production – II, Standards and Standard Costs*, Industrial Management, The Engineering Magazine, Volume LVI, Nº 5, November, 1918.

[5] Harrison, G. Charter. *Cost Accounting to Aid Production – II, Standards and Standard Costs*, Industrial Management, The Engineering Magazine, Volume LVI, Nº 5, December, 1918.

[6] Johnson, H. Thomas, and Kaplan, Robert S. *Relevance Lost, The Rise and Fall of Management Accounting*. Boston, Harvard Business School Press, 1987.

[7] Garrison, Ray H., and Noreen, Eric W. *Managerial Accounting, 10th Edition*. Boston, McGraw-Hill Irwin, 2003. Page 431.

[8] Anthony, Robert N., and Reece, James S., *Accounting: Text and Cases, Eighth Edition*. Homeword, Irwin, 1989. Page 941.

[9] Fisher, Roger, and Ury, William, *Getting to Yes, Negotiating Agreement Without Giving In:* New York, Penguin Books. 1981.

[10] Royall, Richard. *Statistical Evidence, A likelihood paradigm*. New York, Chapman & Hall. 1997.

[11] Shewhart, Walter A. *Nature and Origin of Standards of Quality*. The Bell System Technical Journal. Volume xxxvii, number 1, January, 1958.

[12] Seis Sigma é uma marca comercial registrada e uma marca de serviço da empresa Motorola. O site da Motorola na Web é um recurso recomendado para pesquisa da história do Seis Sigma. Para ver um resumo sobre o tema, queira ler: Barney, Matt, "Motorola's Second Generation", *Six Sigma Forum Magazine*, May 23, 2002, pages 13-16. http://mu.motorola.com/pdfs/Mot Six Sigma.pdf.

[13] Fuller, F. Buckminster. *Critical Path*. New York, St. Martin's Press. Page 8.

[14] Sloan, M. Daniel and Torpey, Jodi B. *Success Stories on Lowering Health Care Costs by Improving Health Care Quality.* Milwaukee, ASQ Quality Press, 1995.

[15] Sloan, M. Daniel. *Using Designed Experiments to Shrink Health Care Costs.* Milwaukee, ASQ Quality Press, 1997.

Sumário

Prefácio VII
    A Parábola dos Sacos de Papel XII
    O Valor da Evidência do Dólar XIII
    Seis Sigma XV
    Como Ler Este Livro XVI
    Notas Finais XIX

Capítulo 1 — O PhD de Cinco Minutos 1
    Ative Agora seu Cronômetro 2
    Arte e Ciência dos Negócios 4
    Sinais de Ganho 10
    Reciclagem de Dados 16
    O Ciclo Completo do Descobrimento de Dados 17
    A Nova Equação da Administração 17
    Argumentos Finais 19
    Notas Finais 20

Capítulo 2 — Padrões de Evidência 21
    Poesia *versus* Ciência 22
    Gerenciamento "Científico" 23
    Análise da Variância da Contabilidade de Custos 24
    Contabilidade *versus* Ciência 26
    Ilusões e Logros 27

Análise Vetorial 101 28
Graus de Liberdade 35
Logros dos Gráficos de Barras 36
O Jogo já Começou 43
Planilhas de Trabalho *versus* Matriz de Dados 48
Valores *P*, Sinais de Ganho, Níveis de Confiança e Padrões de Evidência ... 50
Argumentos Finais 51
Notas Finais 52

Capítulo 3 — Seis Sigma Baseado em Evidências 55
Fundamentos do Seis Sigma (6σ) 57
A Estratégia de Ganho do Seis Sigma 58
O Lucrativo Mapa de Resultados do Projeto 61
Definir, Medir, Analisar, Aperfeiçoar e Controlar 62
Seleção de Projetos Lucrativos 64
Modelagem Financeira e Simulação 67
Análise de Comparação e Contraste 70
Mapas do Processo 73
Custos da Qualidade 76
Capabilidade do Processo 78
Notas Finais 80

Capítulo 4 — Estudos de Caso 83
Serviço ao Cliente — Agência Governamental 85
Dias em Contas a Receber 88
Superando a Barreira do Tempo 92
Resultados de Desenvolvimentos 95
DMAIC 95
Ganho de Sabedoria pelo Caminho 96
Revascularizações Miocárdicas com o "Coração Batendo" 100
A Rotina Diária 107
"Preparação do Molde" para Extrusão de Vinil 110
Notas Finais 114

Capítulo 5 — Utilizando Sinais de Ganho 117
Um Melhor Modo de Analisar Números 118
Corrugated Copters 119
Testando o Modo de Procedimento Atual 121

Sumário **XXIII**

    Superando Obstáculos.. 126
    Comparando Dois Modos de Fazer o Trabalho 127
    Comparando Três Modos de Fazer o Trabalho 130
    Comparando Oito Modos de Fazer o Trabalho... 132
    Comparando 256 Modos de Fazer o Trabalho.. 134
    Tarefa de Casa do Capítulo... 136
    Argumentos Finais 137
    Notas Finais 137

Capítulo 6 — Prevendo Ganhos 139
    Evidência da Impressão Digital 140
    Três Desejos.. 141
    Prática de Fazer Previsões 144
    Prevendo Tempos Reais de Vôo 148
    Argumentos Finais 150
    Notas Finais 151

Capítulo 7 — Mantendo Resultados 153
    Avaliando Práticas e Ganhos 154
    Simulação de Melhora de Processo 158
    Monitorando Práticas e Ganhos 164
    Empreendendo Ação 169
    Argumentos Finais 172
    Notas Finais 172

Capítulo 8 — Os Três Rs... 175
    Fábrica Oculta do Seis Sigma 176
    Nossa Proposta 179
    Notas Finais 180

Anexos 183
    Glossário de Termos: Matriz de Dados, Análise Vetorial e Decisões Baseadas
       em Evidências... 183
    Lista Recomendada de Livros de Negócios.. 184
    Decisões Baseadas em Evidências, Corp. Linhas Gerais do Currículo —
       16 Módulos *Black Belt*/Especialista em Seis Sigma 187
    Notas sobre a Elaboração deste Livro... 207

Índice Remissivo.. 211

CAPÍTULO 1

O PhD de Cinco Minutos

PhD's, médicos, cientistas, engenheiros, matemáticos, estatísticos, economistas, gerentes e executivos não conhecem a teoria da análise de dados. Qualquer pessoa pode aprender a fazer uma análise vetorial. O que no passado constituiu a disciplina de nível mais alto nos estudos de pós-graduação atualmente ficou tão simples como pesquisar na ferramenta de busca Google na Web. Não é preciso um diploma pendurado em sua parede para efetuar uma análise de dados.

Conhecimento e sua aplicação são as raízes principais que conduzem ao desenvolvimento e ao rendimento profissional. Poucos são os que têm a disposição de desmascarar a presunção do conhecimento especializado que justifica a posição e remuneração, contanto que a informação e o conhecimento continuem ocultos por jargão, profissões, e que a autoridade permaneça segura.

Conhecimento e informação desafiam a autoridade. Eles podem desrespeitar a burocracia e a hierarquia, e aclamam a questão levantada. Eles recompensam o exame cruzado entre padres da mais alta posição na Igreja e presidentes. O PhD de Cinco Minutos é uma categoria democrática que exemplifica nossa era. Ele pode ser alcançado por qualquer um que esteja disposto a se esforçar nessa tarefa.

Com conhecimento e informação, as pessoas podem e devem efetivamente resolver a maioria de seus problemas. Solucionar seus próprios problemas poupa tempo e dinheiro. Isto é divertido. As empresas que sabem como resolver problemas rapidamente ganham mais dinheiro do que aquelas que não possuem esse conhecimento.

Todos nós adquirimos lembranças da experiência de vivenciar nosso dia-a-dia. As recordações tornam a vida rica e recompensadora. Elas podem ensinar, mas raramente trazem inovação a nossos locais de trabalho. Salvo por um ocasional e grande golpe de sorte, adquirimos novos conhecimentos a partir de experiências casuais. Com a única exceção da matemática pura, obtemos novos conhecimentos somente pela aplicação das disciplinas básicas de experimentação, observação e análise. As empresas que aplicam o conhecimento e a inteligência ganham mais dinheiro do que aquelas que dependem de recordações.

Agora, você aprenderá como essas três disciplinas básicas — experimentação, observação e análise — funcionam, e provar que elas realmente funcionam, em menos de cinco minutos. Não são requeridos qualquer experiência anterior, treinamento ou cálculos.

Ative Agora seu Cronômetro

Dados primários contêm informações. Em nosso mundo digital, todas informações podem ser, e são, transformadas em números. Informações adequadas produzem previsões confiáveis. Telefones funcionam, aviões voam, música é tocada, produtos são manufaturados, tratamentos médicos são prestados e serviços são entregues graças ao uso de números.

Dados experimentais, *medições*, são provenientes da observação disciplinada do planejamento. Quando tempo e dinheiro são economizados, os experimentos devem ser feitos sob medida tendo-se em mente a economia. A **Tabela 1** ordena as oito observações em um experimento econômico. A primeira coluna na classe especificada como "Experimentos Denominados Séries" estabelece a ordem na qual as oito observações são feitas.

Os fatores[1] neste experimento tridimensional são *sexo* (coluna x), *suportar peso da mochila* (coluna y) e *atividade* (coluna z). *Batimentos cardíacos* é a resposta medida (variável dependente) do experimento.

Por conveniência, cada fator foi fixado em somente dois níveis. A maior classificação está codificada como +1. A menor classificação está codificada em –1. A **Tabela 1** contém todas as oito possíveis combinações de um experimento apresentando três fatores com dois níveis por fator. Isto é denominado de um planejamento experimental 2^3 (dois elevado à terceira potência). "Dois elevado à terceira potência" é um termo longo de ser falado, assim ele é normalmente pronunciado como "dois elevado ao cubo". Pense em um chá com dois cubos de gelo em vez de uma equação, e a idéia será mais refrescante.

Conforme pode ser visto na **Figura 1**, esta tabela realmente cria um cubo. Retorne a esta ilustração depois de você completar seu PhD. O cronômetro está marcando o tempo.

Para cada um dos oito experimentos, ou séries, o número resultante dos batimentos cardíacos das artérias radiais foi medido e registrado. (Você pode sentir o próprio pulso da artéria radial tocando o ponto interno de um de seus pulsos, com os dedos indicador e médio da outra mão.) Estas medições estão dispostas na última coluna à direita desta matriz de dados. Cada uma das oito respostas medidas é o resultado de uma combinação única dos três fatores. Por exemplo, a medida 70 para a Série de nº 1 correspondeu a um homem sentado, que não tinha nenhum peso em sua mochila. Este é um exemplo de "observação disciplinada".

Queira voltar sua atenção para o modelo das medidas do batimento cardíaco na última coluna à direita. Considere as seguintes perguntas:

- que combinação de variáveis gerou as duas taxas de batimento cardíaco mais altas?;
- que combinação gerou as duas taxas de batimento cardíaco mais baixas?;
- qual variável aparenta ter o menor efeito em batimentos cardíacos?;
- como você preveria resultados futuros a partir de experimentos similares?

Tabela 1
O cubo ou a tabela do "projeto experimental"
(*design of experiments* – DOE) é uma matriz de dados ideal.

Experimentos Denominados Séries	Fatores do Processo – Variáveis			Resposta Medida Batimentos Cardíacos
	x Sexo	y Suportar Peso da Mochila	z Atividade	
1	–1 = Masculino	–1 = Sem Peso	–1 = Sentado	70
2	+1 = Feminino	–1 = Sem Peso	–1 = Sentada	68
3	–1 = Masculino	+1 = 22,68 kg	–1 = Sentado	86
4	+1 = Feminino	+1 = 22,68 kg	–1 = Sentada	88
5	–1 = Masculino	–1 = Sem Peso	+1 = Aeróbica	140
6	+1 = Feminino	–1 = Sem Peso	+1 = Aeróbica	136
7	–1 = Masculino	+1 = 22,68 kg	+1 = Aeróbica	180
8	+1 = Feminino	+1 = 22,68 kg	+1 = Aeróbica	190
Soma do + e – 1 Codificados	0	0	0	

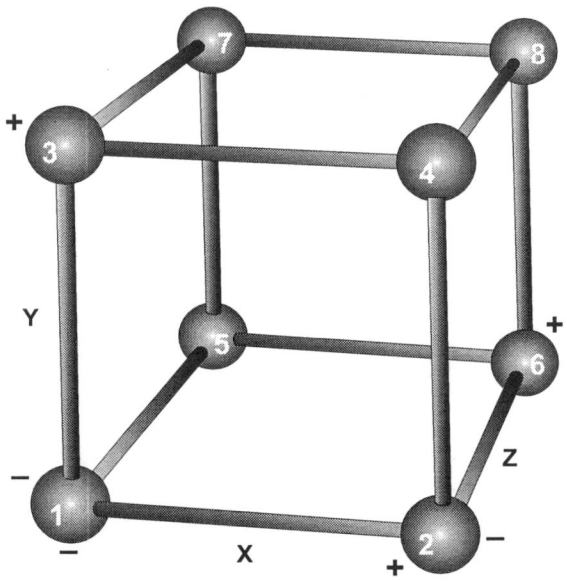

Figura 1. A matriz de dados ideal forma um cubo.

Por favor, agora queira fazer uma pausa e pare de ler. Volte para a página anterior do livro. Despenda tempo para analisar os padrões de evidência na matriz de dados. Quando você tiver respondido todas as quatro questões relacionadas, prossiga.

Você terminou? Consulte seu cronômetro. Prevemos que você poderia completar com êxito uma análise vetorial tridimensional no nível de doutorado em menos de cinco minutos. Apostamos que estávamos certos. Se você concluiu que o exercício aeróbico tem o maior efeito nos batimentos cardíacos, você obteve seu PhD de Cinco Minutos.

Se você notou que o ato de carregar um peso de 22,68 kg em uma mochila aumenta o número de batimentos cardíacos numa atividade aeróbica, mas não quando a pessoa estiver sentada, você é o melhor aluno da classe. Se, além disso, você concluiu que o sexo realmente não faz muita diferença quando se refere ao número de batimentos cardíacos, você obteve graduação com uma distinção "Com Louvor".

Arte e Ciência dos Negócios

Utilizando-se de um tipo especial de disposição de linhas e colunas denominada de matriz de dados, você seria capaz de identificar corretamente um efeito principal (*atividade*), um fator inerte (*sexo*) e um efeito interativo de dois fatores (a combinação entre *atividade* e *peso da mochila*). Sua análise vetorial de oito números, calculada a olho, foi precisa.

Considere a economia de utilizar esta técnica para resolver problemas nos negócios. Imagine as possibilidades. Sim. Você está absolutamente certo. Com quantidades relativamente pequenas de dados estruturados em uma matriz de dados, será possível simultaneamente quantificar e priorizar os efeitos de diversas variáveis do processo. Isto é aplicado a qualquer processo de manufatura, negócio, serviço ou de atendimento à saúde. Esta é a vasta Generalização da variedade matemática e científica que mencionamos. Em outras palavras, este conceito é verdadeiro.

Os oito números na última coluna à direita da matriz de dados ao 2^3 da Tabela 1 na realidade formam uma única entidade. Esta entidade é um vetor de oito dimensões! Agora você adentrou no *hiperespaço*.

Os roteiristas de ficção científica utilizam o termo matemático hiperespaço quando necessitam de uma palavra para descrever uma viagem mais rápida do que a velocidade da luz. O hiperespaço é, na verdade, o termo matemático para um espaço com quatro ou mais dimensões. Portanto, aperte seus cintos. Por favor, queira manter os braços e as mãos dentro do foguete da análise.

Você foi bem-sucedido na análise da experiência tridimensional da Tabela 1 porque teve a habilidade de comparar visualmente o vetor de oito dimensões para *batimentos cardíacos* com os vetores de oito dimensões para *atividade*, *sexo* e *peso da mochila*. Estes vetores são o fundamento dos sinais de ganho. Explicamos os detalhes no Capítulo 5.

O hiperespaço não é tão fácil de aceitar como um passeio grátis na Montanha Espacial da Disneylândia. Para a maioria de nós, visualizar mais do que três dimensões está fora de cogitação. A marca característica do gênio de Ronald Fisher foi sua habilidade de visualizar n dimensões.[2] Isto corresponde ao Imaginário na sua forma mais refinada. A evidência que detemos sobre nosso Universo confirma que a visão de Fisher de um hiperespaço com n dimensões foi correta.

A análise vetorial de Fisher é a simplicidade refinada subjacente a uma miríade de técnicas de análise supostamente não-correlacionadas. Nos dias de hoje, um software de pequeno valor aplica análise vetorial a qualquer matriz de dados de maneira descomplicada. Ele automaticamente calcula os sinais de ganho. O software os classifica por importância e determina o potencial da evidência. Então, com o encanto de um passeio emocionante pela alta tecnologia, os programas aplicativos criam gráficos tridimensionais que apontam para previsões acuradas.

Por exemplo, experiências repetidas com a fixação de (–1, –1, –1) ou (Masculino, Sem Peso, Sentado) gerará um batimento cardíaco médio de cerca de 71,25. Este valor previsto rotula o vértice dianteiro inferior esquerdo do cubo da **Figura 2**.

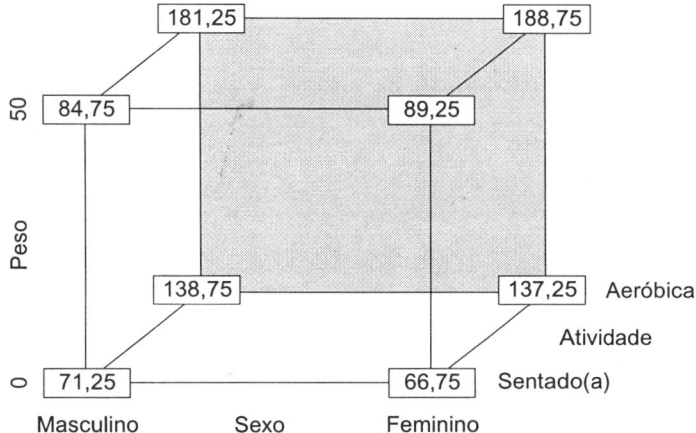

Figura 2. A análise vetorial aplicada a uma matriz de dados fornece aos analistas o poder do gráfico tridimensional. As diferenças na aparência entre esta ilustração e algumas mais ricas em outras partes do livro podem ser explicadas: as tabelas e ilustrações superiores foram criadas utilizando vetores.

Experiências repetidas com a fixação de (+1, +1, +1) ou (Feminino, 22,86 kg de peso, Aeróbica) gerará um batimento cardíaco médio de cerca de 188,75. Este valor previsto rotula o vértice traseiro superior direito do cubo da **Figura 2**.

Os novos usuários da análise vetorial freqüentemente ficam maravilhados com a exatidão das previsões baseadas em experimentos utilizando cubos e com um maior número de dimensões. Você descobrirá isso por si mesmo quando completar os exercícios deste livro.

Você intuitivamente utilizou os princípios de análise vetorial e a matriz de dados para interpretar os dados no experimento do PhD de Cinco Minutos. Trabalhando na English Rothamsted Experimental Station, Ronald Fisher conduziu os primeiros experimentos utilizando cubos, e dotados de um número superior de dimensões, em 1919. Ele aplicou estes princípios para resolver problemas importantes e difíceis utilizando um pequeno e econômico conjunto de dados.

William Gosset, o aluno de Fisher, que primeiro concebeu a teoria da inferência estatística para pequenas amostras em 1907, utilizou estes dados estatísticos na Cervejaria Guinness. Aqueles que apreciam uma cerveja forte de vez em quando estão agradecidos a ele desde aquela época.

Oitenta anos de desenvolvimentos revolucionários em áreas como agricultura, biotecnologia, comunicações, computação, finanças, tecnologia da informação, manufatura, medicina, tecnologia espacial e transporte suportam a Generalização matemática e científica de Fisher. A análise vetorial aplica-se a tudo.

Ela é utilizada para coordenar todas as aterrissagens de jatos comerciais no Aeroporto Internacional de Orlando, bem como para descrever as teorias da relatividade geral e especial de Einstein; ela ainda é utilizada para representar por meio de um gráfico variações de voltagem resultantes da despolarização e repolarização do músculo cardíaco[3], e poderia ser utilizada para a elaboração de balanços financeiros. A análise vetorial está comprovada e se distingue pela praticidade.[4]

Frank Netter, o Norman Rockwell da ilustração médica, desenhou uma bela representação de uma análise vetorial (**Figura 3**). No seu desenho, os eixos x, y e z são nomeados com terminologia médica.

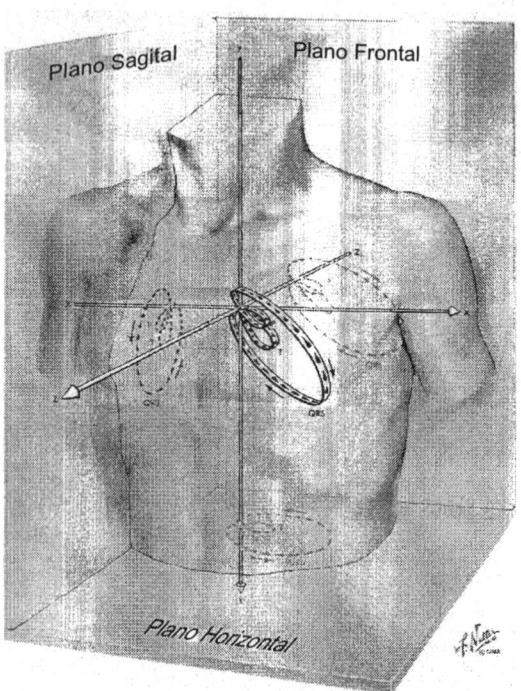

Figura 3. O 2^3 utilizado para a análise dos batimentos cardíacos é idêntico à teoria do Eletrocardiograma e dos grupos sangüíneos Rh+ e Rh–. Os sinais de mais (+) e menos (–) para os grupos sangüíneos do fator Rh simbolizam os pontos de referência da análise vetorial.

O eixo x refere-se aos planos laterais, ou sagitais, do corpo. O eixo horizontal inferior y é ilustrado enquanto o plano superior do eixo y está incluído na figura. O plano "frontal traseiro" é o plano do eixo z ilustrado. Este fenômeno fisiológico recebe o nome de *loop* do vetor-cardiográfico espacial. Ele foi utilizado em 1908 por Willem Einthoven para a criação do eletrocardiograma.[5]

O eletrocardiograma possibilitou a observação, medição e representação por meio de um gráfico dos impulsos elétricos do coração no decorrer do tempo. Os modelos que emergem da análise vetorial do eletrocardiograma são críticos para a previsão do comportamento do batimento cardíaco. O conhecimento gerado por esta invenção, ganhadora de um Prêmio Nobel, levou à criação do nicho mais rentável na medicina dos EUA — tratamentos cardiovasculares. Retorne a esta ilustração quando ler o estudo de caso do Seis Sigma aplicado a cirurgias de Enxerto de Derivação (Desvio) na Artéria Coronária para controle do batimento cardíaco no Capítulo 4.

A **Tabela 2** lista algumas das milhares de aplicações provadas e rentáveis da análise vetorial a uma matriz de dados 2^3. Considere a vasta Generalidade, e o enorme potencial de lucro desta simples ferramenta. A única limitação é a imaginação.

Assim imagine. Tome seu tempo para anotar fatores (entradas) e respostas (saídas) que poderiam ajudá-lo a ganhar mais dinheiro. Uma vez que você tenha executado as observações disciplinadas e registrado as medições demandadas pela matriz de dados do cubo, os

Tabela 2
O experimento do cubo funciona para qualquer processo, em qualquer sistema.

Fator x −1 ou +1	Fator y −1 ou +1	Fator z −1 ou +1	Resposta
Cliente A ou B	Sistema de Cobrança Manual ou Eletrônico	Data de Cobrança 1º ou 15º dia	Dias em Contas a Receber
Fertilizante A ou B	Extração de Ervas Daninhas Sim ou Não	Irrigação Sim ou Não	Rendimento da Colheita
Sistema de Mensagem Correio Normal ou E–mail	Tamanho da Mensagem Grande ou Pequeno	Local do Escritório Ohio ou Texas	Tempo de Entrega
Medicamento A ou B	Idade Novo ou Idoso	Sexo Masculino ou Feminino	Horas de Sono
Mídia de Propaganda TV ou Rádio	Horário de Exposição Manhã ou Tarde	Duração do Anúncio 15 ou 30 seg	Volume de Vendas
Guinada Esquerda ou Direita	Rolagem Asa para Cima ou Baixo	Passo Nariz para Cima ou Baixo	Vôo Controlado

vetores de oito dimensões — especialmente os sinais de ganho mais importantes — o levarão diretamente para a solução mais rentável.

Lucro, prejuízo, produtividade, mudanças de estoque, impostos, tempo e volume de vendas — qualquer resposta que você possa medir — dependem de vários fatores e da interação desses fatores em seu negócio. Alguns desses fatores estão sob seu controle; outros não. Complexidade é a regra, não a exceção.

O único meio de distinguir entre sinais de ganho e erro é aplicar análise vetorial a uma matriz de dados. A razão entre o comprimento do vetor do sinal de ganho com o comprimento do vetor do erro quantifica o potencial da evidência nos dados. Um vetor do sinal de ganho "longo e forte" e um vetor do erro "curto e fraco" indicam grandes efeitos estatisticamente significativos e previsões confiáveis (**Figura 5**).

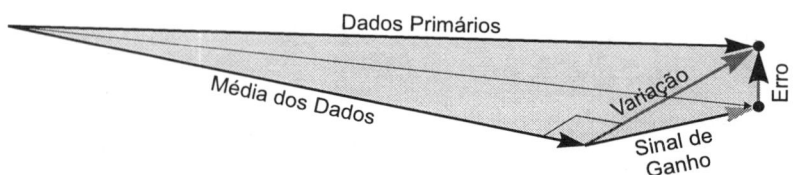

Figura 5. Um longo e forte Sinal de Ganho com um curto e fraco vetor do Erro indica que há um efeito estatisticamente significativo.

Um vetor do sinal de ganho "curto e fraco" e um vetor do erro "longo e forte" indicam pequenos efeitos estatisticamente significativos e previsões não confiáveis (**Figura 6**).

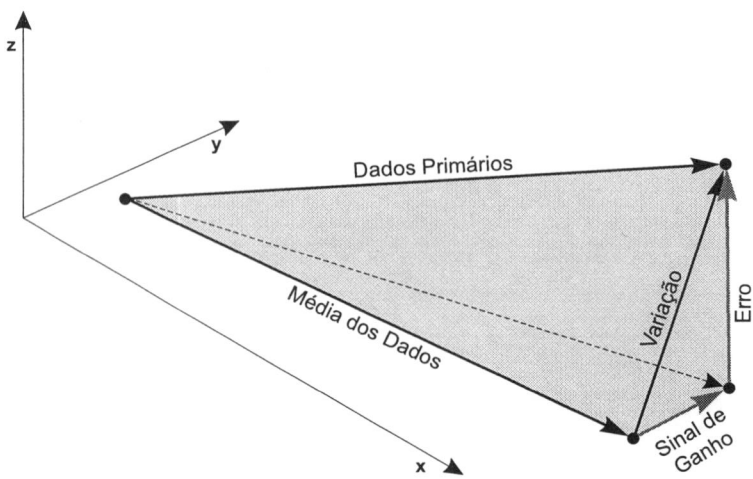

Figura 6. Um longo e forte vetor do Erro com um curto e fraco Sinal de Ganho indica que não há nenhum efeito estatisticamente significativo. A variação muito provavelmente é devida ao Acaso.

Os dados da matriz devem ser obtidos através de um processo de observação disciplinada. Tentativa e erro é dispendioso, consumidor de tempo, cruel e ineficaz. Este último método não é uma estratégia de negócios viável para o século XXI.

O cubo é uma figura tridimensional; ele apresenta três fatores e tem servido como um suporte para o conhecimento profissional e a rentabilidade desde 1630, época em que René Descartes introduziu o método do pensamento tridimensional.[6,7]

Apesar do fato de habitarmos num mundo de três dimensões físicas, não há nenhuma razão para nos limitarmos a experimentos tridimensionais. Para ilustrar, a **Tabela 3** lista alguns experimentos n-dimensionais, com n variando de 2 a 6.

Tabela 3
Experimentos multidimensionais melhoram os lucros em qualquer tipo de indústria.

Resposta	Fator 1	Fator 2	Fator 3	Fator 4	Fator 5	Fator 6
y	x_1	x_2	x_3	x_4	x_5	x_6
Vida de Ferramenta de Corte	RPM	Tipo de Ferramenta				
Taxa de Emprego	Pontuação em Teste de Seleção	Competição				
Tempo de Serviço Máquina Automática de Venda	Quantidade de Produto Estocado	Distância da Máquina ao transportador				
Venda de Tratores por Região	Nº de Fazendas na Região	Idade Média dos Tratores na Região	Índice de Produção de Grãos			
Custo Operacional Bancário	Quantia Média de Empréstimos a Receber	Nº Médio de Empréstimos a Receber	Nº de Novos Empréstimos Aprovados	Índice Salarial		
Nível de Açúcar no Sangue	Diabetes	Dieta	Exercícios	Idade	Histórico Familiar	
Kms/Litro	Potência do Motor	Deslocamento	Peso	Origem do Carro	Pneus	Hábitos na Direção

Observações multidimensionais disciplinadas e análise vetorial reduzem o risco financeiro associado a toda decisão importante nos negócios. Os líderes empresariais não devem arrepender-se por dominar este conhecimento ou as habilidades necessárias para acompanhá-lo. Proceder dessa forma é arriscar o futuro de suas empresas em decisões desnecessariamente perigosas.

Os gerentes seniores e os diretores de uma corporação são trabalhadores do conhecimento. Eles, mais do que qualquer outro membro de uma organização, deverão adquirir o *know-how* de como funcionam essas ferramentas. Normalmente, eles podem ter este conhecimento em apenas quatro dias de treinamento de "mão na massa", num nível acelerado.

Sinais de Ganho

Apenas alguns anos antes de Fisher ter utilizado o cubo e experimentos com um número superior de dimensões para aumentar drasticamente a rentabilidade da colheita de grãos na Inglaterra, Pablo Picasso e George Braque criaram uma nova forma de arte denominada de Cubismo Analítico. As analogias entre os cubos de Picasso e Fisher são intrigantes.

Picasso e Braque pretendiam que os dados apresentados fossem percebidos pela mente, e não pela visão. "Qualquer aspecto do tema total é visto em uma única dimensão."[8] No Cubismo Analítico original de Picasso, "objetos foram decompostos em seus componentes... isto foi utilizado mais como um método de dispor visualmente os FATOS..."[9].

Fisher apresentou seu modelo e métodos usando virtualmente palavras idênticas. Ele referiu-se à análise vetorial como a *Análise da Variância*. Na terminologia de Fisher, *Variância* é uma medida estatística baseada no comprimento quadrático do vetor da variação. Na contabilidade de custos, *variância* é a diferença entre um valor real e um valor padrão ou estimado. A definição de Fisher antecipa a definição de contabilidade em cerca de 40 e poucos anos. Discutiremos isso mais adiante no Capítulo 2.

Black Belts de Seis Sigma, professores da escola secundária e da faculdade, estatísticos, planilhas de trabalho e programas de estatística, geralmente empregam o horroroso acrônimo ANOVA para a Análise da Variância. Nós estamos presos a ele, de modo que o usaremos. Uma ANOVA "decompõe" um vetor de dados em peças básicas essenciais para as decisões baseadas em evidências:

Dados Primários = Média dos Dados + Sinal de Ganho + Erro

Discutiremos e analisaremos diversos aspectos desta equação vetorial nos capítulos subseqüentes. Por agora, focaremos no componente de maior interesse imediato, o Sinal de Ganho.

A **Tabela 4** contém uma versão codificada do experimento do cubo do PhD de Cinco Minutos. Os nomes de fatores reais são representados como variáveis genéricas *X*, *Y* e *Z*. Os números −1 e +1 são usualmente utilizados para designar os níveis baixo e alto de cada fator.

Tabela 4
A versão codificada do experimento do cubo do PhD de Cinco Minutos.

Experimentos Denominados Séries	Fatores do Processo – Variáveis			Resposta Medida
	x Qualquer Fator	y Qualquer Fator	z Qualquer Fator	
1	−1	−1	−1	70
2	+1	−1	−1	68
3	−1	+1	−1	86
4	+1	+1	−1	88
5	−1	−1	+1	140
6	+1	−1	+1	136
7	−1	+1	+1	180
8	+1	+1	+1	190
Soma do + e − 1 Codificados	0	0	0	

Os dados verdadeiros de batimentos cardíacos são utilizados na coluna da resposta. Como uma Generalização, eles poderiam ser quaisquer medições de seu interesse.

Conforme observamos na **Figura 1**, os três fatores em um experimento do cubo formam as bordas de um sólido tridimensional — um cubo. Neste sentido, um experimento do cubo é tridimensional. Entretanto, a matriz de dados para um experimento do cubo tem oito combinações.

A coluna da resposta contém oito medições, uma para cada combinação. Estas combinações de fatores e medições correspondem aos oito vértices do cubo. Em outras palavras, aqui temos o hiperespaço novamente.

Os vértices do cubo fornecem uma representação tridimensional de um vetor de dados de oito dimensões.

Adquirir o conhecimento e dominar as técnicas de análise do hiperespaço são coisas dentro do alcance intelectual de qualquer pessoa. Aceitar esta realidade além de nossa crença é mais fácil de ser dita do que ser feita.

Considere o que modelo genial criado pela engenhosidade de Fisher sugere. Hiperespaço — o real, em lugar do reino de Luke Skywalker — é uma idéia fantástica, constituindo uma linda arte; e arte é o sonho de uma vida de conhecimento.[10]

Podemos utilizar o cubo para criar representações tridimensionais dos vetores do sinal de ganho de oito dimensões em um experimento do cubo. Por exemplo, a **Figura 7** revela planos opostos sombreados correspondentes aos níveis −1 e +1 do fator mais importante: Z, *Atividade*.

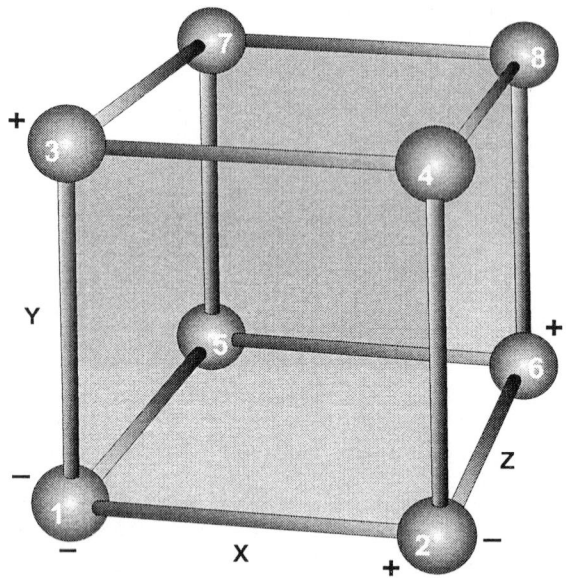

Figura 7. Planos opostos representando o vetor do sinal de ganho de oito dimensões para o efeito total do fator Z. Estes planos correspondem ao agrupamento das oito medições de resposta da Tabela 5. Este é o caso de um Sinal de Ganho "longo e forte" e um *Noise* "fraco e curto".

Estes dois planos opostos representam o vetor do sinal de ganho de oito dimensões para o efeito total do fator Z, ou *Atividade*. Este importante efeito é definido como a diferença nos valores de resposta médios para Z = −1 (Sentado[a]) e Z = +1 (Aeróbica).

Efeito Z total = (Média de 140, 136, 180, 190) menos (Média de 70, 68, 86, 88) = 161,5 - 78,0 = 83,5.

A **Tabela 5** exibe num formato de planilha de trabalho os dois grupos de medições do experimento original do PhD de Cinco Minutos correspondentes aos planos opostos apresentados na **Figura 7**.

Se Z (*atividade*) não tivesse nenhum efeito, a resposta média no plano frontal do cubo iria aproximadamente se igualar à resposta média no plano traseiro. Este não é o caso. Z teve um amplo efeito. A média do plano traseiro é 83,5 batimentos cardíacos, maior do que a média do plano frontal.

Tabela 5

Este agrupamento das oito medições de resposta corresponde aos planos opostos da Figura 7. Este é o caso de um Sinal de Ganho "longo e forte" e um *Noise* "fraco e curto".

Sentado(a) = –1		Aeróbica = +1	
Plano Frontal do Cubo		**Plano Traseiro do Cubo**	
	Taxa Cardíaca		Taxa Cardíaca
Série 1	70	Série 5	140
Série 2	68	Série 6	136
Série 3	86	Série 7	180
Série 4	88	Série 8	190

No experimento do PhD de Cinco Minutos, *atividade* e *peso da mochila* não tiveram efeitos perceptíveis nos batimentos cardíacos. Chegamos a estas conclusões comparando a coluna das medições de resposta na matriz de dados com as colunas representando os fatores. Na prática real, devemos ainda quantificar o potencial da evidência para cada sinal de ganho. Discutiremos isso, e o conceito relacionado de *significância estatística*, no Capítulo 2.

As **Figuras 8** e **9** mostram os planos opostos sombreados representando os vetores do sinal de ganho para os efeitos principais dos fatores *Y* e *X*. Se você pensar na Guerra nas

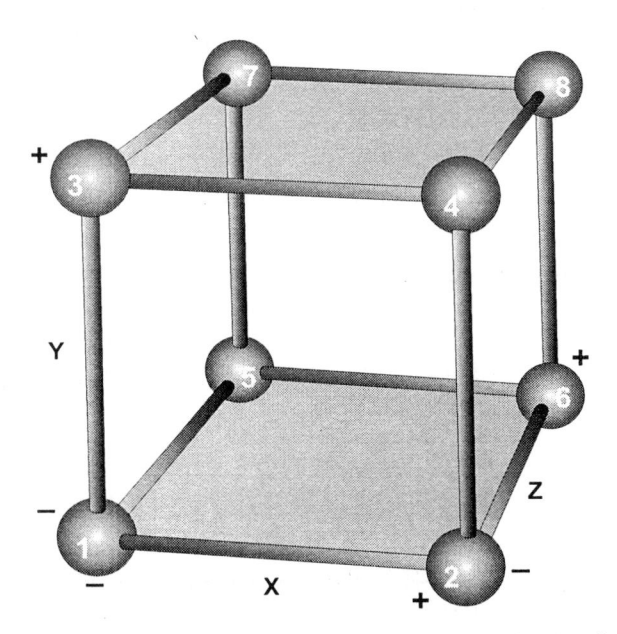

Figura 8. Planos opostos representando o vetor do sinal de ganho de oito dimensões para o efeito principal do fator *Y*.

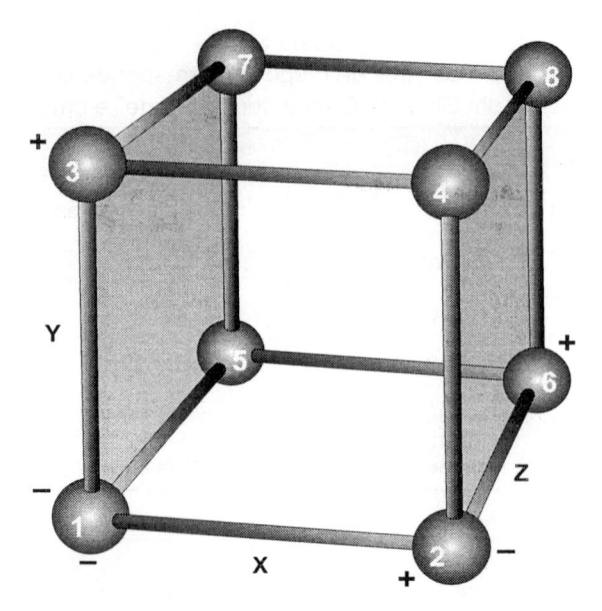

Figura 9. Planos opostos representando o vetor do sinal de ganho de oito dimensões para o efeito principal do fator X.

Estrelas enquanto reflete sobre estas imagens, elas lhe darão mais entretenimento. Mas, acredite ou não, as pessoas realmente levantam e aplaudem no final de um projeto de desenvolvimento Seis Sigma, envolvendo milhões de dólares, da mesma forma quando assistem à vitória dos mocinhos num filme de cinema.

Quando o efeito de um fator depende do nível de outro, é dito que eles têm um *efeito interativo*. Por exemplo, no experimento do PhD de Cinco Minutos, *atividade* e *peso da mochila* tinham um efeito interativo. Aumentar o peso afetou o número de batimentos cardíacos na atividade aeróbica, mas não o número de batimentos cardíacos das pessoas sentadas.

Pares de planos no cubo podem também representar efeitos interativos, mas eles são mais perpendiculares do que paralelos.

Por exemplo, um dos planos perpendiculares da **Figura 10** contém os quatro vértices em que X e Z têm sinais opostos ($X \times Z = -1$). O outro plano contém os quatro vértices em que X e Z têm o mesmo sinal ($X \times Z = +1$). Estes planos representam o vetor do sinal de ganho de oito dimensões para o efeito interativo de X e Z, definido como a diferença nas respostas médias para $X \times Z = -1$ e $X \times Z = +1$.

Caso X e Z não tivessem nenhum efeito interativo, a resposta média em cada plano seria a mesma. Se X e Z tiverem um grande efeito interativo, um plano teria uma média muito superior ao outro.

A **Figura 11** exibe os planos perpendiculares sombreados representando o vetor do sinal de ganho para o efeito interativo dos fatores X e Y. A **Figura 12** mostra os planos perpendiculares sombreados representando o vetor do sinal de ganho para o efeito interativo dos fatores Y e Z.

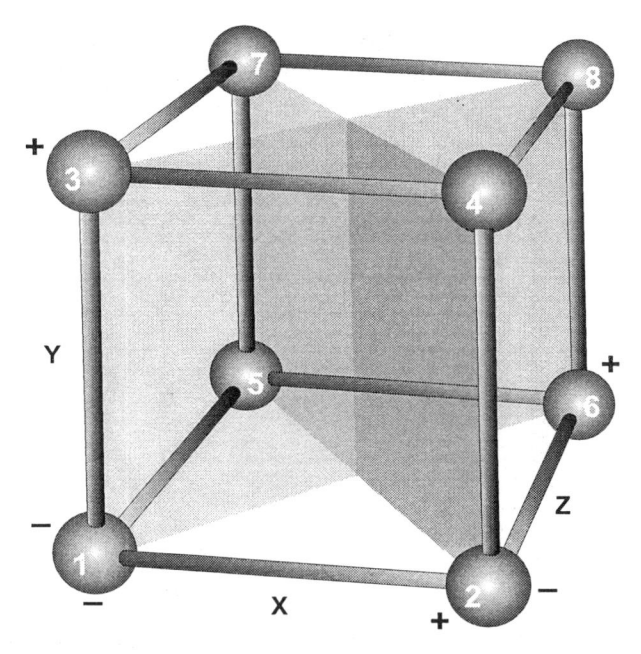

Figura 10. Planos perpendiculares representando o vetor do sinal de ganho de oito dimensões para o efeito interativo dos fatores X e Z.

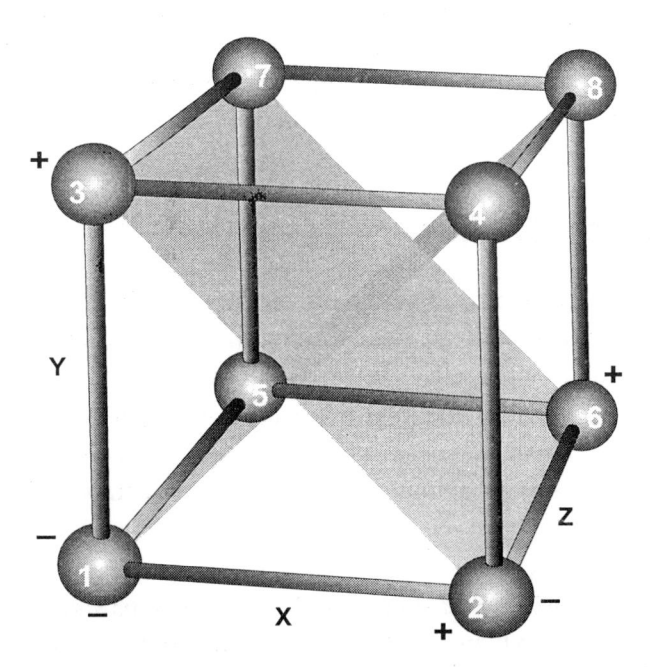

Figura 11. Planos perpendiculares representando o vetor do sinal de ganho de oito dimensões para o efeito interativo dos fatores X e Y.

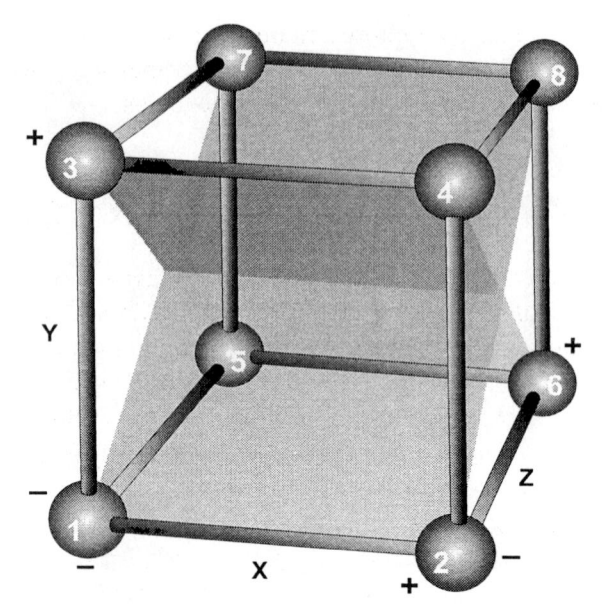

Figura 12. Planos perpendiculares representando o vetor do sinal de ganho de oito dimensões para o efeito interativo dos fatores Y e Z.

Estes modelos geométricos familiares expressam beleza estética e poder analítico. Esta abordagem não é a geometria ensinada pelo Sr. Greismeyer no 10º ano da Centerville High School. Ela é a geometria de Michelangelo, Da Vinci, Galileu, Einstein, Guglielmo Marconi, Orville e Wilbur Wright, Alexander Calder, e de um *Fellow of the Royal Society* (Membro da Sociedade Real) de nome Ronald Fisher.

Reciclagem de Dados

Os diagramas tridimensionais do cubo provêm um espelho para o hiperespaço de oito dimensões. Eles possibilitam à nossa visão tridimensional fazer algumas observações interessantes.

Por exemplo, você reparou que todos os valores dos vértices são utilizados repetidamente? Cada dado individual aparece em seis vezes diferentes, uma em cada dos seis vetores do sinal de ganho mostrados acima! Isto é um bocado de trabalho para ser feito só por oito pequenos números.

Este fenômeno de reciclagem de dados é uma característica de todos os experimentos cúbicos com várias dimensões. Para a maioria das empresas, os sinais de ganho significam que elas podem eliminar pelo menos 83% da coleta de dados e os custos de armazenamento incorridos com métodos primitivos de tentativa e erro. Oitenta e três por cento não são erros de tipografia. É simplesmente um fato.

Quanto maior for o número de fatores, maiores serão as economias em dinheiro. Este resultado financeiro final é melhorado pelo fato de que a análise vetorial lhe fornece as respostas corretas a seus problemas mais urgentes nos negócios.

O Ciclo Completo do Descobrimento de Dados

Estamos de volta ao ponto em que iniciamos no Prefácio. A matriz de dados e a Nova Equação da Administração, $c^2 = a^2 + b^2$, formam a espinha dorsal da análise vetorial. Desde que dados sejam inseridos em uma matriz de dados, um computador automaticamente calcula os sinais de ganho, determina o potencial da evidência e representa por meio de um gráfico os valores previstos, chegando até mesmo a explicar os resultados.

Desde 1920, a análise vetorial tem estado na trajetória da evidência quantitativa crível. Ela aponta para toda a família das distribuições estatísticas comuns, e constituiu a base da ciência no século XVII, quando Galileu provou que a Terra girava em torno do Sol. Ela foi o fundamento da ciência na passagem do século XX, quando Einstein criou as teorias geral e especial da relatividade[11], e continua o sendo na virada do século XXI.

Desde 1935, a aplicação da análise vetorial a uma matriz de dados, mais conhecida pelos estudantes de faculdade como ANOVA, gerou enormes retornos financeiros nos setores da agricultura, indústria, engenharia, saúde e de processos.[12-16] Naquela época, este conjunto de ferramentas foi denominado de Planejamento de Experimentos. Na década de 1980, ela foi repaginada como uma das muitas ferramentas Seis Sigma.

Em 2003, é simplesmente Sinais de Ganho que provém da Nova Equação da Administração.

A Nova Equação da Administração

Use sua própria imaginação para conduzir experiências a fim de verificar a compreensão ganha no seu PhD de Cinco Minutos. Nós o estimulamos a utilizar analogias para acelerar seu aprendizado. Uma analogia ilustra similaridades entre idéias ou coisas que geralmente são vistas como dissimilares. Para citar um de nossos alunos no passado: "Uma analogia é como uma comparação."

Descobrimos que analogias, parábolas, e contar histórias à moda antiga, são as ferramentas mais efetivas para ensinar às pessoas os princípios das decisões baseadas em evidências. Sim. Este é ainda outro paradoxo existente nessa teoria.

Após você ter terminado suas experiências com a família, amigos e colegas de trabalho, discuta as implicações dessas analogias. Como agora você é um PhD, sinta-se à vontade para soltar frases como "Dialética Hegeliana" durante suas conversas. Estas "pitadas de humor" farão com que os outros doutores em filosofia saibam sobre o que você está falando.

A **Tabela 6** exibe dois experimentos prediletos comprovados. Especialmente, como você pode usar o que sabe sobre uma matriz de dados e análise vetorial para poupar tempo e/ou ganhar mais dinheiro?

Tabela 6
Como qualquer Generalização verdadeira, o experimento do cubo é uma Lei do Universo.
Divirta-se praticando com seu novo PhD em seus próprios universos.

Experimentos Denominados Séries	Fatores do Processo — Variáveis			Resposta (Segundos para Fazer um Sanduíche)
	x Cozinheiro	y Pão	z Qualquer Fator	
1	−1 Mãe	−1 Branco	−1 Temp. ambiente	
2	+1 Filho	−1 Branco	−1 Temp. ambiente	
3	−1 Mãe	+1 Integral	−1 Temp. ambiente	
4	+1 Filho	+1 Integral	−1 Temp. ambiente	
5	−1 Mãe	−1 Branco	+1 Tostado	
6	+1 Filho	−1 Branco	+1 Tostado	
7	−1 Mãe	+1 Integral	+1 Tostado	
8	+1 Filho	+1 Integral	+1 Tostado	

Experimentos Denominados Séries	Fatores do Processo — Variáveis			Resposta (Distância)
	x Participante	y Elástico	z Distância do Alongamento Medido numa Régua	
1	−1 Você	−1 Longo e Fino	−1: 10 mm	
2	+1 Amigo	−1 Longo e Fino	−1: 10 mm	
3	−1 Você	+1 Curto e Grosso	−1: 10 mm	
4	+1 Amigo	+1 Curto e Grosso	−1: 10 mm	
5	−1 Você	−1 Longo e Fino	+1: 10 pol	
6	+1 Amigo	−1 Longo e Fino	+1: 10 pol	
7	−1 Você	+1 Curto e Grosso	+1: 10 pol	
8	+1 Amigo	+1 Curto e Grosso	+1: 10 pol	

Argumentos Finais

Os depoimentos seguintes foram transcritos em diversas audiências e julgamentos históricos sobre o PhD de Cinco Minutos.

Arquimedes: "Eureka. Eu descobri. Eu descobri. Ao comparar os pesos de sólidos com os pesos de quantidades iguais de água, solucionei o mistério da gravidade específica. Utilizando-se a fórmula mágica de Euclides, $a^2 = b^2 + c^2$, pode-se transformar a terra e os céus em um vasto projeto de configurações intrincadas."

"Euclides, você tornou o impossível possível graças ao mais simples dos métodos. Mas, por favor, não há um modo mais breve de aprender geometria do que pelo seu método?"[17]

Euclides: "Senhor, no país há dois tipos de estradas — a estrada árdua para as pessoas comuns e a estrada fácil para a família real. Mas, em geometria todos devem ir pela mesma estrada. Não há nenhuma estrada real para esse aprendizado. Agora, se eu fosse especular um pouco, e se houvesse uma máquina de calcular nos próximos 2.500 anos que rodasse um programa de análise vetorial com uma matriz de dados, todos poderiam ser capazes de viajar numa melhor estrada."

Galileu Galilei: "A filosofia é ensinada neste grandioso livro como se o Universo se detivesse continuamente aberto ao nosso vislumbramento. Porém, este livro não pode ser entendido a menos que alguém primeiramente aprenda a compreender o idioma e leia as palavras com as quais ele é composto. Ele está escrito na linguagem da matemática, e seus caracteres são triângulos, círculos, e outras figuras geométricas, sem os quais é humanamente impossível entender uma única palavra dele."

Albert Einstein: "O sistema de coordenadas de Gauss, da variação ao acaso, é uma *generalização* lógica do sistema cartesiano de coordenadas. Eu utilizei o cubo da matriz de dados com um vetor para sugerir a passagem do tempo no meu *best-seller* de 1916 — *Relativity, The Special and General Theory, A Simple Explanation that Anyone Can Understand.*"[18]

James Turrell é um escultor do hiperespaço de reputação internacional. Ele usa luz em sua pesquisa para posicionar a humanidade no Universo.

James Turrell: "Eu quero criar uma atmosfera que pode ser conscientemente examinada com os olhos como o pensamento silencioso que vem quando olhamos para uma chama. Utilizo os eixos de luz X, Y e Z para atingir meus objetivos e o mesmo sistema cartesiano de coordenadas para pilotar meu avião."[19]

Walt Disney: "Eu só espero que nunca percamos a visão de uma coisa — que tudo isso iniciou com um camundongo. Criado pela necessidade, o pequeno companheiro literalmente nos livrou de uma preocupação imediata. Ele proveu os recursos para expandirmos nossa organização, e significou para nós a liberação da produção. A Disneylândia nunca será completa. Ela continuará a crescer conquanto que ainda reste alguma imaginação no mundo."[20]

Notas Finais

[1] Estes fatores são também conhecidos como variáveis independentes.

[2] Box, Joan, Fisher. *R.A. Fisher, Life of a Scientist*. New York, John Wiley and Sons, 1978.

[3] Netter, Frank. *The CIBA Collection of Medical Illustration*, Volume 5, Heart. Commissioned by CIBA. 1969.

[4] Netter, Frank. *The CIBA Collection of Medical Illustration*, Volume 5, Heart. Commissioned by CIBA. 1969.

[5] Dubin, Dale. *Rapid Interpretation of EKG's, Edition V.* Tampa, Cover Inc., 1996. Page 4.

[6] http://www.rothamsted.bbsrc.ac.uk/pie/sadie/reprints/perry 97b greenwich.pdf

[7] http://www-gap.dcs.st-and.ac.uk/~history/Mathematicians/Descartes.html

[8] http://www.ibiblio.org/wm/paint/tl/20th/cubism.html

[9] http://artchive.com/artchive/P/picassoanalyticalcubism.html

[10] Inscrição no teto sul da rotunda que conduz a uma instalação denominada James Turrell Skyspace, na Henry Art Gallery, localizada no campus da Universidade de Washington.

[11] Einstein, Albert. *Relativity, The Special and General Theory, A Clear Explanation that Anyone Can Understand*. New York. Crown Publishers, 1952. Page 32.

[12] Fisher, R.A. *Statistical Methods for Research Workers, Thirteenth Edition*. New York: Hafner Publishing Company Inc. 1967.

[13] Fisher, Ronald A. *The Design of Experiments*. New York: Hafner Press, 1935.

[14] Fisher, R.A. "Frequency Distribution of the Values of the Correlation Coefficient in Samples from an Indefinitely Large Population", *Biometrika*, 10: 507-521, 1915.

[15] Fisher, R.A. "On the Probable Error of a Coefficient of Correlation Deduced from a Small Sample." *Metron* 1: 3-32, 1921.

[16] Box, George E.P., Hunter, William G., Hunter, J. Stuart, *Statistics for Experimenters: An Introduction to Design, Data Analysis and Model Building*, New York, John Wiley and Sons, 1978.

[17] Thomas, Henry, and Thomas, Dana Lee. *Living Biographies of Great Scientists*. Garden City, Garden City Books, 1941. Pages 4-5.

[18] Einstein, Albert. *Relativity, The Special and General Theory, A Simple Explanation that Anyone Can Understand*. New York. Crown Publishers, 1952. Page 90.

[19] http://www.pbs.org/art21/artists/turrell/

[20] http://go orida.about.com/library/bls/bl wdw waltdisney quotes.htm

CAPÍTULO 2

Padrões de Evidência

Quais são os padrões objetivos de evidência que sua empresa utiliza para tomar decisões? Fazemos essa pergunta a todos os novos clientes. Com muita freqüência, a resposta é um desconfortável silêncio, ou "Nós nunca nos questionamos sobre isso anteriormente".

Evidência é a base para se tomar melhores e mais rentáveis decisões nos negócios. Porém, ela provê uma base operacional para tomar decisões somente se contarmos com padrões pelos quais julgamos a força da evidência.

As demandas por melhores desempenhos financeiros colocam os gerentes da escola antiga em dificuldades. Pela primeira vez na história, eles estão competindo cabeça-a-cabeça com gerentes de nações em desenvolvimento como Brasil, China, Índia, México e Malásia — faça sua aposta! A mão-de-obra é uma fração diminuta do custo total de fazer negócios nessas novas e emergentes economias competitivas.

Como resultado, as empresas norte-americanas, grandes e pequenas, devem encontrar meios de reduzir os custos de produção e entrega em pelo menos 30%. Muitas devem atingir esta meta dentro dos próximos cinco anos ou irão à falência. Se você duvidar dessa possibilidade, visite Seattle, em Washington. Desde o 11 de setembro de 2001, uma boa parcela de nossos mundialmente famosos engarrafamentos de trânsito desapareceu juntamente com mais de 30.000 empregos.

Para vários gerentes da escola antiga, permanecer dentro de suas áreas de conforto corporativas culturais, com uma atmosfera vazia de padrões de evidência, é mais importante do que atingir qualquer objetivo de negócio, inclusive rentabilidade. Este comportamento é contraprodutivo, e, dada a dolorosa necessidade aparente de novos empregos, uma atitude socialmente irresponsável.

De maneira confortável ou não, o vigor do capitalismo tem colocado as decisões baseadas em evidências no mapa. Quer eles tenham conhecimento disso ou não, a análise vetorial e os padrões de evidência estão atualmente na tela de radar de qualquer gerente. A única questão é a de quem reconhecerá e responderá aos sinais.

Poesia *versus* Ciência

Os esforços para entender o mundo em que vivemos começaram com a narrativa de histórias. Histórias florescem sob diversas formas — oral e escrita, poesia e prosa. Histórias transmitem valores. Definem e mantêm culturas, inclusive culturas corporativas, e evocam medo, esperança, alegria, raiva, compaixão, humildade, respeito, assombro e admiração, e se formam como pérolas em torno de grãos de fatos históricos. Elas nos dizem muito, principalmente sobre nós mesmos.

Histórias não são leis. Não têm a intenção de descrever, e não descrevem, com fidedignidade fatos históricos ou realidades físicas. A narrativa de histórias realmente ocupa seu lugar, mas ela pode entrar em desavença com a ciência, pois freqüentemente envolve contos de tentativa e erro.

As descobertas científicas inspiram tanto assombro e admiração como qualquer conto de Paul Bunyan. Mas, a força-motriz por trás da ciência é a observação disciplinada, experimentação e análise. O método científico, que pode ser equacionado com o Seis Sigma, abarca um ceticismo afirmativo. Este ceticismo é diametralmente oposto à inocência da *credulidade*. A credulidade, ou como alguns preferem chamar de ingenuidade, é a suspensão do pensamento crítico. Ela possibilita-nos experimentar o impacto emocional de uma boa história, e faz a Disneylândia, a Disneyworld e o Epcot Center serem divertidos.

A tensão entre narrativa de histórias e ciência remonta à crítica de John Keats ao prisma do cientista Isaac Newton. Newton descobriu que a "luz branca" contém um espectro invisível de luz colorida. Ele tornou este espectro visível irradiando luz comum através de um prisma. O processo que ele utilizou é denominado de *refração*. O termo refração é originário de uma palavra latina que significa romper.[1] Se alguma vez você já fez um exame ocular para uso de lentes corretivas, seu oftalmologista ou optometrista utilizou refração para determinar sua receita.

Newton utilizou seu prisma para criar arcos-íris (**Figura 1**). Keats ficou estarrecido. Newton os tinha destruído ao conseguir explicá-los.[2]

Óculos, lentes de contato, cabos de fibra óptica, lasers, TVs de tela grande e câmeras digitais funcionam porque Newton "agarrou-se" às suas armas intelectuais. Estamos felizes por ele ter feito isso.

O processo de refratar luz branca em um espectro visível de cores é uma forma de análise vetorial. Não estamos sendo demasiadamente líricos quando afirmamos que a análise vetorial de Ronald Fisher "refrata" dados. A refração torna os sinais de ganho visíveis. Isto é essencialmente o que você fez para obter seu PhD de Cinco Minutos.

Para os poetas, esta perspectiva não é bem acolhida. Eles não estão sós neste pensamento. Muitas vezes, ouvimos a crítica de Keats ao trabalho de Newton ecoando nos protestos dos gerentes da escola antiga que rejeitam o conceito de sinais de ganho bem como o processo de observação disciplinada, experimentação e análise.

Figura 1. Um diamante cintila com vetores de dados coloridos refratados que partem da luz comum.

Gerenciamento "Científico"

Gerenciar qualquer empresa é um desafio. A complexidade advém dos materiais, métodos de trabalho, maquinários, produtos, sistemas de comunicação, demandas dos clientes, interações sociais, culturas e idiomas. A primeira etapa ao procurar resolver problemas complexos de negócios é estruturá-los em termos de um número administrável de variáveis-chave.

A lucratividade no resultado financeiro é o objetivo final, mas outras métricas também devem ser consideradas. Vendas, rendimento por ação, custo e tempo para desenvolver novos produtos no mercado, custos operacionais, giro do estoque, investimentos de capital e dias em contas a receber são apenas algumas. Os sinais de ganho provenientes de uma ou mais dessas variáveis geralmente demandam respostas adequadas num ritmo regular.

Frederick W. Taylor hipnotizou a comunidade empresarial de sua época com a publicação da obra *The Principles of Scientific Management*, em 1911. Taylor pretendia explicar como qualquer problema de negócio poderia ser resolvido "cientificamente". Na qualidade de engenheiro de uma aciaria, ele tinha conduzido uma seqüência de "experiências" de 26 anos de duração para determinar o melhor modo de realizar cada operação. Ele estudou 12 fatores, envolvendo materiais, ferramentas e seqüência de trabalho, e condensou esta imensa pesquisa com uma série de equações prognosticadas de multifatores.

Isto certamente soa como ciência. Infelizmente, tentar resolver problemas complexos nos negócios com os métodos de Taylor é semelhante a surfar na Internet com um telefone com disco. Em seu clássico trabalho *How to Lie with Statistics*, de 1954, Darrel Huff caracterizou a ciência no estilo de Taylor como segue: "Se você não consegue provar o que você quer, demonstre algo diferente e finja que eles são a mesma coisa."[3]

Taylor estudou seus 12 fatores isoladamente, mantendo os outros 11 constantes em cada caso.[4] Esta abordagem invalida suas equações de multifatores. Experiências com um fator de cada vez (*one-factor-at-a-time*) são desacreditadas, tanto que elas têm seu próprio acrônimo — OFAT. É fisicamente impossível que experimentos desse tipo caracterizem processos de multifatores. Os experimentos OFAT são também notórios consumidores de tempo. Esta é a provável razão porque Taylor levou 26 anos para finalizar sua pesquisa.

Análise da Variância da Contabilidade de Custos

Os homens de negócios do início do século XX gostavam de se comparar a Einstein, a Marconi, a Edison, aos irmãos Wright e a outros cientistas famosos da época. G. Charter Harrison, contador da Price, Waterhouse and Company, em Londres, escolheu Taylor como o "cientista" renomado que ele gostaria que servisse de exemplo. Harrison publicou uma série de artigos em 1918 em suporte à afirmação que, "Os métodos de aceitação geral da contabilidade de custos do presente estavam tão atrasados, sob o conceito de estado de desenvolvimento, como aqueles da manufatura anterior à introdução por Frederick W. Taylor, da idéia do gerenciamento científico".

Um grande índice de popularidade estava conduzindo o livro de Taylor ao status de *best-seller*. Harrison "pegou essa onda". Ele antecipou os princípios científicos para a contabilidade de custos, propondo que poderiam ser determinados custos-padrão para diversas tarefas, e que os custos reais fossem analisados como desvios dos custos-padrão. Isto foi um avanço em relação aos métodos anteriores. Harrison continuou a descrever uma série de itens que poderiam ser calculados partindo dessas diferenças, incluindo os "índices de produtividade".

Num artigo da *Times Review of Industry*, de 1964, foi utilizado pela 1ª vez o termo *variância* para descrever a diferença de Harrison entre os custos reais e os custos-padrão.[5] Talvez os contadores e gerentes da escola antiga achavam que "variância" soava como algo mais científico do que uma "diferença". Eles tinham uma boa razão para proceder dessa forma. Até 1964, a solução da análise vetorial de Fisher para uma ampla variedade de problemas estatísticos era vastamente conhecida sob seu termo geral — *Análise da Variância* —; isso na visão deles.

A Análise da Variância é o padrão ouro internacional para o trabalho quantitativo em, virtualmente, todas as profissões. Anteriormente à invenção do Seis Sigma, em 1986, duas profissões notáveis eram as únicas exceções a esta regra: contabilidade e gerenciamento empresarial.

Até 1978, os jornalistas da área de negócios utilizavam a frase "análise da variância" para referir-se ao exame das diferenças entre os desempenhos real e previsto. A expressão persiste nos livros didáticos de contabilidade da atualidade: "O ato de calcular e interpretar variâncias é chamado de análise da variância."[6]

Nem é preciso dizer que a análise da variância da contabilidade de custos de 1978 não guarda qualquer relação com a Análise da Variância inventada por Fisher cerca de 58 anos antes. Os elementos de uma análise da variância padrão da contabilidade de custos são exibidos na **Tabela 1**.

Tabela 1

Os formatos dos relatórios da variância da contabilidade de custos variam. O elemento-chave é uma coluna denominada "Razão de Variância". Ele é a diferença, dotada de sinal, entre um valor real e um valor orçado ou previsto padrão expressa sob a forma de porcentagem.[7-9]

	Previsto				Real				
	Volume	%	Margem	Total	Volume	%	Margem	Total	Razão de Variância
	Unidades		Unitária		Unidades		Unitária		
Salários, Ordenados, Benefícios									
Linha de Produto A	100	100	US$ 50	US$ 5	80	80	US$ 50	US$ 4000	−20%
Linha de Serviço 1	—	—	—	—	—	—	—	—	—
Custo dos Bens [a]									

É de se lamentar que o termo "variância" foi redefinido em 1964 para significar uma diferença entre valores reais e padrões. Não há nada inerentemente errado em analisar essas diferenças. De fato, esse procedimento é uma boa idéia. O problema surge com o tipo de "análise" que é feita com tais diferenças, e as ações que podem advir das conclusões dessa "análise da variância".

Por exemplo, o gerente responsável pela "variância" na receita de US$ 1 mil existente na **Tabela 1** será chamado para dar explicações. Afinal de contas, o resultado é 20% inferior ao previsto! A explicação dessa variância negativa inaceitável ocorre na reunião mensal do Comitê Executivo.

Este ritual mensal cria uma enorme pressão para ajuste dos resultados. Ele subverte o pensamento crítico. Os gerentes são forçados a desenvolver aptidões para a narrativa de histórias. É dada uma explicação plausível. O gerente jura que não permitirá que esta má situação aconteça novamente. Depois de um, dois ou três meses, a "variância" negativa ocorre novamente. É dada uma explicação plausível. O gerente jura nunca permitir que esta má situação aconteça novamente. E assim por diante.

Os funcionários de maior salário na empresa gastam horas, dias e até semanas todos os meses, se atormentando com os índices de produtividade de G. Charter Harrison, de 1918. Padrões objetivos de evidência nem chegam a ser citados em suas discussões.

O Comitê Executivo pode, da mesma forma, tentar criar arcos-íris sem um prisma. O questionamento de dados mensal da análise de variância preferentemente à Análise da Variância (ANOVA) é uma perda de tempo e de dinheiro indefensável. Ele é o maior obstáculo de qualquer empresa para a tomada de decisões baseadas em evidências e aos avanços do Seis Sigma.

Contabilidade *versus* Ciência

Os Princípios de Contabilidade de Aceitação Geral (*Generally Accepted Accounting Principles* — GAAPs) são diretrizes fracas. Até hoje, houve poucas mudanças nos princípios submetidos ao governo dos EUA por um Comitê de Contadores Públicos Habilitados em 1932. Os autores do livro *Relevance Lost: The Rise and Fall of Management Accounting*, ganhador do prêmio da American Accounting Association pela Contribuição Notável feita à Literatura da Contabilidade de Gerenciamento, avaliaram que a profissão de contador estava operando com 70 anos de atraso.[10] Em 2003, esta defasagem completa 84 anos!

Como isso foi acontecer?

Talvez seja uma função do que é requerido pelos clientes. A diretora assistente de uma das melhores faculdades de Administração e Economia recentemente nos disse que sua instituição continuava a lecionar uma disciplina central do currículo — análise da variância da contabilidade de custos — que ela pessoalmente refutava como "falsa". Ela deu uma boa razão: "As empresas desta região contratam formandos que sabem como utilizar análise da variância da contabilidade de custos."

Outra explicação mais reveladora se aprofunda mais. As leis empíricas da ciência são forçadas a evoluir. Com o decorrer do tempo, um processo inexorável de observação disciplinada, experimentação e análise gera aperfeiçoamentos. Ocasionalmente, um grupo de evidências torna-se tão convincente que se transforma em uma nova Generalização ou Lei. Novas leis forçam que as mais antigas sejam revistas ou descartadas.

Em contrapartida, no texto de um livro didático elaborado pela Harvard Graduate School of Business Administration, "Os princípios da contabilidade são feitos pelo homem. Ao contrário da física, química e das outras ciências naturais, os princípios da contabilidade não foram deduzidos a partir de axiomas básicos, nem podem ser verificados pela observação e experimentação".[11]

Em outras palavras, os princípios da contabilidade de custos não podem ser testados quanto à validade. Eles não possuem padrões objetivos de validade. Não há nenhum processo de observação disciplinada, experimentação e análise para forçar o surgimento de avanços.

Até que a aritmética unidimensional da contabilidade de custos seja promovida a uma análise vetorial aplicada a uma matriz de dados, os GAAPs permanecerão excessivamente gerais para impelir a subida de um trator-reboque de *traillers*, como é o Seis Sigma.

Ilusões e Logros

Em sua obra clássica *Memoirs of Extraordinarily Popular Delusions*[12], de 1841, Charles Mackay descreveu as maciças perdas relacionadas com as práticas empresariais exatamente como o faz a análise da variância da contabilidade de custos da atualidade. Ele bem que poderia estar escrevendo sobre a cultura popular dos séculos XX e XXI quando redigiu com sua caneta de pena o capítulo "The Love of the Marvelous and Disbelief of the True" ("O Amor ao Maravilhoso e a Descrença da Verdade").

"Ao ler a história das nações, descobrimos que, como os indivíduos, elas têm seus caprichos e peculiaridades; seus períodos de excitação e imprudência, quando não se importam com o que fazem. Descobrimos que comunidades inteiras repentinamente fixam suas mentes em um objeto, e ficam loucas nesta busca; que milhões de pessoas tornam-se simultaneamente impressionadas com uma ilusão, e a perseguem, até que suas atenções são desviadas para alguma insensatez mais cativante do que a primeira."[13]

Esta passagem é misteriosamente familiar àqueles de nós que têm observado as empresas tornarem-se cativadas por um "modismo" após outro: "Excelência", "Reengenharia", "Orçamento Baseado no Zero", "Zero Defeitos", "Gerenciamento de Qualidade Total", "Contabilidade de Custos Baseada em Atividades", "Gerenciamento por Objetivos" e *Balanced Scorecards* estão entre alguns dos maiores sucessos de mídia.

Nenhuma dessas bem-intencionadas iniciativas foram, ou são, particularmente ruins em seus próprios termos. Faltam-lhes simplesmente uma base firme e padrões objetivos de evidência que uma teoria sólida normalmente provê.

Ocasionalmente, uma superstição, modismo ou falácia — astrologia, homeopatia, frenologia, análise da variância da contabilidade de custos — faça sua escolha! — consegue sobreviver por alguns anos ou décadas. Eventualmente, é estabelecida uma espécie de massa crítica de ilusão. A capacidade de pensamento crítico erode.[14] Carl Sagan explicou isso da seguinte forma:

"Uma das lições mais tristes da história é esta: se formos enganados por um tempo suficientemente longo, tendemos a rejeitar qualquer evidência do logro. Não mais ficamos interessados em descobrir a verdade. O engano nos capturou. É simplesmente tão penoso reconhecer, até para nós mesmos, que fomos apanhados. Desde que você dá a um charlatão poder sobre você, na maior parte dos casos não consegue recuperá-lo de volta. Assim os antigos logros tendem a persistir quando surgem os novos."[15]

Todos os líderes de negócios — gerentes de linha, doutores, CEOs bilionários — enfrentam este dilema quando tentam introduzir decisões baseadas em evidências em suas organizações. Os Princípios de Contabilidade de Aceitação Geral não concedem nenhum prêmio à verdade, ou mesmo fatos. Eles valorizam a consistência interna. Uma vez que você tenha logrado o público, os depositários, ou os funcionários de sua empresa, o caminho de menor resistência é continuar enganando.

Nossa proposta? Substituir a análise da variância da contabilidade de custos por um confiável, transparente e comprovado método de análise baseado em padrões objetivos e quantitativos de evidência. Esse método comprovado é a análise vetorial do sinal de ganho aplicada a uma matriz de dados.

Análise Vetorial 101

John Keats, um poeta do Período Romântico, viveu em um mundo de pura expressão. Se ele fosse um contador nos dias de hoje, demandaria uma certa liberdade de expressão. Ele apresentaria seus dados em verso livre ou qualquer outro formato que desejasse, analisaria os dados sempre que quisesse, de acordo com suas emoções prevalentes, e atribuiria à sua análise qualquer peso de evidência que sentisse ser correto.

Surpreendentemente, seriam-lhe concedidas todas essas liberdades hoje em dia sem despender mais do que uma sobrancelha levantada. Segundo um Professor Emérito dos anos 90 na Harvard Graduate School of Business Administration, "Não há critérios prescritos [para a análise da variância, além da regra geral, de que qualquer técnica deve prover informação de maior valor do que os custos envolvidos em desenvolvê-la".[16]

A ausência de qualquer critério prescrito para a análise financeira explica porque as planilhas de trabalho são tão populares (**Tabela 2**). Da mesma forma que Keats, a maioria das pessoas gosta de estar livre para dispor seus dados de qualquer maneira que combine com sua imaginação. Qual o melhor modo de tornar seu dia de trabalho interessante?

A situação é absolutamente diferente para uma Lei ou Generalização, como é o caso da Análise da Variância de Fisher. Distintamente de Taylor e Harrison, Fisher na verdade era um cientista. Em agudo contraste com as diretrizes artificiais da contabilidade de custos, o trabalho de Fisher era fundamentado no rigor da matemática e na realidade física: coordenadas cartesianas, triângulos retângulos, Teorema de Pitágoras, geometria plana e sólida e trigonometria, cálculos de multivariáveis e análise vetorial.

Ironicamente, Fisher desenvolveu a Análise da Variância, em uma fazenda próxima a Londres, praticamente à mesma época em que Taylor e Harrison estavam promovendo suas teorias de gerenciamento "científico" e os princípios da contabilidade de custos.

Tabela 2
Uma planilha de trabalho consiste de linhas e colunas. As células podem conter texto, números, gráficos, símbolos ou fórmulas. Não há regras governando a interpretação das linhas e colunas. Não há leis para o arranjo ou análise dos dados.

	A	B	C
1	Célula	Célula	Célula
2	Célula	Célula	Célula
3	Célula	Célula	Célula

Os gerentes se sairiam bem ao seguir sua iniciativa; com software estatístico, eles podem proceder dessa forma imediatamente com, virtualmente, custo zero. As empresas que adotam decisões baseadas em evidências demonstram repetidamente por que esta é uma opção rentável.

Fisher cunhou o termo Variância em 1918. Isto foi 46 anos antes de sua estréia na *Times Review of Industry*.[17] Trata-se de um eufemismo para dizer que as duas definições são significativamente diferentes. Elas são tão diferentes quanto Generalização e generalização. Para citar Mark Twain: "É a diferença entre o relâmpago e um vaga-lume."

Em vez de uma diferença entre um valor real e um padrão, a Variância de Fisher mede o grau de variabilidade de um conjunto de valores em torno de sua média. Ela é baseada no comprimento do vetor da variação. Fisher denominou seu método de "Análise da Variância" porque seu objetivo é decompor o vetor da variação nos componentes do sinal de ganho e do *noise*. O trabalho de Fisher define o atual padrão internacional para a análise de *componentes de variação*.

Em 1919, com 29 anos, Fisher foi contratado para "examinar dados e obter informações extras" no banco de dados de seu empregador. De acordo com seu empregador, "Levou muito pouco tempo para eu perceber que ele era mais do que um homem de grande habilidade; na verdade, ele era um gênio que tinha de ser mantido na empresa".[18]

O trabalho de Fisher era reavaliar um relatório empresarial idêntico aos que os gerentes utilizam para decisões nos dias de hoje.[19] Havia medições registradas em linhas e colunas. O patrão de Fisher subtraia números da produção média anual de um ano e outro para "determinar" que anos tinham sido mais produtivos. Ele pretendia aumentar o rendimento anual em alqueires de trigo. Como a maioria das pessoas, queria ganhar mais dinheiro enquanto trabalhava menos horas e utilizando menos recursos.

Fisher sabia exatamente como ajudar seu patrão a atingir estes objetivos: aplicar uma análise vetorial a uma *matriz de dados*. Semelhantemente a uma planilha de trabalho, uma matriz de dados consiste de linhas e colunas. Neste ponto, termina a similaridade.

As linhas de uma matriz de dados representam *registros* — os objetos ou eventos individuais sobre os quais temos dados. O número de linhas é denominado de *tamanho da amos-*

tra. As colunas representam *campos* — as variáveis medidas ou inspecionadas para cada objeto.

A **Tabela 3** mostra uma matriz de dados simples. Há duas variáveis medidas em dois objetos. Cada coluna em uma matriz de dados contém as medições que são o *vetor de dados* para a variável associada à coluna. Cada objeto é representado por uma coordenada ou posição particular no vetor.

Tabela 3
Semelhantemente a uma planilha de trabalho, uma matriz de dados consiste de linhas e colunas. As linhas de uma matriz de dados representam registros — os objetos ou eventos individuais sobre os quais temos dados. As colunas representam campos — as variáveis para as quais temos dados. Cada pilha de números em uma coluna da matriz de dados é um vetor.

	Dados para a Variável 1 (D_1)	Dados para a Variável 2 (D_2)
Objeto 1 (O_1)	3	5
Objeto 2 (O_2)	4	2

Por exemplo, os vetores de dados na **Tabela 3** são (3,4) para a Variável 1 e (5,2) para a Variável 2. Estes vetores estão esquematizados na **Figura 2**. Os dois eixos de coordenadas correspondem aos dois objetos.

A inovação de Fisher foi pensar na matriz de dados como uma estrutura geométrica.

Neste exemplo, os vetores são bidimensionais porque há dois objetos na matriz de dados. Em geral, os vetores são *n*-dimensionais, em que *n* é o tamanho da amostra. Voltemos ao hiperespaço. Como o interior de um buraco negro, o hiperespaço permanecerá para sempre além de nossa visão tridimensional. No entanto, ele está lá e é real. As empresas que adotam decisões baseadas em evidências utilizam o hiperespaço para ganhar mais dinheiro em menos tempo e com menos recursos.

A **Figura 3** ilustra a primeira regra básica da análise vetorial:

A menor distância entre um ponto e uma linha é ao longo de uma trajetória perpendicular à linha.

Esta não é nenhuma regra arbitrária da contabilidade; é uma propriedade do universo físico. Ela é uma lei, uma Generalização matemática e científica.

A primeira etapa em uma análise vetorial é encontrar o *vetor constante* mais próximo do vetor de dados. Exemplos de vetores bidimensionais são (1,1), (2,2) e (0,5, 0,5). A linha

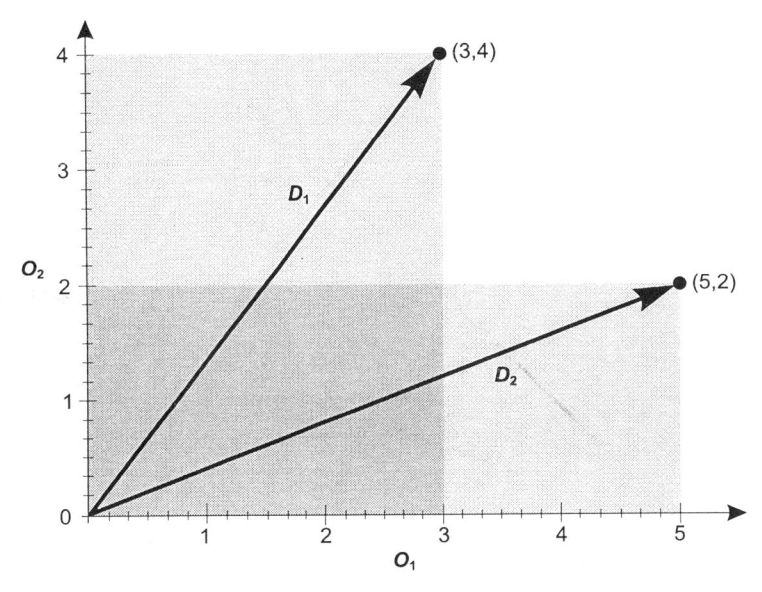

Figura 2. As duas colunas da Tabela 3 representadas como vetores.

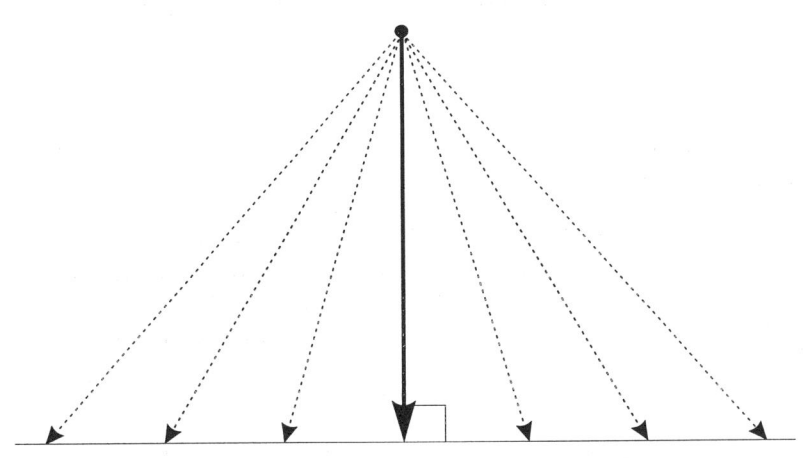

Figura 3. A menor distância entre um ponto e uma linha é ao longo de uma trajetória perpendicular à linha.

pontilhada na **Figura 4** localiza o conjunto de todos os possíveis vetores constantes bidimensionais. O vetor central da **Figura 4** encobre um longo segmento dessa linha pontilhada, movendo-se do ponto esquerdo inferior ao ponto superior da origem. Somente uma parte da linha pontilhada é visível na porção direita superior da ilustração. Para nossos vetores de dados, D_1 e D_2, o ponto mais próximo nesta linha é (3,5, 3,5).

Não é uma coincidência que 3,5 é a média de 3 e 4. Não é uma coincidência que 3,5 é a média de 5 e 2. O vetor constante mais próximo é sempre o vetor das médias.

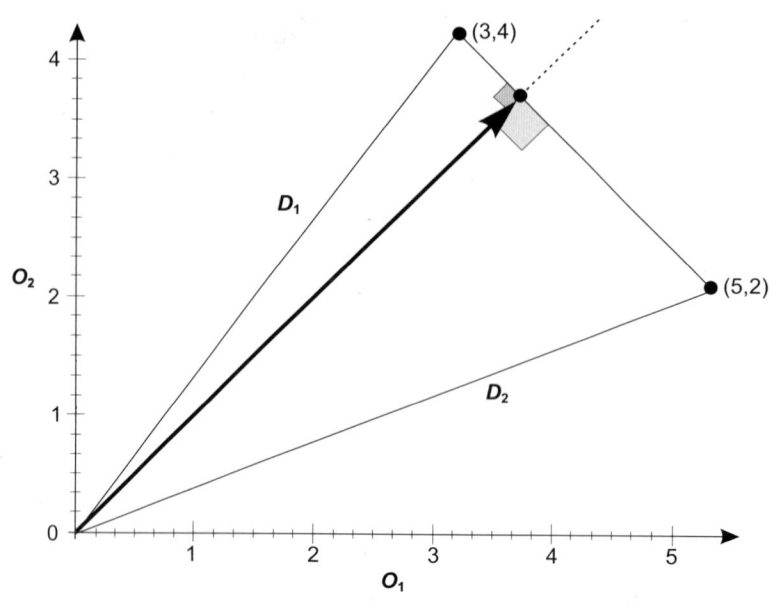

Figura 4. A linha pontilhada é o conjunto de todos os vetores constantes. O vetor constante mais próximo a qualquer vetor de dados é o vetor das médias, mostrado aqui em negrito.

Parece *realmente* coincidente que (3, 4) e (5, 2) tenham a mesma média, mas fizemos isso de propósito. Dessa forma, como diferem estes vetores?

Bem, (3, 4) é mais próximo ao vetor das médias do que (5, 2) (**Figura 4**). Um vetor de dados próximo ao seu vetor das médias tem menos variabilidade do que um vetor de dados distante de seu vetor das médias. Isto significa que a Variável 1 tem menos variabilidade do que a Variável 2. Você também pode afirmar isso só de olhar para os números na **Tabela 3**. *Esta análise "visual" serve apenas como ilustração; ela não é recomendada para seus conjuntos reais de dados.*

A **Figura 5** identifica os *vetores da variação*, V_1 e V_2, para as Variáveis 1 e 2. O comprimento do vetor da variação está diretamente relacionado ao grau de variabilidade no vetor de dados.

Como calculamos o comprimento de um vetor? Para isso, recorremos à segunda regra básica da análise vetorial: a Nova Equação da Administração (também conhecida como o Teorema de Pitágoras).

O quadrado do comprimento do maior lado de um triângulo retângulo é igual à soma dos quadrados dos comprimentos dos outros dois lados. ($a^2 = b^2 + c^2$).

Mais uma vez, esta não é uma regra arbitrária da contabilidade; é uma propriedade do universo físico. A Nova Equação da Administração é tão famosa nos círculos profissionais de análise financeira e investimentos que um jornal bimensal, *Financial Engineering News*, foi fundado em 1997 para disseminar estudos de caso.

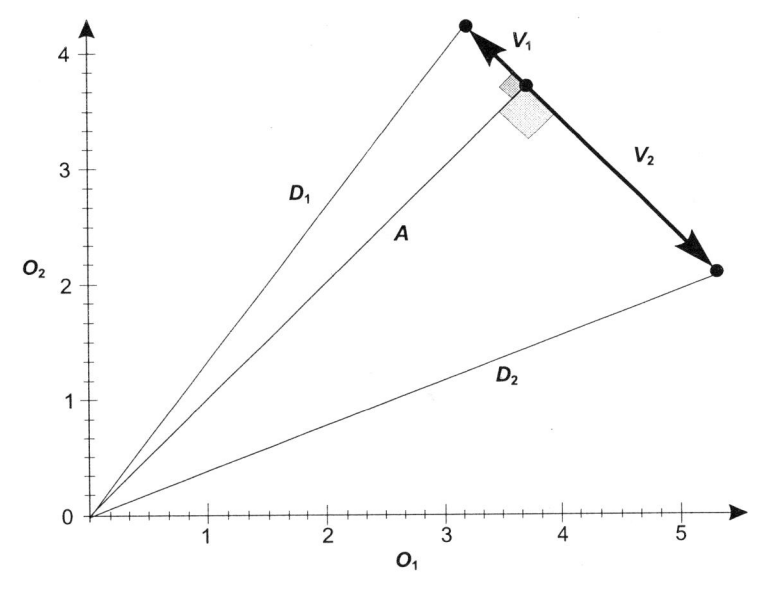

Figura 5. A é o vetor das médias para ambas as Variáveis 1 e 2. V_1 e V_2 são os vetores da variação correspondentes.

Na **Figura 6**, utilizamos a Nova Equação da Administração para calcular os comprimentos dos vetores de dados D_1 e D_2.

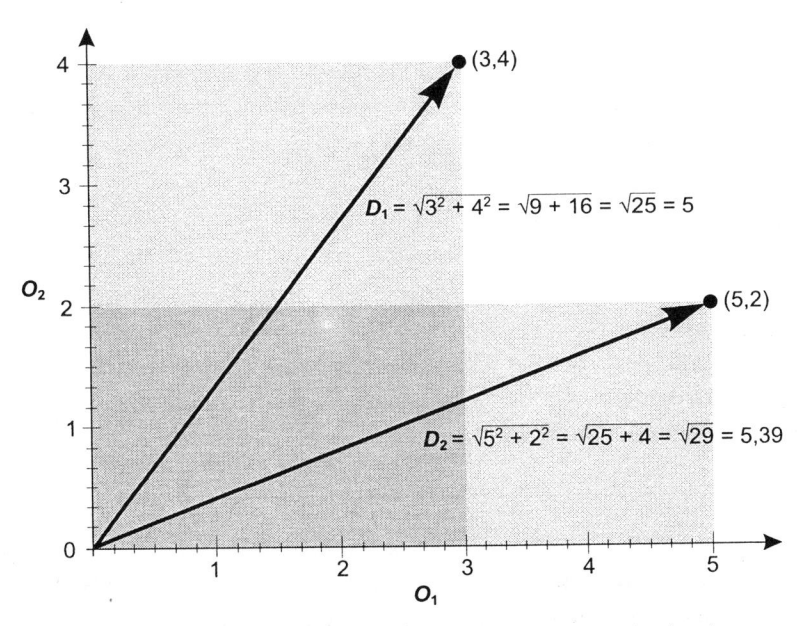

Figura 6. O comprimento de um vetor é a raiz quadrada da soma dos quadrados de suas coordenadas.

Agora podemos descobrir os comprimentos dos vetores da variação na **Figura 5**. Somente a notação alfabética difere da Nova Equação da Administração. Utilizando as letras na **Figura 5**, a Nova Equação da Administração para a Variável 1 é:

$$(D_1)^2 = A^2 + (V_1)^2$$

Podemos ver na **Figura 6** que $(D_1)^2 = 25$. Ainda, o comprimento elevado ao quadrado do vetor das médias de dados A é:

$$A^2 = 3{,}5^2 + 3{,}5^2 = 24{,}5$$

Agora, podemos inserir estes dois números, 25 e 24,5, na Nova Equação da Administração para o vetor de dados D_1:

$$25 = 24{,}5 + (V_1)^2$$
$$25 - 24{,}5 = 0{,}5 = (V_1)^2$$
$$V_1 = \text{raiz quadrada de } 0{,}5 = 0{,}71.$$

Este número final, 0,71, o comprimento do vetor da variação para a Variável 1, é denominado de *desvio-padrão amostral* para a Variável 1.

Um desvio-padrão amostral é simbolizado na redação técnica pela letra s. A letra sigma do alfabeto grego (σ) refere-se ao desvio-padrão de uma *população*. Este é o ponto em que o Seis Sigma recebe seu nome.

Na prática, Seis Sigma, o desvio-padrão amostral, s, é com freqüência referido casualmente como um "sigma" ou σ. Esta substituição é uma lamentável violação da teoria estatística, mas qualquer pessoa que trabalha com estatística faz isso.

A Nova Equação da Administração para a Variável 2 funciona da mesma maneira:

$$(D_2)^2 = A^2 + (V_2)^2$$

Sabemos da Figura 6 que

$$D_2 = 5{,}39.$$

Queira manter sua atenção nos triângulos retângulos das ilustrações. Nós já sabemos que A **é a raiz quadrada de** 24,5, que é igual a 4,95. Agora podemos inserir estes dados na Nova Equação da Administração:

$$5{,}39^2 = 4{,}95^2 + (V_2)^2$$
$$29{,}05 = 24{,}5 + (V_2)^2$$
$$4{,}55 = (V_2)^2$$
$$V_2 = \text{raiz quadrada de } 4{,}55 = 2{,}13.$$

O desvio-padrão amostral para a Variável 2 é três vezes maior do que para a Variável 1! A Variável 2 é três vezes mais variável do que a Variável 1.

O Seis Sigma valoriza as menores variações porque os resultados são mais previsíveis e as previsões mais acuradas. Há menos perda e retrabalho. Tudo simplesmente trabalha melhor quando os sinais de ganho são "longos e fortes" e o erro é "curto e fraco".

Graus de Liberdade

Não entre em pânico. Pense no que vem a seguir como um anúncio obrigatório da Comissão Federal de Comunicações de sua Rádio Nacional Pública. Ela tem de estar presente para assegurar que não estamos violando nenhuma Lei do Universo. Você pode pular esta parte se desejar, ou você pode continuar sintonizado. Em qualquer um dos casos, já há software que tomará conta de toda essa matéria. Isso que estamos fazendo agora é só informação para orientação.

Às vezes, um analista pode querer saber as coordenadas reais de um vetor da variação ou necessitar delas. (Sempre que o avião em que estamos decola ou aterrissa, certamente esperamos que o piloto e o co-piloto tenham esta informação à mão.) Obtemos as coordenadas do vetor da variação subtraindo o vetor das médias dos dados do vetor de dados.

O modo mais claro de explicar a subtração de vetores é dar a eles uma orientação vertical, do modo como aparecem em uma matriz de dados. As coordenadas do vetor da variação para a Variável 1 são dadas por:

$$\begin{bmatrix} 3 \\ 4 \end{bmatrix} - \begin{bmatrix} 3{,}5 \\ 3{,}5 \end{bmatrix} = \begin{bmatrix} 3 - 3{,}5 \\ 4 - 3{,}5 \end{bmatrix} = \begin{bmatrix} -0{,}5 \\ 0{,}5 \end{bmatrix}$$

Para a Variável 2, elas são dadas por:

$$\begin{bmatrix} 8 \\ 2 \end{bmatrix} - \begin{bmatrix} 3{,}5 \\ 3{,}5 \end{bmatrix} = \begin{bmatrix} 5 - 3{,}5 \\ 2 - 3{,}5 \end{bmatrix} = \begin{bmatrix} 1{,}5 \\ -1{,}5 \end{bmatrix}$$

Até agora, tudo bem! Neste momento, há uma importante Lei do Universo:

As coordenadas de um vetor da variação sempre totalizam zero.

Devido a isso, a segunda coordenada em um vetor da variação bidimensional é sempre igual ao negativo da primeira coordenada. Isto significa que um vetor da variação bidimensional é completamente determinado pela sua primeira coordenada. Expressamos isso dizendo que um vetor da variação bidimensional tem um grau de liberdade.

Suponha agora que tenhamos um vetor de dados tridimensional, por exemplo (3, 4, 5) ou (5, 2, 5). O vetor das médias para ambos os casos é (4, 4, 4). Novamente utilizando a orientação vertical da matriz de dados, o primeiro vetor da variação é:

$$\begin{bmatrix} 3 \\ 4 \\ 5 \end{bmatrix} - \begin{bmatrix} 4 \\ 4 \\ 4 \end{bmatrix} = \begin{bmatrix} 3-4 \\ 4-4 \\ 5-4 \end{bmatrix} = \begin{bmatrix} -1 \\ 0 \\ 1 \end{bmatrix}$$

e o segundo é:

$$\begin{bmatrix} 5 \\ 2 \\ 5 \end{bmatrix} - \begin{bmatrix} 4 \\ 4 \\ 4 \end{bmatrix} = \begin{bmatrix} 5-4 \\ 2-4 \\ 5-4 \end{bmatrix} = \begin{bmatrix} 1 \\ -2 \\ 1 \end{bmatrix}$$

Em um vetor da variação tridimensional, a terceira coordenada é sempre igual à soma das primeiras duas coordenadas com o sinal trocado. Isto representa que uma variação tridimensional é completamente determinada pelas suas duas primeiras coordenadas. Expressamos isso dizendo que um vetor da variação tridimensional tem *dois graus de liberdade*.

Agora deixe n representar o número de objetos em seu conjunto de dados. Isso é o mesmo que o número de linhas em sua matriz de dados. Ele é o tamanho de sua amostra. Todos os vetores agora são n-dimensionais.

Sim. Estamos de volta ao genuíno hiperespaço novamente. Quanto mais você vai lá, menos assustador ele se torna. As visitas tornam-se mais produtivas, transformando-se numa diversão.

A última coordenada de um vetor da variação n-dimensional é sempre igual à soma das primeiras $n-1$ coordenadas com o sinal trocado. Isto representa que um vetor da variação n-dimensional é completamente determinado pelas suas $n-1$ primeiras coordenadas. Expressamos isso dizendo que um vetor da variação n-dimensional tem *$n-1$ graus de liberdade*.

A conseqüência de tudo isso é esta: o desvio-padrão é exatamente igual ao comprimento do vetor da variação somente quando $n=2$. Quando n é maior que 2, como é o caso normal, temos de dividir o comprimento do vetor da variação pela raiz quadrada de seus graus de liberdade. Não nos culpe — é uma Lei do Universo. Retornaremos a esse ponto mais adiante neste capítulo, e também nos Capítulos 5 e 6.

Agora, retornemos ao nosso programa regularmente programado de escrever com um grau refinado de simplicidade.

Logros dos Gráficos de Barras

Gráficos de barras e diagramas de blocos simbolizam o pensamento do gerenciamento da escola antiga como nenhum outro ícone consegue. Eles constituem os gráficos de "Gee Whiz" na publicação *Lying with Statistics* de Huff. Eles apresentam dados de maneiras superficiais e são de fácil utilização. Como conseqüência, são freqüentemente utilizados para representar dados de maneira errada.

O típico gráfico de barras exibe totais ou médias sem considerar a variabilidade. Não há desvios da média. Não há variação ao acaso. Em outras palavras, não há nenhum *Noise*.

Isto viola uma Lei do Universo. O Erro, que é variação estatística, sempre existe. Variação é uma propriedade física de objetos e medições. Uma análise vetorial nos força a considerar tanto a média como o desvio-padrão.

Na melhor das hipóteses, podemos dizer que os gráficos de barras têm uma chance de 50/50 de fornecer informações corretas porque eles consideram somente um dos dois aspectos. Na pior das hipóteses, eles estimulam gerentes a usar o pensamento de Frederick Taylor, "Esta barra é maior do que aquela e eu sei a razão disso porque sou um gerente de formação científica e posso reafirmar esse ponto".

Como exemplo, considere os dados mensais de receita bruta da **Tabela 4**. Ela é uma foto instantânea de dados inseridos em uma planilha de trabalho.

Os totais anuais são esquematizados como um gráfico de barras na **Figura 7**. A tendência ascendente parece muito encorajadora. O Gerente de Marketing certamente gostaria de receber o devido crédito por isso.

Tabela 4
Receita bruta mensal para quatro anos.

	2000	2001	2002	2003
Janeiro	404.400	525.888	489.336	527.122
Fevereiro	379.001	483.776	505.696	498.000
Março	434.900	501.445	535.889	509.454
Abril	470.850	476.900	460.332	535.677
Maio	520.118	544.988	501.334	464.878
Junho	527.030	483.443	496.887	504.444
Julho	461.110	450.225	542.190	477.899
Agosto	490.324	497.003	482.307	527.334
Setembro	494.555	555.798	514.221	490.434
Outubro	498.884	542.330	452.254	498.554
Novembro	540.985	497.234	483.543	515.345
Dezembro	509.000	450.334	449.996	489.765
Total	5.731.157	6.009.364	5.913.985	6.038.906

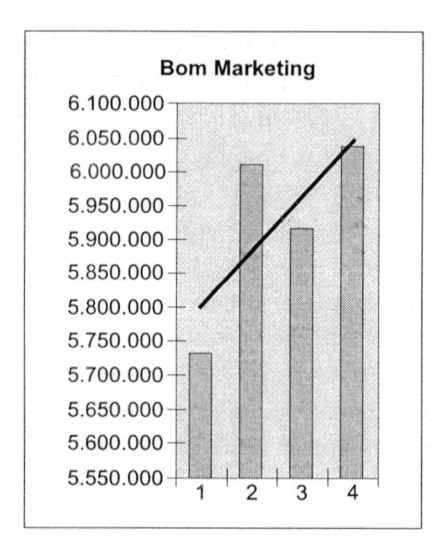

Figura 7. A combinação entre o popular gráfico de barras do Excel e a linha de tendência parece com a poesia do Período Romântico. Esta licença poética permite a todos a liberdade de receberem crédito pelos bons resultados, quer estes sejam verdadeiros, quer não.

Tudo que a **Figura 7** realmente faz é estruturar graficamente as diferenças entre os totais anuais. Pelo fato de as Leis do Universo serem ignoradas, não há meios de dizer se a "tendência" é um sinal de ganho ou um *noise*. Esta abordagem é como tentarmos ignorar a gravidade.

Culturas corporativas que utilizam a análise da variância da contabilidade de custos como ferramenta-padrão para tomada de decisões, freqüentemente utilizam gráficos de barras e linhas de tendência para a apresentação de resultados como os da **Figura 7**, baseados em dados como os da **Tabela 4**. A credibilidade dos resultados retratados pelo gráfico e a explicação dada para eles são devidas mais ao status da pessoa que narra a história do que à evidência contida nos dados.

Não há qualquer questionamento sobre os resultados reportados porque é considerado deselegante, para não dizer limitador de carreira, duvidar do Presidente, Diretor de Gerenciamento, Responsável do Setor Financeiro, ou do fundador da empresa que criou o software da planilha de trabalho.

Nas culturas corporativas que se baseiam em padrões objetivos de evidência, o método de análise em si é mantido sob altos padrões. Absolutamente simples, ele deve seguir as Leis do Universo e as regras da análise vetorial.

As evidências são admissíveis se e somente se o método de análise considerar todos os aspectos dos dados. A análise precisa ter *transparência*. Todos os elementos devem ficar à disposição para revisão, inclusive os dados primários. Qualquer pessoa pode fazer qualquer pergunta, pois todos os dados estão visíveis. As análises vetoriais ilustradas a seguir representam o padrão internacional.

Há diversas coisas erradas com a "análise" na **Figura 7**. Para citar uma, ela utiliza somente os totais anuais em vez dos dados originais mensais. A título de ilustração, apresentaremos duas análises vetoriais que utilizam somente os quatro totais anuais. A primeira delas é exibida na **Tabela 5**.

A **Tabela 5** dispõe os cálculos vetoriais básicos para o desvio-padrão da amostra, s. Neste caso, $s = 0,14$. Esta é uma análise vetorial num hiperespaço tetradimensional, pois há quatro pontos de dados.

O vetor das médias dos dados tem um grau de liberdade porque um número, a média dos quatro pontos de dados, determina-o. Isto deixa três graus de liberdade para o vetor da variação. Os comprimentos dos vetores guardam relação pela Nova Equação da Administração [A^2 igual a B^2 mais C^2, $140,36 = 140,30 + 0,06$].

Utilizamos o Excel da Microsoft para criar a apresentação visual da **Tabela 5**.

Tabela 5
Análise vetorial básica dos quatro totais anuais (milhões de dólares).

	Vetor dos Dados Primários		Vetor das Médias dos Dados		Vetor da Variação
	5,73	=	5,92	+	– 0,19
	6,01		5,92		0,09
	5,91		5,92		– 0,01
	6,04		5,92		0,12
Graus de Liberdade	4	=	1,00	+	3,00
Comprimentos ao Quadrado	140,36	=	140,30	+	0,06
Variância	(Comprimento elevado ao quadrado dividido pelos Graus de liberdade)				0,02
Desvio padrão	(Raiz quadrada da Variância)				0,14

Os comprimentos elevados ao quadrado dos vetores foram calculados utilizando-se a função de célula SUMSQ. Este nome de função é a abreviação para a "soma dos quadrados". Isto é apropriado porque o comprimento elevado ao quadrado de um vetor é a soma dos quadrados das coordenadas. A sintaxe para o cálculo no Excel é:

= SUMSQ (faixa da célula)

A **Figura 8** mostra a curva de distribuição Normal correspondente a uma média de US$ 5,92 milhões e um desvio-padrão amostral de US$ 14 milhões. Os pontos situados sobre o eixo horizontal representam os quatro totais anuais. Cada linha vertical pontilhada representa um desvio-padrão.

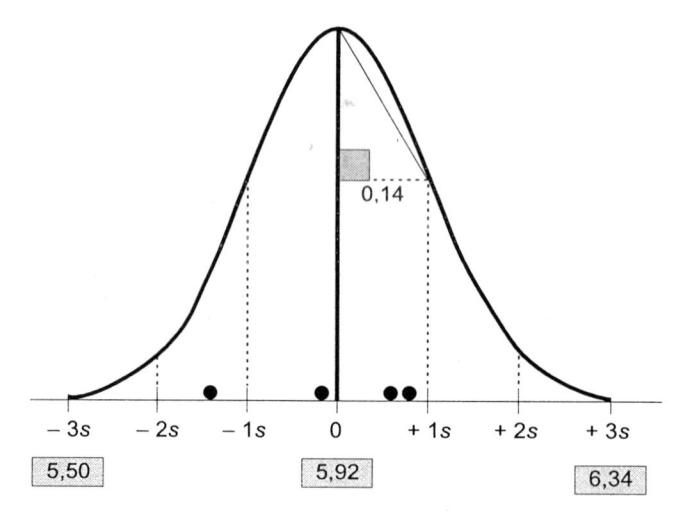

Figura 8. Os quatro totais anuais oriundos da Tabela 4 e a correspondente curva de distribuição Normal.

Todos os quatro pontos caem dentro dos dois desvios-padrão da média. Podemos concluir que os desvios do valor médio são resultados da variação natural, ou Ocasional. Certamente não há nenhuma evidência de diferenças significativas entre estes totais.

Nossa segunda análise vetorial aborda diretamente a validade da linha de tendência do gráfico de barras na **Figura 7**. A *hipótese nula* para esta análise é a seguinte declaração:

Não há nenhuma tendência significativa nos totais anuais.

Esta não é uma conclusão prévia. Ela é um tipo especial de hipótese e é utilizada em pesquisa aplicada no mundo inteiro. A idéia é ver se a evidência nos dados é suficientemente forte para desacreditar a hipótese nula. Assim, e somente assim, podemos dizer que há uma significativa tendência nos totais anuais. A apresentação visual dessa análise é mostrada na **Tabela 6**.

O vetor da variação é decomposto na soma dos vetores do sinal de ganho e do *noise*. Estes três vetores guardam relação pela Nova Equação da Administração (também conhecida como o Teorema de Pitágoras). Os comprimentos elevados ao quadrado dos vetores são também denominados de "somas dos quadrados".

Tabela 6
Ilustração da análise vetorial para uma tendência linear nos quatro totais anuais.
Os comprimentos elevados ao quadrado dos vetores são também denominados de "somas dos quadrados". Esta é uma referencia à Nova Equação da Administração, que envolve a soma de números elevados ao quadrado.

	Receita Bruta		Média		Variação		Sinal de Ganho		Erro
2000	5,73		5,923		− 0,192		− 0,125		− 0,068
2001	6,01	−	5,923	=	0,088	=	− 0,042	+	0,129
2002	5,91		5,923		− 0,012		0,042		− 0,054
2003	6,04		5,923		0,118		0,125		− 0,007
Graus de Liberdade	4	−	1	=	3	=	1	+	2
Comprimento ao Quadrado (*Teorema de Pitágoras*)					0,059	=	0,034	+	0,024
Variância (*Comprimento elevado ao quadrado dividido pelos graus de liberdade*)							0,034		0,012
Razão F (*Variância do sinal de ganho dividida pela variância do erro*)							2,843		
Valor P (*Probabilidade de obter um F dessa grandeza apenas por acaso*)							0,234		

O vetor do sinal de ganho é igual à linha de melhor ajuste da **Figura 7** menos a média dos dados, que neste caso é 5,923. As coordenadas do sinal do ganho sempre totalizam zero, de modo que ele é completamente determinado pela *inclinação* da linha de melhor ajuste. Como resultado, o vetor do sinal de ganho tem um grau de liberdade. Isso deixa dois graus de liberdade para o vetor do erro.

Para obter as variâncias do sinal de ganho e do erro, dividimos as somas dos quadrados pelos graus de liberdade. Esta é uma lei do Universo. Sem este ajuste, as variâncias seriam tendenciosas.

Quando dividimos a variância do sinal de ganho pela variância do erro, obtemos uma razão entre sinal e erro que mede a força da evidência contra a hipótese nula. Ela é denominada de razão F, ou F estatístico, porque Ronald Fisher a inventou. Valores maiores de F implicam uma evidência mais forte em relação à hipótese nula. Neste caso, $F = 2,843$.

Este número não parece ser muito grande. Mas não há nenhuma escala de comparação padrão para a razão F. Em substituição, a interpretamos relativamente a uma distribuição estatística que representa a variação ocasional. Esta distribuição depende dos graus de liberdade para os vetores do sinal de ganho e do erro. O valor p de 0,234 na **Tabela 6** é a probabilidade de obter uma razão F tão grande como 2,843 apenas por acaso.

Se o valor p for suficientemente pequeno, rejeitamos a hipótese nula. Pelos padrões internacionais estabelecidos, a evidência contra a hipótese nula é "clara e convincente" se o valor p for menor que 0,05. Se o valor p for maior que 0,05, mas menor que 0,15, há uma "preponderância da evidência" em relação à hipótese nula. O valor p na **Tabela 6** não satisfaz nem este mínimo padrão de evidência. Não há qualquer tendência significativa.

A **Tabela 7** mostra os valores mensais de receita bruta no formato de matriz de dados. Este conjunto de dados é tão grande de usar como um tutorial. Apresentamos alguns exemplos menores no Capítulo 5.

Tabela 7
Os valores mensais de receita bruta no formato de matriz de dados (milhares de dólares).

Ano	Mês	Receita Bruta	Ano	Mês	Receita Bruta
2000	Jan.	404,40	2002	Jan.	489,34
2000	Fev.	397,00	2002	Fev.	505,70
2000	Mar.	434,90	2002	Mar.	535,89
2000	Abr.	470,85	2002	Abr.	460,33
2000	Mai.	520,12	2002	Mai.	501,33
2000	Jun.	527,03	2002	Jun.	496,89
2000	Jul.	461,11	2002	Jul.	542,19
2000	Ago.	490,32	2002	Ago.	482,31
2000	Set.	494,56	2002	Set.	514,22
2000	Out.	498,88	2002	Out.	452,25
2000	Nov.	540,99	2002	Nov.	483,54
2000	Dez.	509,00	2002	Dez.	450,00
2001	Jan.	525,89	2003	Jan.	527,12
2001	Fev.	483,78	2003	Fev.	498,00
2001	Mar.	501,45	2003	Mar.	509,45
2001	Abr.	476,90	2003	Abr.	535,68
2001	Mai.	544,99	2003	Mai.	464,88
2001	Jun.	483,44	2003	Jun.	504,44
2001	Jul.	450,23	2003	Jul.	477,90
2001	Ago.	497,00	2003	Ago.	527,33
2001	Set.	555,80	2003	Set.	490,43
2001	Out.	542,33	2003	Out.	498,55
2001	Nov.	497,23	2003	Nov.	515,35
2001	Dez.	450,33	2003	Dez.	489,77

No entanto, muito pode ser aprendido simplesmente esquematizando os dados na seqüência de tempo. Isto é feito na **Figura 9**.

Não precisa ser um estatístico para ver que neste caso não há nenhuma tendência, só variação aleatória. As únicas características de nota são os três pontos baixos no início da série. Por sua vez, estes foram os três últimos meses antes de uma mudança nos procedimentos de contabilidade. Eles deveriam ter sido omitidos da análise.

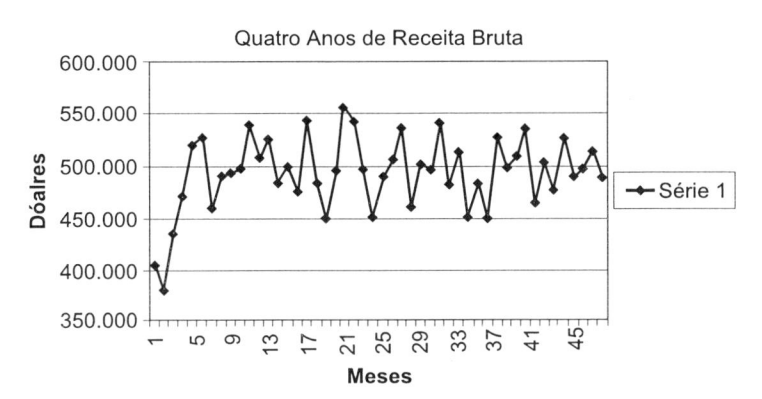

Figura 9. Os valores mensais de receita bruta representados graficamente na seqüência de tempo.

O Jogo já Começou

Outro exemplo de uma análise vetorial plena é o trabalho prático sobre a taxa de desgaste de solas de sapato existente no texto clássico *Statistics for Experimenters: An Introduction to Design, Data Analysis and Model Building*, dos autores George Box, William Hunter e J. Stuart Hunter, datado de 1978. Este exemplo utiliza o pequeno conjunto de dados apresentados no livro acima, com uma linha de história inventada com base em nossas experiências como consultores.[20] Ele atinge os seguintes objetivos:

1) você pode ver rapidamente as diferenças entre uma análise de planilha de trabalho convencional e uma análise vetorial aplicada a uma matriz de dados;
2) as analogias com o projeto de manufatura, custo e margem são apropriadas.

Uma equipe de projeto está discutindo sobre as taxas de desgaste dos materiais A e B para uma sola de sapato. O Material A, da especificação atual, tem um custo maior do que o Material B. O gerente quer aprovar o Material B porque ele é mais barato, e sua análise da planilha de trabalho revela que não haverá uma perda significativa na durabilidade. Os engenheiros estão receosos de que o Material B não seja suficientemente durável. Dados foram coletados e dispostos sob a forma de planilha de trabalho (**Figura 10**).

Garoto	Pé	Material A Taxa de Desgaste	Pé	Material B Taxa de Desgaste
Tom	Esquerdo	13,20	Direito	14,00
David	Esquerdo	8,20	Direito	8,80
Bob	Direito	10,90	Esquerdo	11,20
Daniel	Esquerdo	14,30	Direito	14,20
Russell	Direito	10,70	Esquerdo	11,80
Alan	Esquerdo	6,60	Direito	6,40
Roy	Esquerdo	9,50	Direito	9,80
Chuck	Esquerdo	10,80	Direito	11,30
Austin	Direito	8,80	Esquerdo	9,30
Oren	Esquerdo	13,30	Direito	13,60
Taxa de Desgaste Total x		106,30		110,40
Taxa de Desgaste Média x		10,63		11,04
Diferença				0,41
Análise da Variância Conclusão, nenhuma diferença significativa				3,86%

Figura 10. Dados sobre a taxa de desgaste conforme disposto no Excel.

Dez garotos foram recrutados para o teste. Cada garoto usou um sapato feito do Material A e um do Material B. Foi tirada cara ou coroa para atribuir aleatoriamente o Material A para o pé esquerdo ou direito de cada garoto.

A taxa de desgaste média do Material B revelou-se 0,41 unidades maior do que a do Material A — um acréscimo de 3,86%. Dada a diferença de preço entre os dois materiais, o gerente conclui que a diferença na durabilidade é irrelevante.

Além disso, conforme mostrado pelo diagrama de barras da **Figura 11**, houve diversos casos em que o Material A na verdade teve um desgaste *mais rápido* do que o Material B! O gerente está eufórico. Ao utilizar o Material B no lugar do A, o fabricante de sapatos pode aumentar as margens de lucro *e* manter a durabilidade do produto. Esta mudança gerará lucros de milhões nos resultados financeiros finais.

Após uma longa e difícil reunião com a equipe, é atingido um consenso. A empresa substituirá o Material A pelo menos custoso e igualmente durável Material B.

Quando a reunião está chegando ao seu final, uma moça que está passando por treinamento para *Black Belt* em Seis Sigma pergunta se ela pode analisar os dados em seus próprios termos, utilizando uma análise vetorial aplicada a uma matriz de dados. Está ficando tarde. As pessoas têm lugares para ir, coisas para fazer. No entanto, para manter um bom relacionamento, elas lhe permitem cinco minutos para a exposição.

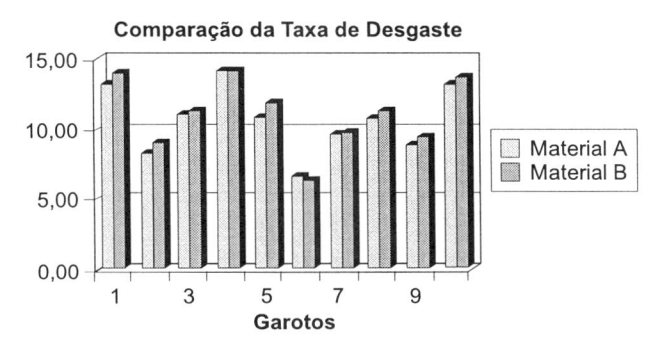

Figura 11. Dados sobre a taxa de desgaste conforme analisado por um gráfico de barras de planilha de trabalho.

Ela importa os dados da planilha de trabalho feita pela equipe em Excel para seu pacote estatístico. Para os objetivos do momento, recriamos os dados dela da análise vetorial em Excel. Isto é exibido na **Tabela 8**. (Marcamos o tempo de ambos os métodos. A reconstrução em Excel literalmente tomou um tempo dez vezes superior do que fazer uma análise vetorial adequada com o pacote estatístico.)

A *trainee* em *Black Belt* inicia sua apresentação improvisada declarando a hipótese nula para a análise: "Não há nenhuma diferença entre as taxas médias de desgaste dos dois materiais." Ela explica que isto é uma *hipótese*, um homem de palha (*straw man*) para ser desconsiderado pela evidência e não uma conclusão prévia. A idéia é ver se a evidência nos dados é ou não suficientemente forte para invalidar a hipótese nula.

Ela continua a explicar que deveríamos estar olhando para as *diferenças* entre A e B para cada garoto — isso foi o ponto principal de ter cada garoto usado um sapato de cada tipo. Se a hipótese nula for verdadeira, as diferenças deveriam ser simetricamente distribuídas em torno de zero. Além disso, a diferença média deveria ser próxima a zero.

Com três cliques de seu mouse, a *trainee* gera um histograma de freqüência das diferenças (**Figura 12**). Apontando para o gráfico, ela diz: "Como vocês podem observar, todas exceto duas das diferenças são positivas. Isto lança dúvidas sobre a hipótese nula — as taxas de desgaste do Material B são consistentemente maiores do que as do Material A."

"Mas, não vamos tirar conclusões precipitadamente. Precisamos completar a análise vetorial para estabelecer a força dessa evidência. Conforme pode ser visto, a análise vetorial (**Tabela 8**) decompõe o vetor das diferenças na soma do vetor das médias dos dados e do vetor do erro. Para analisar pares comparáveis como os do nosso exemplo, o vetor das médias dos dados e o vetor do sinal de ganho são um único e o mesmo vetor.

"Conforme pode ser visto, os comprimentos do vetor das diferenças, do vetor do sinal de ganho e do vetor do erro guardam relação pela Nova Equação da Administração. Os vetores têm dez dimensões porque existem dez diferenças. Nos encontramos no hiperespaço. O vetor do sinal de ganho é determinado por um número, a diferença média de 0,41, de modo que ele tem um grau de liberdade. Isso deixa nove graus de liberdade para o vetor do erro."

Tabela 8
Análise vetorial dos dados da taxa de desgaste.

	Vetor dos Dados B	Vetor dos Dados A	Vetor das Diferenças	Vetor do Sinal de Ganho	Vetor do Erro
	14,00	13,20	0,80	0,41	0,39
	8,80	8,20	0,60	0,41	0,19
	11,20	10,90	0,30	0,41	– 0,11
	14,20	14,30	– 0,10	0,41	– 0,51
	11,80 −	10,70 =	1,10 =	0,41 +	0,69
	6,40	6,60	– 0,20	0,41	– 0,61
	9,80	9,50	0,30	0,41	– 0,11
	11,30	10,80	0,50	0,41	0,09
	9,30	8,80	0,50	0,41	0,09
	13,60	13,30	0,30	0,41	– 0,11
Graus de Liberdade			10 =	1 +	9
Soma dos Quadrados ou Comprimento ao Quadrado *(Nova E. da Administração)*			3,03 =	1,68 +	1,35
Variâncias *(Comprimento elevado ao quadrado dividido pelos graus de liberdade)*				1,6810	0,1499
Razão F *(Variância do sinal de ganho dividida pela variância do erro)*					11,2150
Valor P *(Probabilidade de obter um F dessa grandeza apenas por acaso)*					0,0085

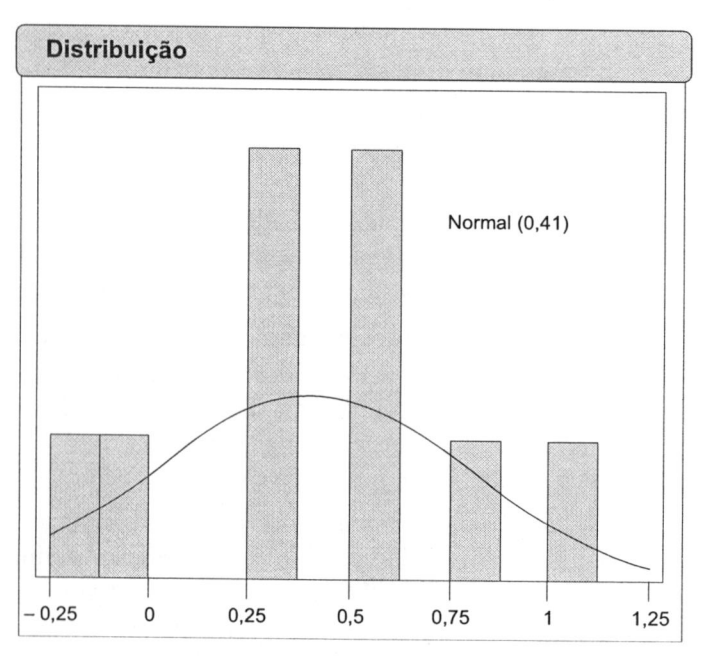

Figura 12. Histograma de freqüência das diferenças na taxa de desgaste (B menos A).

Sua apresentação foi interrompida por uma de suas amigas. "Agora vamos parar durante apenas um minuto para fazer um pouco de alongamento pela ioga enquanto nossas mentes estão trabalhando." Depois de algumas risadas desconfortáveis, a análise da futura *Black Belt* em Seis Sigma prosseguiu:

"Tudo bem. Estamos de volta ao trabalho. Temos de ajustar a Nova Equação da Administração (ou seja, somas dos quadrados, ou comprimentos elevados ao quadrado dos vetores) efetuando a divisão pelos graus de liberdade."

"Isto nos fornece as Variâncias que medem a força dos vetores do sinal de ganho e do erro. Quando dividimos a variância do sinal de ganho pela variância do *noise* (também conhecida como variância do erro), obtemos uma razão entre sinal de ganho e erro que mede a força da evidência em relação à hipótese nula. Ela é denominada de razão F porque um "cara" de nome Fisher a inventou há muito tempo. Como vocês podem ver, a razão F neste caso é de 11,215."

"A razão F não pode ser interpretada em seus próprios termos. Será preciso compará-la com uma distribuição para ver qual é a probabilidade de que um valor tão grande como 11,215 possa ter ocorrido apenas por acaso. Esta probabilidade é chamada de valor p. Se o valor p for suficientemente pequeno, teremos de rejeitar a hipótese nula."

"Pelos padrões internacionais estabelecidos, a evidência contra a hipótese nula é 'clara e convincente' se o valor p for menor que 0,05, e 'não deixa nenhuma dúvida' se o valor p for menor que 0,01 (**Tabela 9**)." "Como vocês podem perceber", ela disse, apontando para a tela de seu computador, "o valor p neste caso é de 0,0085. Isto significa que *há* uma diferença significativa entre A e B que supera o fato de não deixar nenhuma dúvida."

Um engenheiro disse: "Isso faz muito sentido. Muito embora a diferença fosse menor que 4%, percebemos que uma diferença de 0,41 unidades poderia causar problemas. Estamos receosos de que as perdas de rendimento excederiam a economia conseguida nos custos do material."

Tabela 9
A *Black Belt* mostrou a tabela de evidência para a equipe.

Tipo de Evidência	Valor *P*	Nível de Confiança Contra a Hipótese Nula	Padrão de Evidência
Análise Vetorial aplicada a uma matriz de dados, vetores do sinal de ganho e do *noise* identificados	0,01	99%	Não deixa nenhuma dúvida
	0,05	95%	Claro e convincente
	0,15	85%	Preponderância de Evidência
Narrativa de histórias e revisões de planilhas	Nenhum	Nenhum	Nenhum

Um potencial desastre é estreitamente evitado pelo uso de uma decisão baseada em evidência na hora H. Características críticas à qualidade e margens financeiras são protegidas. A reputação da empresa no tocante à qualidade é preservada. Apenas mais um dia na vida de uma empresa que adota o Seis Sigma.

Os próximos cursos de *Black Belt*, *Green Belt*, *Yellow Belt* e *Champion* estão repletos de gente até sua capacidade máxima. As listas de espera para as sessões seguintes são longas. A empresa avança pela próxima etapa implementando o Seis Sigma em todos os projetos e cargos funcionais na matriz da corporação. A primeira turma de *Black Belts* está agora no treinamento para obter o *Master Black Belt* utilizando seus próprios estudos de caso.

Planilha de Trabalho *versus* Matriz de Dados

A aritmética de uma planilha de trabalho é a engenharia de computação da análise da variância da contabilidade de custos nos dias de hoje. Enquanto lecionamos a real Análise da Variância ouvimos muitas vezes o comentário, "Então, qual é o grande trunfo de utilizar uma matriz de dados? É possível fazer tudo isso em uma planilha de trabalho". Isto é verdadeiro. Sabemos porque procedemos dessa forma. Uma parte desse trabalho está sendo apresentada neste capítulo. Teremos mais seções nos Capítulos 5 e 6.

Também é verdadeiro que é possível, eventualmente, calcular as trajetórias orbitais de todos os planetas em nosso sistema solar com um ábaco.[21] A menos que você e seus entes queridos não tenham nada melhor a fazer com o restante de suas vidas, nossa pergunta é esta, "Por que alguém desejaria fazê-lo?"

A planilha de trabalho é uma invenção maravilhosa. Ela automatiza a aritmética. Você pode escrever fórmulas. Como Keats, você pode dispor seus dados em qualquer lugar desejado e analisá-los da maneira que quiser. Se você acrescentar um número considerável de inclusões, será possível realmente aplicar um pouco de estatística, até mesmo a Análise da Variância.

Ficar acrescentando inclusões é um modo deselegante de tentar reinventar a maquinaria de uma análise vetorial que já existe no software estatístico moderno. Estes programas lhe dão acesso a esta maquinaria com um clique no mouse.

A maior licenciosidade em tentar fazer tudo com uma planilha de trabalho origina-se da mera liberdade que torna as planilhas tão populares. As aplicações em planilhas de trabalho são indisciplinadas e Fora da Lei. As Leis do Universo não se aplicam a elas. Os pacotes estatísticos, por outro lado, seguem a Lei. Eles requerem a adequada estrutura de matriz de dados — em cada linha um objeto de interesse, e em cada coluna um vetor de dados aplicado nos objetos.

Os vetores de dados são os principais componentes da análise vetorial. (Daí seu nome.) A análise vetorial provê a transparência requerida para satisfazer padrões internacionais de contabilidade e padrões científicos de evidência. Por exemplo, os pacotes estatísticos automaticamente criam os vetores da variação, do sinal de ganho e do *noise* mostrados nas **Tabelas 5, 6** e **8**.

Pode-se criar esta tabela em uma planilha de trabalho, embora isto seja tedioso. Nós, na realidade, fizemos as **Tabelas 5**, **6** e **8** em uma planilha de trabalho, mas nada força outros usuários a proceder dessa forma. A natureza flexível das planilhas de trabalho atrai usuários insuspeitos para os pecados de omissão. Não há requisitos para análise vetorial, nem requisitos para transparência.

Outras características das planilhas de trabalho são inconvenientes ou irritantes. Por exemplo, muitas funções da planilha tratam as células vazias como zeros. Isto funciona bem para adições e subtrações. Na realidade, uma célula vazia indica um valor faltante em um vetor de dados. Um valor faltante muda os graus de liberdade e a dimensão do vetor. A análise vetorial pode gerenciar isso, embora realmente afete o resultado. Em contrapartida, a inserção arbitrária de zeros para os valores faltantes provoca danos na análise vetorial, fornecendo resultados incorretos.

Estes e alguns comentários correlacionados estão resumidos na **Tabela 10**.

Tabela 10
Comparando e diferenciando uma planilha de trabalho e uma matriz de dados. Raciocínios indutivos e dedutivos são inseridos no software de matriz de dados. Nenhuma dessas disciplinas existe em uma planilha.

	Planilha de Trabalho	**Matriz de Dados**
Aparência	Linhas e colunas	Linhas e colunas
Interpretação das Linhas	Qualquer desejada	Cada linha representa um objeto ou evento sobre o qual dispomos de dados.
Interpretação das Colunas	Qualquer desejada	Cada coluna representa uma variável para a qual temos dados. Cada coluna é o vetor de dados para a correspondente variável.
Método de Análise	Quaisquer operações aritméticas desejadas	Análise vetorial dos sinais de ganho e do *noise*, conforme ditado pelas interpretações das linhas e colunas.
Padrão de Evidência	Nenhum	As magnitudes relativas dos vetores do sinal de ganho e do *noise* são comparadas com limiares representativos de padrões de evidência internacionalmente reconhecidos.
Ética de Exibição	Revela ou suprime qualquer análise, ou elemento de análise, a seu critério.	Transparência plena de todos os elementos de análise.
Células Vazias	Viola as leis de análise, tratando-as como zeros.	Tratadas corretivamente como "valor faltante". Um valor faltante reduz a dimensão do vetor de dados, e requer um tratamento especial.
Padrão de Cálculo	Ábaco	Pentium

Valores *P*, Sinais de Ganho, Níveis de Confiança e Padrões de Evidência

Uma hipótese nula consiste sempre de uma asserção negativa. O modo próprio de escrever de uma hipótese nula não é uma lei do universo, e sim um padrão peculiar. Eis aqui alguns exemplos:

- não há diferença entre esses dois modos de fazer o trabalho;
- não há diferenças entre esses três ou mais modos de fazer o trabalho;
- não há relação entre essas duas variáveis;
- não há relações entre essas três ou mais variáveis;
- não há relações entre esses dois grupos de variáveis.

A hipótese nula freqüentemente desempenha o papel de um "homem de palha", *straw man*, no raciocínio indutivo. Segundo o banco de dados da Wikipedia, sobre folclore *on-line*, o conceito de *straw man* começou como uma tática de segurança nos rodeios.[22] Ele desviaria a atenção dos touros, e poderia ser despedaçado sem nenhum dano. Podemos rasgar o homem de palha, a hipótese nula, se isso for algo que gostaríamos de *invalidar* com base nos dados.

A razão F, ou F estatístico, é uma fração entre sinal de ganho e *noise* que mede a força da evidência nos dados em relação à hipótese nula. À medida que a razão F aumenta, cresce a força da evidência em relação à hipótese nula. Avaliamos uma razão F comparando-a com uma distribuição estatística para ver qual é a probabilidade de que um valor dessa grandeza poderia ter ocorrido apenas por acaso.

A distribuição com a qual a razão F é comparada depende dos graus de liberdade para os vetores do sinal de ganho e do *noise*. Como resultado, não há nenhuma escala-padrão de comparação para a razão F.

Contornamos isso trabalhando com uma probabilidade computada a partir do valor F. Esta probabilidade, denominada de valor p, é a probabilidade de se obter uma razão F tão grande como o valor que conseguimos somente por acaso. Se o valor p for suficientemente pequeno, rejeitamos a hipótese nula.

No Excel da Microsoft, a sintaxe da fórmula da célula para o cálculo do valor p é esta:

= FDIST (valor da razão F, graus de liberdade para o vetor do sinal de ganho, graus de liberdade para o vetor do *noise*)

Por exemplo, a fórmula para produzir o valor p de 0,0085 na **Tabela 8** é apresentada a seguir:

= FDIST (11, 215, 1, 9)

onde 11,215 é o valor da razão *F*, 1 é o número de graus de liberdade para o vetor do sinal de ganho, e 9 é o número de graus de liberdade para o vetor do erro.

Entre com esta fórmula em sua planilha do Excel e você obterá a resposta correta: 0,0085.

A fórmula para produzir o valor p de 0,234 na **Tabela 6** é apresentada a seguir:

$$= \text{FDIST}(2,843, 1, 2)$$

onde 2,843 é o valor da razão *F*, 1 é o número de graus de liberdade para o vetor do sinal de ganho, e 2 é o número de graus de liberdade para o vetor do erro.

Entre com esta fórmula em sua planilha do Excel e você obterá a resposta correta: 0,234.

Não gostamos de ficar escrevendo fórmulas em planilhas, mas sim do fato de que há software estatístico que faz esse trabalho para nós automaticamente.

À medida que a razão F aumenta, o valor p diminui. Quando o valor p diminui, a força da evidência em relação à hipótese nula aumenta. Isto tende a confundir as pessoas. É mais fácil pensarmos em termos de níveis de confiança (**Tabela 11**). O nível de confiança é 1 menos o valor p, normalmente expresso como uma porcentagem. À medida que o nível de confiança aumenta, a força da evidência em relação à hipótese nula também aumenta.

Tabela 11
Padrões de evidência em poucas palavras. Um valor *p* menor que 0,05 gera um nível de confiança maior que 95%. Um valor *p* menor que 0,01 gera um nível de confiança maior que 99%.

Tipo de Evidência	Valor P	Nível de Confiança contra a Hipótese Nula	Padrão de Evidência
Análise Vetorial aplicada a uma matriz de dados, vetores do sinal de ganho e do *noise* identificados	0,01	99%	Não deixa nenhuma dúvida
	0,05	95%	Claro e convincente
	0,15	85%	Preponderância de Evidência
Narrativa de histórias e revisões de planilhas	Nenhum	Nenhum	Nenhum

Argumentos Finais

Themis é a Deusa Cega da Justiça na Mitologia Grega.

Themis: "Como um oráculo, eu costumava aconselhar Zeus quando ele tomava decisões. Eu desempenhava meu trabalho tão bem que me tornei a deusa da justiça divina.

Você pode ver em algumas de minhas personificações que eu costumava carregar uma espada em uma mão e uma balança em outra. Isso tem o significado que eu seria justa e imparcial em meus julgamentos. Toda minha existência depende de padrões objetivos de evidência."[23]

Notas Finais

[1]*American Heritage Dictionary of the English Language*, Third Edition. Boston. Houghton Mifflin Company, 1992.

[2]Dawkins, Richard. *Unweaving the Rainbow, Science Delusion and the Appetite for Wonder.* Boston, Houghton Mifflin Company, 1998.

[3]Huff, Darrell and Geis, Irving. *How to Lie with Statistics*. New York, W.W. Norton and Company, 1954.

[4]Taylor, Frederick Winslow. *Scientific Management*, Mineola: Dover Press, 1998. pages 55-59. A versão original de 1911 foi publicada pela Harper and Brothers, Nova Iorque e Londres.

[5]*Oxford English Dictionary*, 1989.

[6]Garrison, Ray H. and Noreen, Eric W. *Managerial Accounting, 10th Edition*. Boston, MacGraw-Hill Irwin, 2003. Page 431.

[7]Harrison, G. Charter. *Cost Accounting to Aid Production — I. Application of Scientific Management Principles*. Industrial Management, The Engineering Magazine, Volume LVI, Nº 4, October, 1918.

[8]Harrison, G. Charter. *Cost Accounting do Aid Production — I. Standards and Standard Costs*. Industrial Management, The Engineering Magazine, Volume LVI, Nº 5, November, 1918.

[9]Harrison, G. Charter. *Cost Accounting to Aid Production — I. The Universal Law System*. Industrial Management, The Engineering Magazine, Volume LVI, Nº 6, December, 1918.

[10]Johnson, H. Thomas, and Kaplan, Robert S. *Relevance Lost, The Rise and Fall of Management Accounting*. Boston: Harvard Business School Press 1991. Pages 10-12.

[11]Anthony, Robert N., and Reece, James S., *Accounting: Text and Cases, Eighth Edition*. Homewood, Irwin, 1989. Page 15.

[12]MacKay, Charles, *Memoirs of Extraordinarily Popular Delusions*, Copyright 2002 eBookMall versão disponível por US$ 1,75. http://www.ebookmall.com/alpha-authors/m-authors/Charles-MacKay.htm

[13]MacKay, Charles, *Memoirs of Extraordinarily Popular Delusions*, Copyright 2002 eBookMall versão disponível por US$ 1,75. http://www.ebookmall.com/alpha-authors/m-authors/Charles-MacKay.htm Page 8.

[14]Gardner, Martin. *Fads and Fallacies in the Name of Science*. New York, Dover Press, 1957. Page 106.

[15]Sagan, Carl. *The Demon Haunted World, Science as a Candle in the Dark*. New York, Ballantine Books, 1996. Page 241.

[16] Anthony, Robert N., and Reece, James, S. *Accounting: Text and Cases*, *Eighth Edition*. Homewood, Irwin, 1989. Page 941.

[17] *Oxford English Dictionary*, 1989.

[18] Box, Joan Fisher. *R. A. Fisher: The Life of a Scientist*. New York: John Wiley and Sons, 1978. Page 97.

[19] Box, Joan Fisher. *R. A. Fisher: The Life of a Scientist*. New York: John Wiley and Sons, 1978. Page 100-102.

[20] Box, George E.P., Hunter, William G., and Hunter, J. Stuart. *Statistics for Experimenters, An Introduction to Design, Data Analysis, and Model Building*. John Wiley & Sons. New York, 1978.

[21] Dilson, Jesse. *The Abacus, The World's First Computing System: Where it Comes From, How it Works, and How to Use it to Perform Mathematical Feats, Large and Small*. New York, St. Marten's Press, 1968.

[22] http://www.wikipedia.org/wiki/Straw_man

[23] http://www.commonlaw.com/Justice.html

CAPÍTULO 3

Seis Sigma Baseado em Evidências

O Seis Sigma (6σ) é uma iniciativa empresarial comprovada em busca da perfeição que cria melhoras na lucratividade, produtividade e qualidade. Ele é um meio altamente estruturado, aplicado projeto após projeto, de gerar resultados financeiros, e produz significativo valor em dinheiro, graças a uma série de intermináveis projetos de desenvolvimento. Decisões baseadas em evidências caracterizam o recorde do 18º ano de realizações dessa metodologia.

Os elementos essenciais do desenvolvimento dos projetos Seis Sigma são as análises vetoriais aplicadas a matrizes de dados.

Centenas de milhões de dólares têm sido repassados diretamente aos resultados financeiros de empresas em todo o mundo utilizando este modelo de aperfeiçoamento e seu conjunto de ferramentas. Muito embora as grandes corporações multinacionais tenham atraído a maior atenção da mídia, pessoalmente vimos uma companhia que fabrica peças de plástico sob moldagem a vácuo com apenas 26 funcionários obter resultados proporcionalmente idênticos.

O conhecimento e a técnica do Seis Sigma evoluíram desde que o conceito da qualidade perfeita 6σ foi inicialmente criado por um engenheiro de nome Bill Smith, da Motorola. O responsável à época pelo setor financeiro dessa empresa, Robert Galvin, foi o primeiro *Champion* em Seis Sigma. Ele conduziu entusiasticamente todo o programa e pessoalmente removeu os obstáculos burocráticos aos aperfeiçoamentos dos desenvolvimentos.

O Seis Sigma tornou-se uma mercadoria de ensino e treinamento durante o final da década de 1990, e ganhou impulso à medida que amadurecia.

A marca de identificação Seis Sigma, de três sílabas e fácil memorização, está agregando valor à análise vetorial e à evidência objetiva. Seis Sigma ainda expressa substância. A Wall Street gosta do 6σ porque ele vincula a satisfação do cliente diretamente com a rentabilidade corporativa. A satisfação do cliente, a informação da qualidade, a velocidade e as estruturas organizacionais leves são valores culturais do Seis Sigma. Tudo que apresenta valor é medido, analisado e recompensado.

As medições do Seis Sigma são registradas em matrizes de dados. Visto que as aplicações de matrizes de dados são essenciais à análise vetorial, toda empresa que realmente segue essa técnica tem seus próprios padrões corporativos de software. Todo executivo detentor do título de *Champion* em Seis Sigma e, se ele (ou ela) pretende ser promovido(a), todo(a) gerente em uma empresa que adota essa técnica, tem um software de matriz de dados carregado em seus computadores pessoais. Embora diversos produtos sejam disponíveis, dois em especial dominam atualmente o mercado: Minitab e JMP.

Uma análise Seis Sigma é uma análise vetorial aplicada a uma matriz de dados. Conforme detalhamos graficamente no Capítulo 2, o Seis Sigma recebe este nome a partir dos resultados da análise vetorial. Este processo analítico é, às vezes, denominado de Análise da Variância, ou ANOVA. Visto que o acrônimo e suas equações são normalmente apresentados de maneira a garantir entediar até acadêmicos plenos de motivação, chamá-los de Ferramentas Seis Sigma (Six Sigma Tools) tem promovido resultados maravilhosos. Executivos corporativos a adotam muito embora somente alguns saibam qual o significado real das palavras e do acrônimo. Isso constitui uma realização notável no livro de recordes de marketing de qualquer pessoa.

Uma ANOVA decompõe dados primários em seis vetores (**Figura 1**). Dois são produtos de uma inteligência gerencial inestimável: 1) Sinais de Ganho; e 2) Erro. (Historicamente, Sinais de Ganho têm sido denominado de "desvios de tratamento", o que atrai engenheiros e estatísticos. O mercado de massa do Seis Sigma exige melhores nomes comerciais. Nós satisfazemos essa demanda.[1])

O poder da computação transforma o que antes constituía uma série de cálculos algébricos de matrizes praticamente impossíveis de resolver em um único comando de computador, *Run Model*.

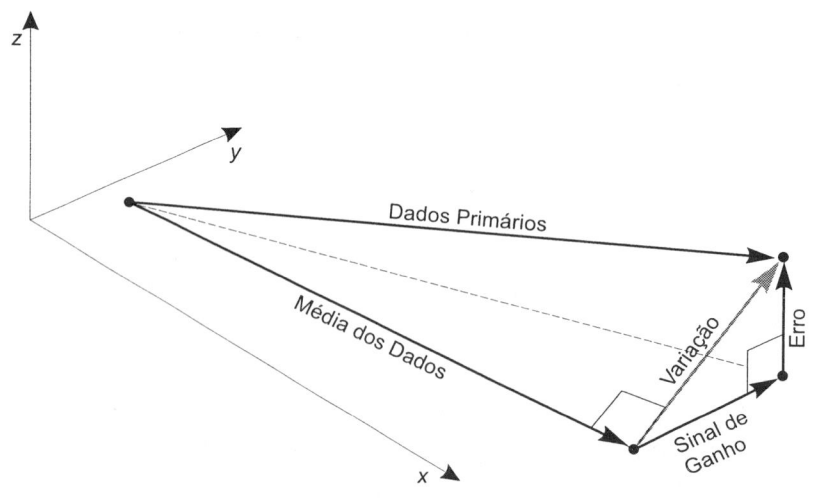

Figura 1. Uma análise completa é composta de seis vetores. O vetor do Sinal de Ganho quantifica o componente mais importante.

Qualquer um que gostasse de analisar corretamente dados de medições pode agora executá-lo em questão de segundos. Quando uma empresa combina o poder da computação com os princípios do aprendizado acelerado de adultos e os projetos de desenvolvimento de mão-na-massa, os avanços geram, de modo rotineiro, enormes saltos na rentabilidade.

Fundamentos do Seis Sigma (6σ)

Apresentamos agora a lista dos fundamentos principais do Seis Sigma. O aspecto dos jargões nessa iniciativa empresarial é tão real quanto lamentável. Acrônimos e símbolos algébricos são a gramática do Seis Sigma. Identificamos estes hieróglifos como uma orientação de cortesia aos iniciantes na matéria.

1) Os executivos de nível mais alto de uma corporação conduzem pessoalmente a iniciativa Seis Sigma de maneira altamente visível. Os executivos autênticos de 6σ evitam a utilização de gráficos de barras e diagramas de blocos de planilhas de trabalho. Análises corretas de dados financeiros e de produtividade, fundamentadas em regras, são evidentes nas apresentações de executivos de Seis Sigma. A promoção e remuneração desses executivos estão ligadas à utilização de decisões baseadas em evidências promovidas por dados. O "teste de tornassol" de liderança é a reprodução de projetos revolucionários de alto valor financeiro.

   Se um executivo *Champion* não enfrenta o desafio dessas funções, a iniciativa Seis Sigma não gerará os resultados prometidos.

2) Ensino e treinamento de aptidões na área de conhecimento reconhecida permeiam as organizações que seguem o Seis Sigma.[2] Instrução em cálculos, que significa tomadores de decisões saberem como efetuar uma análise vetorial aplicada a uma matriz de dados, é uma competência desejada para todos os líderes.

3) Taxas exponenciais de aperfeiçoamentos são um resultado previsto. Novos meios de ter o trabalho realizado, com menores recursos, e numa fração do tempo requerido pelos métodos anteriores, precedem as melhorias incrementais do processo.

4) Medições e métricas Seis Sigma estão vinculadas ao desempenho financeiro no curto e longo prazo.

Os executivos líderes de Seis Sigma alocam tempo e recursos de pessoal significativos para projetos 6σ. Além de seus próprios investimentos na atuação, eles designam as pessoas mais capazes de uma empresa para se dedicarem em tempo integral à liderança de projetos Seis Sigma de desenvolvimento. O trabalho do Executivo é remover as barreiras burocráticas aos avanços, de modo que os gerentes que tenham aptidões para implementar mudanças produtivas possam ter êxito.

A hierarquia da descrição de funções em um Seis Sigma corporativo assemelha-se aos graus obtidos em um dojo de artes marciais. Os profissionais de Seis Sigma em tempo integral, denominados *Black Belts*, devem ser capazes de "afastar completamente" qualquer variação que gere perdas ou retrabalho.³ Além de um nível de agressividade intelectual típico de um praticante de Karatê, Tai Kwon Do, Kung Fu e Judô, os *Black Belts* precisam demonstrar liderança e boas habilidades interpessoais, e dominar os princípios das decisões baseadas em evidências.

De preferência, os executivos *Champion* "sanseis" aplicam *coaching* e *mentoring* aos *Master Black Belts* de 9º grau, que, por sua vez, aplicam *coaching* e *mentoring* e orientam os *Black Belts*. Estes, então, ministram *coaching* e supervisionam os *Green Belts* e *Yellow Belts*. Ensino e treinamento permeiam a organização. Eventualmente, todos os funcionários contribuem ativamente para a geração de resultados em projetos revolucionários: dinheiro concreto nos resultados financeiros finais.

A Estratégia de Ganho do Seis Sigma

O Seis Sigma aumenta os ganhos ao objetivar perfeitos produtos, serviços e processos. Em uma cultura 6σ, é esperado que todos argumentem entusiasticamente a favor da perfeição. Uma atitude ética de trabalho vibrante tem peso numa cultura Seis Sigma. Protestos sobre a possibilidade de um "índice de retorno decrescente" indicam um indivíduo que não entende os fundamentos 6σ.

A letra grega σ, no formato minúsculo, é pronunciada "sigma". Na esfera profissional, σ é o símbolo para o desvio-padrão da população. O desvio-padrão amostral, juntamente com os outros cinco elementos em uma análise vetorial completa, é obtido a partir dos dados primários. Ele quantifica a quantidade de variação aleatória ou ocasional ocorrida em torno da média em qualquer e todo conjunto determinado de dados. Compreender e adotar a Generalização da Variação Ocasional é entrar no mundo do Seis Sigma. Tente a seguinte experiência para demonstrar esta lei física por si próprio.

Primeiro, procure um amigo que você admira. Escolha alguém com quem você pode discutir informações controversas. Agora, cada um de vocês vai ter de reproduzir a letra "a" dez vezes numa folha de papel exatamente do mesmo modo, sem qualquer variação.⁴ Vá em frente! Tente fazer isso.

Este exercício é uma armadilha. A tarefa é totalmente impossível. Diferenças nos instrumentos de escrita, variações na tinta, textura do papel, caligrafia, fadiga, amplitude de atenção, concentração, sua interpretação de nossas instruções, e um número infinito de outras variáveis, contribuem para uma variação natural. A variação natural está presente em tudo e existe sempre. Ela é ubíqua. É uma lei de nosso Universo, tão expressiva como a gravidade. Todos bons produtos e serviços sofrem das inconsistências provocadas pela variação.

J. Bernard Cohen, o eminente historiador, considera o conhecimento do Acaso e/ou variação estatística como sendo a característica destacável da Revolução Científica de nossa geração. "Se eu tivesse de optar por uma única característica intelectual que teria aplicação à contribuição de Maxwell [sem ser diretamente relacionada à sua teoria de campo revolucionária], de Einstein [mas não a teoria da relatividade], da mecânica quântica e ainda da genética, essa propriedade seria a probabilidade."⁵ Nós concordamos.

Esta Revolução do Seis Sigma nos negócios e na ciência é definida muito mais pela evidência, que é baseada na Probabilidade, do que pelo determinismo.[6] Quer você goste ou não, a probabilidade destrona a velha doutrina. Não há uma maneira educada de resumir o impacto que a variação tem na visão mundial de um indivíduo. A Probabilidade, fantasiada com a vestimenta do Seis Sigma, está substituindo os meios antiquados de conhecimento — revelação, intuição, e razão — pela análise disciplinada de observações experimentais.

O Seis Sigma unifica o método científico e os negócios. Decisões baseadas em evidências e o potencial de uma análise vetorial são as conexões roteadoras entre as duas disciplinas. Ao responder às metaquestões: "Essa matéria do Seis Sigma realmente funciona?" e "Você pode prová-lo repetindo seus resultados?", a resposta é um inequívoco, "Pode estar certo disso".

Com qualquer e todo conjunto de dados, conseguimos construir um tetraedro, à base da evidência estatística. Quando um desvio-padrão é combinado com uma média, podemos fazer previsões valiosas baseadas numa família de curvas e superfícies de probabilidade (**Figura 2**). Quando a média e o desvio-padrão (σ) de um processo são conhecidos, é possível melhorá-los para uma performance 6σ próxima à perfeição. Qualidade perfeita, na primeira vez em todas as oportunidades, é algo valioso. Este valor pode ser medido pelo dinheiro.

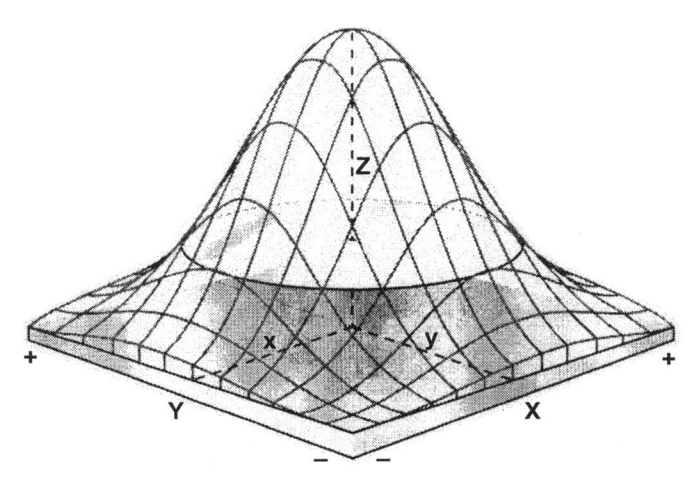

Figura 2. Um software de matriz de dados automaticamente transforma a base da evidência em distribuições de probabilidade.

A **Figura 3** ilustra os objetivos da Melhora da Qualidade (*Quality Improvement* — QI) corporativa dos anos 80 da escola antiga. Retornando àquela época, a meta era a qualidade "três sigma".[7,8] Isso indica que a amplitude total do processo 6σ simplesmente enquadra-se entre os limites inferior e superior de especificação (*lower and upper specification limits* — LSL e USL). Na melhor das hipóteses, significa que 99,7% dos resultados do processo satisfazem as demandas dos clientes. Esta qualidade próxima a 100% parece melhor do que

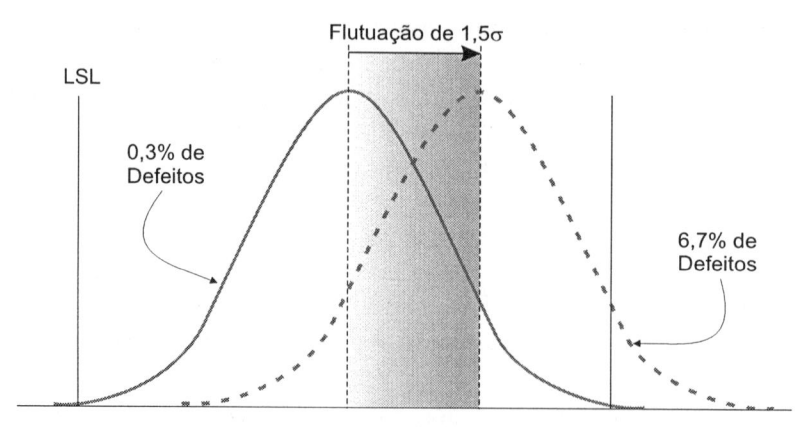

Figura 3. A qualidade "três sigma" indica que a amplitude total do processo 6σ simplesmente enquadra-se entre os limites inferior e superior de especificação (LSL e USL). Na melhor das hipóteses, significa que 99,7% dos resultados do processo satisfazem as demandas dos clientes.

realmente é. Lembre-se da variação inaceitavelmente ampla na comparação enganosa proporcionada pelo gráfico de barras no capítulo anterior. No seu melhor resultado, uma distribuição de 99,7% em três sigma promete "somente" 2.700 produtos defeituosos numa população de 1 milhão.

Um processo três sigma pode realmente gerar um número considerável de 67.000 falhas ou defeitos por milhão (DPM). Isto se deve ao fato de que os processos tipicamente flutuam cerca de 1,5 desvio-padrão em torno de sua média no longo prazo.

Para colocar estes números em perspectiva, a segurança da aviação "três sigma" resultaria em diversos acidentes aéreos a cada semana. No atendimento à saúde, resultariam 15.000 bebês recém-nascidos natimortos por ano. Os bancos perderiam milhares de cheques diariamente. Permanecendo essa situação, os custos referentes à qualidade dos processos três sigma (3σ) das empresas recairiam entre 25 a 40% de seus rendimentos operacionais anuais, sob a forma de perdas e retrabalho.

Os projetos Seis Sigma de desenvolvimento objetivam reduzir o desvio-padrão. Processos de alta alavancagem que afetam as empresas, indústrias ou serviços de atendimento à saúde são os alvos principais.

A curva em forma de sino do Seis Sigma representada na **Figura 4** cobre somente a metade da faixa de especificação. Isso ilustra o efeito de um desvio-padrão σ reduzido.

A curva em forma de sino do Seis Sigma de uma parte por bilhão (*one-part-per-billion* — PPB) cobre apenas a metade da faixa de especificação. Isto ilustra o drástico benefício financeiro de se reduzir o desvio-padrão.

Mesmo quando há desvios de rota no processo, somente podem ocorrer de três a quatro falhas ou defeitos por milhão (*defective outcomes per million* — DPM). Num exemplo de σ = 1 dólar, um avanço de Seis Sigma resultaria em um desvio-padrão igual ou menor que 0,50 centavos de dólar. Quando esta meta de perfeição for atingida, há o desaparecimen-

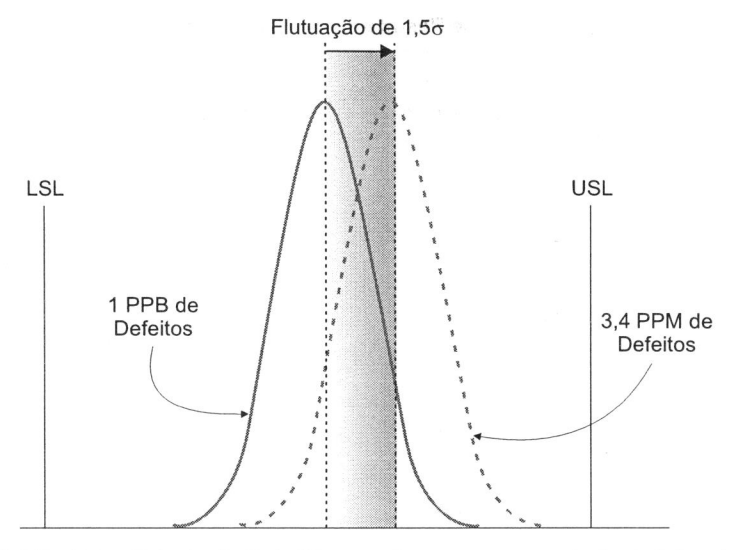

Figura 4. Uma distribuição eficiente de Seis Sigma cobre apenas a metade da faixa de especificação.

to de custos referentes a perdas, a retrabalho, a projetos desairosos e à complexidade desnecessária.

As recompensas comprovadas ao se atingir o 6σ são: 1) clientes entusiasmados e 2) aumento nos lucros. Historicamente, cada projeto Seis Sigma gera um benefício entre US$ 100 a 250 mil. Os Especialistas em 6σ corporativo de período integral, *Black Belts* que atualmente recebem cerca de US$ 120 mil de salário e benefícios, encabeçam de três a quatro projetos anuais que geram US$ 1 milhão em dinheiro vivo no resultado financeiro final. Este índice de retorno de 10:1 é tão confiável que tem-se tornado uma tradição.

Anteriormente ao desenvolvimento do Seis Sigma no final da década de 1980, as únicas pessoas que ganhavam a vida em período integral utilizando estas ferramentas para projetos revolucionários eram os consultores. Nós éramos os únicos com disposição de estudar livros didáticos obsoletos, utilizar calculadoras de mão, réguas, papel para formulário e programas DOS.

Agradecemos a Deus que estes dias agora já passaram. Qualquer e toda pessoa pode desfrutar dos benefícios da análise vetorial aplicada a uma matriz de dados. Os ganhos ao estilo Seis Sigma são agora uma questão de opção pessoal.

O Lucrativo Mapa de Resultados do Projeto

Diagramas de fluxo e mapas de processo simplificam o trabalho. Eles tornam visíveis a dinâmica oculta do processo. Ver as perdas e as complexidades ajuda as pessoas a eliminá-las. Os diagramas de fluxo como o da **Figura 5** podem também ser utilizados para criar processos que geram resultados perfeitos. Para interpretar o diagrama, inicie com o símbolo

O Lucrativo Mapa de Resultados do Projeto Seis Sigma

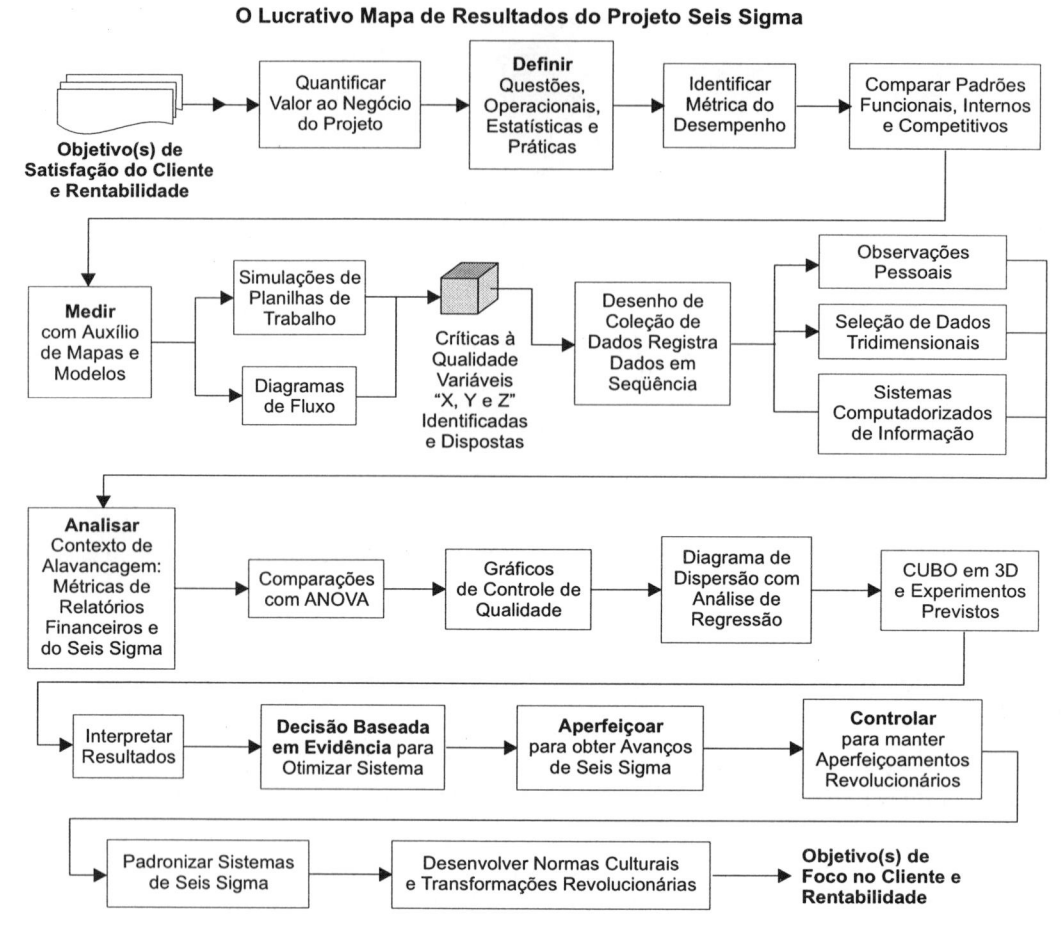

Figura 5. Este diagrama de fluxo tem orientado projetos na obtenção de resultados finais dos balanços financeiros durante anos.

de documentação da cópia impressa no canto superior esquerdo. Siga as setas através de cada um dos quatros níveis até a parte inferior direita da página.

O acrônimo usado para descrever o processo 6σ clássico é DMAIC. Ele representa o ciclo interativo do projeto 6σ de Definir, Medir, Analisar, Aprimorar e Controlar (*Define, Measure, Analyse, Improve and Control* — DMAIC). Quando o projeto for completado, o processo descrito por esse mapa começa novamente. Este ciclo não tem fim.

Definir, Medir, Analisar, Aprimorar e Controlar

A voz do consumidor (*Voice of the Customer* — VOC), sua satisfação e os objetivos de ganho vêm em primeiro e último lugares no ciclo de desenvolvimento DMAIC do Seis Sigma. O mapa marca a fronteira de cada fase. À medida que os avanços 6σ ajudam as empresas a ultrapassar metas financeiras trimestrais e anuais, os objetivos a longo prazo são continuamente aperfeiçoados para sustentar o impulso.

A série de cinco etapas na linha superior e as duas etapas finais na linha inferior são de responsabilidade da gerência e liderança de mais alto nível na corporação. Os três níveis médios são tarefas do projeto dos *Black Belts*. Cada uma dessas etapas consome tempo, de modo que todo resultado de projeto 6σ tem de ser substancial e financeiro.

Interpretação dos resultados, aperfeiçoamento e controle requerem uma estreita colaboração entre os líderes do nível mais alto e os *Black Belts*. O processo de interpretar resultados estatísticos, tomar uma decisão baseada em evidência, otimizar um sistema e implementar melhoras pode, e realmente consegue, aplanar a burocracia. Ocasionalmente, organizações que valorizam a burocracia conseguem "aplicar o Seis Sigma" ao mesmo tempo em que encontram meios para sustentar a papelada, os comitês e a redundância de supervisões. Uma possível apresentação enganosa do Seis Sigma fica imediatamente aparente a qualquer observador perspicaz.

Aconselhamos aos potenciais clientes que gostam de seus sistemas burocráticos para permanecerem fiéis aos métodos da Antiga Escola do Gerenciamento. As decisões baseadas em evidências e o Seis Sigma não lhes conferirão nada a não ser problemas. Funcionários questionarão abertamente os executivos. Relatórios de contabilidade de custos e documentação *pro forma* de investimentos em capital de risco serão desafiados por modelos físicos.

Os programas Seis Sigma são vistos como destruidores quando uma empresa valoriza o pensamento do grupo. Não ria. Muitas fazem isso. Aquelas em que já trabalhamos e assessoramos são povoadas de pessoas encantadoras e amigáveis. Estas pessoas apenas desenham um interessante conjunto de fronteiras para os projetos Seis Sigma. Os processos e as decisões dos gerentes seniores estão fora dos limites. "Não vá lá!"

Em empresas que têm compromisso pleno com decisões baseadas em evidências, há um envolvimento organizacional de base muito ampla. Este compromisso é a chave para perpetuar o sucesso de projetos revolucionários nos níveis mais altos da organização.

O Seis Sigma emprega praticamente todas as ferramentas efetivas de gerenciamento que já foram desenvolvidas. Qualquer recurso de gerenciamento de projeto que você possa pensar que tenha sido comprovado como útil é, no momento, denominado de Ferramenta do Seis Sigma. Por exemplo, o gráfico de gerenciamento de projeto desenvolvido por Henry L. Gantt em 1917, denominado de Gráfico de Gantt, ainda é útil e se encontra em voga.[9]

O gráfico de Avaliação de Programa e Revisão Técnica (*Program Evaluation and Review Technique* — PERT), que provê uma alternativa ao Gráfico de Gantt para a visão de um projeto, também é popular.

Na prática real, o Seis Sigma foca inflexivelmente em finalizar projetos dentro de 90 a 120 dias. A experiência demonstra que, se uma equipe de desenvolvimento de projeto Seis Sigma não consegue agregar valor, em dinheiro, ao resultado financeiro final de uma organização dentro desse período de tempo, o compromisso organizacional com o 6σ instantaneamente entra em declínio.

Presenciamos a mais eloqüente ocorrência desse fenômeno no comportamento de um CEO. Após alguns meses de "alvoroço" com o Seis Sigma, as pessoas notaram que ele não estava usando evidências a menos que isso suportasse a agenda corporativa precedente. Projetos não estavam sendo finalizados no tempo planejado. As resistências às decisões baseadas em evidências cresciam. Em um certo dia, ele casualmente observou ao vice-presidente responsável pela implementação do Seis Sigma de que este "método era efêmero". O vice-presidente foi procurar o significado real dessa palavra e descobriu, para sua consternação, que efêmero significava "acabado em um dia".

Como observação paralela, foi interessante ver que esta iniciativa Seis Sigma gerou cerca de US$ 6 milhões de lucros nos resultados financeiros até o final do ano. O retorno sobre o investimento de dólar por dólar foi somente de 5:1. No entanto, foi muito informativo observar um *Black Belt* transformar-se em um experiente *Master Black Belt*. Eles fazem o que for possível para prover dinheiro a fim de sustentar suas posições.

Embora seja responsabilidade da gerência manter acesa a chama dos avanços, atrasos no projeto e críticas passivas têm favorecido técnicas benignas de negligenciamento.

Os gerentes da escola antiga podem e realmente se utilizam com êxito de neglicenciamentos para sabotar o Seis Sigma. Não cometa erros. O campo do Seis Sigma está abarrotado de Projetos de *Black Belts* malsucedidos que sucumbiram totalmente. A destruição bem-sucedida de projetos geralmente faz retornar a cultura de padrões menores de desempenho. O pensamento da Instituição do Gerenciamento da Escola Antiga não renuncia até que seja rendido e expulso.

Portanto, com base em nossa experiência, recomendamos expressamente que contanto que uma empresa tenha-se comprometido com decisões baseadas em evidências, ela permaneça focada no dinheiro e nos prazos-limite.

Seleção de Projetos Lucrativos

Escolher e priorizar os projetos mais lucrativos é a primeira das etapas mais importantes. Visto que tempo é dinheiro e dinheiro é tempo, o processo de seleção deve ser eficiente e rápido. A **Tabela 1** é uma planilha de trabalho simples de avaliação de projetos virtualmente universal, que emergiu como uma das favoritas nos EUA.

Os líderes das equipes de Seis Sigma colocam as idéias de projetos revolucionários de desenvolvimento neste depósito alimentador de informações. Ele está sempre aberto, mas dependendo da cultura, são feitas revisões sérias em novos projetos em intervalos trimestrais e anuais.

Durante as reuniões de revisão de projetos, cada idéia é classificada com um índice de baixo a alto, 1 a 10, em cinco ou mais categorias. Estes valores são multiplicados para criar uma faixa de prioridades. Este processo de priorização de projetos promove uma concordância de estilo consensual que tem acoplado um pouco de estrutura quantitativa. Temos observado que isto melhora as relações interpessoais de trabalho à medida que gera listas de metas de projetos revolucionários. O projeto sugerido, com o número mais alto de prioridade do projeto total, será o primeiro e assim por diante.

Definições operacionais claras são uma parte fundamental da seleção de projetos. O projeto e suas questões afins devem ser definidos operacionalmente. As definições operacio-

Tabela 1

Você pode programar uma planilha de trabalho para auxiliá-lo a optar pelos melhores projetos.[10]

Projeto Seis Sigma Índice, Baixo a Alto (1 – 10)	Prioridade do Cliente		Investimento Requerido		Valor Total em Dólar (Receita + Custos)		Probabilidade de Sucesso		Impacto no Sistema		Prioridade do Projeto Total
Trabalho em Progresso (Work in Progress – WIP)	8	×	7	×	7	×	9	×	8	=	28.224
Rendimento XYZ	7	×	5	×	7	×	9	×	10	=	22.050
Tempo de Ciclo	6	×	5	×	9	×	8	×	10	=	21.600
Processo de Implantação	5	×	5	×	3	×	7	×	7	=	3.675
Marketing	6	×	4	×	8	×	8	×	9	=	13.824
Dias em Contas a Receber	4	×	6	×	4	×	9	×	4	=	3.456
Tática de Vendas	2	×	5	×	6	×	6	×	4	=	1.440

nais devem ser práticas. Se os gerentes seniores, o *Champion* do projeto, ou os *Black Belts*, não compartilharem um entendimento comum dessas definições, surgem problemas.

Por exemplo, anote sua definição da palavra '*pan*' (panela). Bom trabalho. Sua definição está correta. Da mesma forma, há pelo menos 20 outras definições. Em espanhol, *pan* quer dizer pão. *Pan* é um recipiente usado para cozinhar, uma depressão na terra, uma cavidade na trava de uma espingarda antiga, e o Deus grego dos bosques. Você pode *pan* (girar) uma câmara ou *pan* (garimpar) à procura de ouro. Acredite ou não nisso, têm-se relatos em que a má interpretação de uma palavra de três letras chegou a desviar projetos do rumo certo. Por esta razão muito simples, *Master Black Belts* e *Black Belts* experientes em Seis Sigma são muito específicos quando definem o que é que eles pretendem contabilizar ou medir. Fazer mais do que realmente funciona.

Apresentamos agora outro exemplo clássico que ilustra porque definições operacionais claras são crucialmente importantes para um processo até mesmo tão simples como contar. Conte o número de *efes* (*f*s) no parágrafo a seguir:

FOR CENTURIES IMPORTANT PROJECTS HAVE BEEN DEFERRED BY WEEKS OF INDECISION AND MONTHS OF STUDY AND YEARS OF FORMAL DEBATE.

Quantos *efes* você contou? Faça uma pausa para escrever sua resposta agora, antes de prosseguir._____

Dependendo da maneira como você decidiu definir a letra "f", há sete respostas corretas possíveis. Não existem *efes* minúsculos no formato itálico. Portanto, o zero é uma resposta correta. Se você decidiu contar qualquer F, existem 6. Se você ler foneticamente, em outras palavras definir "f" pelo som da letra, o F em cada OF soa como um "v". Portanto, se você definiu um F pela maneira como ele soa, provavelmente contou 1, 2, 3, 4, 5 ou 6 *efes*. Qualquer uma ou todas dessas respostas, dadas no contexto de sua definição, poderia(m) ser considerada(s) como correta(s).

Durante a fase de seleção de projetos, as expectativas de desempenho de um perfeito Seis Sigma, denominadas de Críticas à Qualidade (*Critical to Quality* — CTQ), ou Características-chave de Qualidade (*Key Quality Characteristics* — KQC) são definidas em termos estatísticos. Sem uma definição estatística, não poderá haver evidência objetiva. A definição deve incluir uma média e um desvio-padrão. Ambos provêm de uma análise vetorial aplicada a uma matriz de dados. Desde que o Sinal de Ganho também é automaticamente gerado por este processo de análise, ele é considerado como parte de uma abrangente definição operacional. Estes altos padrões analíticos são utilizados em todos os níveis da organização.

Uma vez que se chegue a um consenso sobre as definições operacionais, são estabelecidos como meta uma média e um desvio-padrão desejável para os resultados do projeto. Estes números são acompanhados pelo valor estimado dos ganhos em dólares que a empresa pode prever arrecadar. Quando os projetos forem identificados e as Características-chave de Qualidade forem definidas, são utilizados modelos financeiros para criar estimativas confiáveis de sinais de ganho nos resultados financeiros finais da corporação.

Modelagem Financeira e Simulação

Os modelos orçamentários do Seis Sigma são drasticamente diferentes e superiores à documentação *pro forma* numa base aritmética das planilhas de trabalho. Todo gerente que tenha participado realmente do ritual da escola antiga denominado "cenários de planilha" deve admitir, imparcialmente que fará os números subirem.

A análise da variância da contabilidade de custos da escola antiga estimula a confabulação ao eliminar cinco vetores, ou 83% de toda a informação contida nos dados primários. Isto configura uma impropriedade coberta, se já houve alguma. Ao utilizar apenas um vetor, e mascarar os outros cinco, praticamente qualquer história deixa de ter consistência. Uma previsão confiável é tão transparente como uma análise autêntica. Todos os dados e elementos são revelados.

Quando corretamente empregadas, as ferramentas do Seis Sigma elevam os padrões do que e não constitui uma documentação *pro forma*, um cenário ou uma previsão. Previsões cada vez mais precisas envergonham o mundo das contínuas revisões de planilhas de trabalho. Um ábaco não pode derrotar um supercomputador independentemente da velocidade que se imprima aos dedos.

Modelos legítimos de previsão financeira são criados utilizando-se regras da análise vetorial. *Financial Engineering News* é uma das várias publicações comerciais que ajuda os profissionais a desenvolverem-se rapidamente na utilização dessas ferramentas.[11] O Dr. John M. Charnes é um freqüente colaborador. Na qualidade de Diretor da Área de Economia Financeira e Ciência da Decisão junto à School of Business, University of Kansas, ele exemplifica a liderança no campo. Ele utilizou um produto na área de Engenharia de Decisões denominado de Crystal Ball para criar um curso de estudo auto-orientado configurado em 16 módulos que nós consideramos como excelente.

Seu diagrama de fluxo de sistema aberto, com nuvens representando processos que envolvem pensamento, é mostrado na **Figura 6**.

Em uma previsão orçamentária criada a partir de uma matriz de dados, os dados históricos subjacentes a cada hipótese orçamentária são representados graficamente em duas, três e mais dimensões antes de se incluir essa hipótese no modelo de previsão. Quando as hipóteses forem validadas, são criados modelos multivariados que incorporam interações de fatores, correlações e hipóteses empresariais. O modelo pode então ser simulado milhares de vezes em segundos. O resultado é representado sob a forma gráfica.

A simulação tem sido provada como benéfica a gerentes financeiros, bem como a engenheiros, pilotos de jato, médicos e aprendizes para tirar a carteira de motorista. Trabalhando sob as limitações da escola antiga, os engenheiros tinham de construir dispendiosos modelos físicos para testar suas idéias. Pilotos tinham de praticar os primeiros vôos solo a 600 milhas por hora. Médicos cirurgiões tinham de testar novas técnicas em pacientes vivos. Pais tinham de levar seus filhos adolescentes a dirigir no meio do trânsito e torcer pelo melhor.

Com simulações multidimensionais em computadores, novos projetos, técnicas de vôo, cirurgias e até entradas em rodovias expressas podem ser testados primeiramente

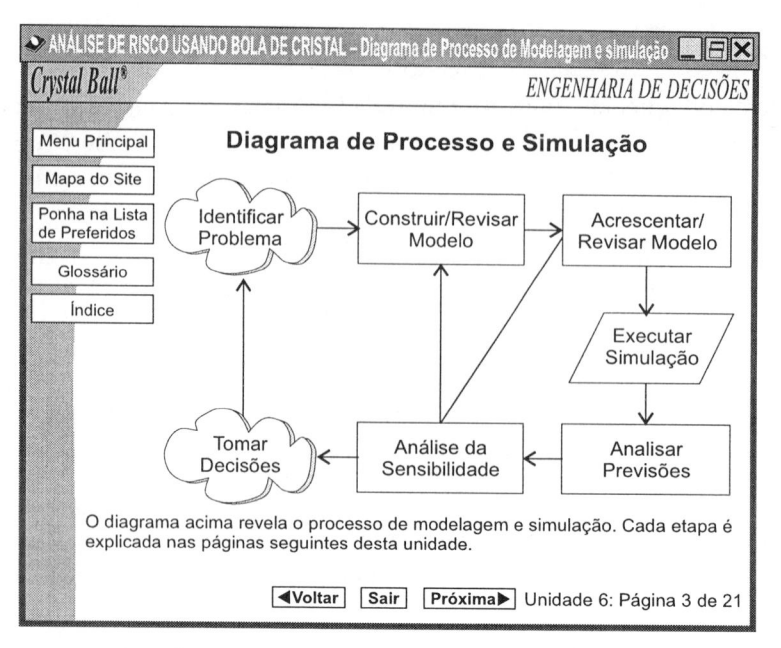

Figura 6. Um programa de software popular de Seis Sigma utiliza diagramas de fluxo para detalhar graficamente o ciclo repetitivo usado para criar e melhorar previsões financeiras.

off-line para minimizar riscos. Os benefícios da simulação são objetivos e maravilhosos. Esta é a razão pela qual a simulação computadorizada é uma "Ferramenta do Seis Sigma". Se você examinar atentamente sob a manta das aplicações de simulação respeitáveis, há sempre uma matriz de dados e uma análise vetorial funcionando como elementos de ignição.[12]

No final dos anos 80, desenvolvedores criativos de software começaram a desenvolver programas que forçavam as planilhas de trabalho a se comportar como uma matriz de dados. A geometria que orientava seus projetos gera resultados gráficos que parecem esplêndidos. Estes macros são agora programas de modelagem maduros. Eles dão gosto de se usar. Todos os dias agradecemos à vice-presidente sênior da General Electric, que destinou parte de seu tempo disponível num dia em 1997 para uma entrevista não agendada por telefone. Ela explicou como estes programas desenvolveram o Seis Sigma. Seu parecer era, e permanece, sólido como uma rocha.

Com o acréscimo de ferramentas de simulação financeira, as previsões orçamentárias herdaram o poder de uma análise vetorial. Modelos vetoriais desempenham uma impressionante função de ajudar tomadores de decisões a visualizar prováveis resultados. Eles são testes plenos de recursos, e permitem aos líderes satisfazer e ultrapassar objetivos de projetos revolucionários. Regras de análise, quantificação, *feedback* (retorno de informações) contínuo e disciplina melhoram a modelagem de previsões com o decorrer do tempo.

Além da eliminação de cinco vetores de análise, os modelos orçamentários baseados na aritmética de planilhas de trabalho e cenários de "o que — se", carecem de padrões de decisão baseada em evidência de maneira muito representativa.

1) Com uma planilha de trabalho, um número individual em uma célula é aceito à primeira vista. Este número freqüentemente engana porque ele não está estruturado sob um contexto significativo. Sem contexto para análise — uma média, um desvio- padrão, uma informação de probabilidade, e um gráfico analítico – as pessoas devem adivinhar o significado do número em relação às outras variáveis de um sistema.

2) As planilhas de trabalho estimulam os analistas a crer no grande logro. Muitos deles atualmente estão convencidos de que uma simples adição, subtração, multiplicação e divisão são ferramentas apropriadas para a análise de sistemas multivariados complexos. Como as colunas e linhas de uma planilha se assemelham bastante às colunas e linhas em uma matriz de dados, vários analistas concluem que são geradas automaticamente respostas equivalentes para cada um dos casos. Este erro é sério.

   a) As planilhas de trabalho têm uma ampla popularidade porque elas deixam qualquer um fazer absolutamente tudo com qualquer número. Tudo isso parece legítimo! Muito embora a aritmética de uma planilha posiciona os padrões de evidência em um nível confortavelmente baixo, elas produzem muito mais ilusão do que reflexão.

3) Os cenários de planilhas são normalmente criados utilizando-se métodos de Um-Fator-de-Cada-Vez (*One-Factor-at-a-Time* — OFAT). A análise de OFAT e os métodos experimentais não são mais confiáveis atualmente do que eram quando Frederick Taylor os utilizou com 26 anos, no ano de 1911. Eles não apenas não promovem uma resposta precisa; eles consomem tempo. As conclusões obtidas pela utilização deste método estão em desacordos com as Leis Físicas do Universo. Ao simplificar demasiadamente os problemas, as respostas são notoriamente indignas de confiança.

4) Os cenários de planilhas criam uma falsa impressão de precisão. Os números em planilhas de trabalho são enfeitados de impressivos arranjos de dados. Estas imagens clamam em voz alta um tipo de encenação. No entanto, elas são apresentadas rotineiramente, aceitas e enquadradas como "certas declarações do pensamento avançado" num gesto social de cortesia que tem "laivos de um enorme e insensato orgulho". Nas hierarquias corporativas, essas gentilezas forçam as pessoas, de outra maneira bem-intencionadas e inteligentes, a esquecerem o que sabem sobre matemática.

As pessoas são persistentes quando se refere a fazer truques com números. A natureza humana é incansável em sua lealdade a crenças irracionais. A observação de Martin Gardner em *Fads and Fallacies* soa tão verdadeira nos dias de hoje como na época em que ele a escreveu, em 1952:

> *"Como é fácil trabalhar sobre uma massa mal digerida de dados e emergir com um modelo, que à primeira vista é deduzido tão intricadamente que fica difícil de acreditar que seja nada mais do que o produto de um cérebro humano... Consciente ou inconscientemente, seus dogmas percebidos deturpam e moldam os fatos objetivos em formas que suportam os dogmas, mas que não possuem qualquer base no mundo exterior."*[13]

Programas de simulação conferem às planilhas, como as do Excel, uma nova vida. Macros que seguem as regras da evidência estão contribuindo com altos padrões para os segmentos da contabilidade e financeiro.[14] Isto é uma coisa muito boa. Desde que um modelo de cubo tridimensional é embutido em uma planilha de trabalho, os analistas têm uma compreensão muito melhor sobre a faixa de resultados orçamentários possíveis.

Indícios e probabilidades são apresentados automaticamente em gráficos visuais atrativos. Com a simulação, os gerentes podem executar dezenas de milhares de cenários multivariados em minutos. Isso demanda menos tempo do que um controlador habilitado leva para finalizar um único cenário de previsão orçamentária de OFAT.

Além disso, e sem custo extra, a simulação automaticamente gera um gráfico de sensibilidade que se parece com um gráfico de barras de planilha de trabalho. Os gráficos de sensibilidade da análise vetorial classificam os Sinais de Ganho de acordo com a força da evidência para cada fator. Os gráficos de sensibilidade expõem modelos contra-intuitivos que são mascarados pela aritmética da planilha.

Uma análise de sensibilidade garante que a gerência foque nas variáveis-chave que têm o maior impacto em vez de terem a atenção desviada por variáveis que eles pensam ser as mais importantes. A **Figura 8** é uma ilustração de um gráfico de sensibilidade.

A simulação pode aumentar o nível de confiança de qualquer pessoa, pois as decisões de negócios são tomadas em vista a incertezas.

Análise de Comparação e Contraste

A previsão orçamentária clássica (**Tabela 2**) normalmente é elaborada estimando-se três resultados: 1) melhor caso; 2) pior caso; e 3) caso mais provável.[15] Visto que não há regras, a opinião pessoal e um consenso são a única evidência requerida para tomar uma decisão sobre o rumo que a NanoTech Widgets deve procurar.

A NanoTech Widgets resolve problemas. Ela é uma empresa de multipropósitos. Com um lucro estimado de US$ 9,2 milhões, ela representa seguramente um novo produto infalível. Observe como a projeção existente na célula inferior direita salta aos olhos.[16]

Quando essa planilha de trabalho foi analisada 1.000 vezes em menos de seis segundos, utilizando-se a matriz de dados apresentada no PhD de Cinco Minutos, emergiu uma ilustração muito diferente. A **Figura 7** não informa ao gerente o que fazer. Contudo, ela re-

Tabela 2

A previsão orçamentária clássica da escola antiga para o desenvolvimento de um novo produto apresenta valores hipotéticos sem o benefício de qualquer contexto ou evidência. A média, o desvio-padrão, o valor *p* e os gráficos analíticos são ignorados. Os analistas de previsões em planilhas de trabalho devem simplesmente adivinhar todos os valores, a força da evidência e as interações entre os fatores.

NanoTech Widgets	
Custos (em milhões):	
Custos de Desenvolvimento da Nano Widgets até a Data	US$ 10,0
Custos de Testes	4,0
Custos de Marketing	16,0
Total de Custos	30,0
Teste (Amostra de 100 problemas)	
Porcentagem de Problemas Solucionados	100
Aprovação da OSHA se 20 ou mais Problemas Solucionados	Verdadeiro
Estudo de Mercado (em milhões):	
Pessoas nos EUA com Problemas nos Dias de Hoje	40,0
Índice de Problemas da Empresa	2,0%
Anos de Uso da Nano Widgets após Um Ano	40,8
Lucro Bruto:	
Penetração no Mercado	8,0%
Lucro por Cliente em Dólares	US$ 12,00
Lucro Bruto se Aprovado (Mi)	US$ 39,2
Lucro Líquido (Mi)	US$ 9,2

almente indica que o resultado mais provável é de uma perda de US$ 14,4 milhões, e não um ganho de US$ 9,2 milhões.

Quando a simulação for finalizada, o analista ou gerente pode avaliar quais as variáveis que têm o maior impacto no resultado financeiro final. Os fatores são classificados prognosticamente quanto à importância segundo a força relativa da evidência estatística (**Figura 8**).

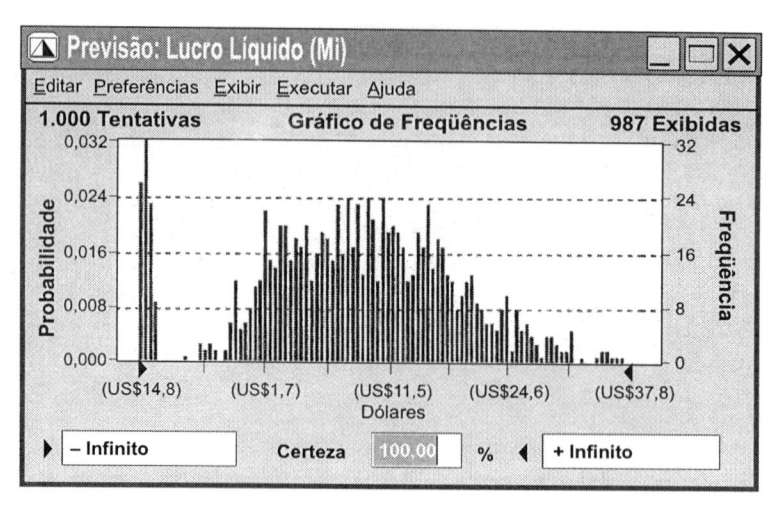

Figura 7. Baseado em todos os dados reais disponíveis, há uma probabilidade de 77,9% de se atingir o ponto de equilíbrio com o produto da NanoTech Widgets. Há apenas cerca de 50% de probabilidade de se obter os US$ 9,2 milhões projetados. O resultado mais provável é de uma perda no valor de US$ 14,4 milhões, realçada no lado esquerdo da projeção.

Figura 8. O sucesso no lançamento do produto da NanoTech Widgets depende da habilidade de a empresa penetrar no mercado.

Simulações e legítimas previsões financeiras são padrões em projetos revolucionários de Seis Sigma. Temos visto simulações efetivamente tratar de orçamentos com até 77 variáveis. O nível de reflexão criado por esta ferramenta compensa muito bem o investimento de tempo requerido.

Mapas do Processo

Os mapas, desde a cartografia feita de blocos de argila da Babilônia até as orientações de destino para motoristas baixadas pela Internet, são ferramentas de comunicação universal. Desde que os mapas comprovaram seus valores, eles também são uma "Ferramenta do Seis Sigma". Não é por acidente que os mapas do processo são a primeira opção de recurso tirada da prateleira após um novo projeto lucrativo ter sido selecionado.

Um bom mapa do processo é tão multidimensional quanto um conjunto encaixado de caixas chinesas ou bonecas russas. Embora estes tipos de brinquedos não sejam ferramentas oficiais do Seis Sigma, estas analogias estimulam as pessoas a analisar com mais profundidade a aparência de uma superfície.

A boneca russa exterior recebe o nome de "Matrioska" ou avó. Gerações sucessoras estão contidas dentro dela.[17] As gerações miniaturizadas são réplicas refinadas. Cada réplica tridimensional deve ser produzida utilizando o menor número de recursos e um grau de precisão mais alto. O mesmo ocorre com os mapas do processo do Seis Sigma.

À primeira vista, os esboços podem ocupar páginas. Com o passar do tempo, eles são simplificados e refinados sob a forma de diagramas que ilustram e endossam somente elementos essenciais que impelem o sistema eficientemente.

Da mesma maneira que a Missão Topológica à Radar de uma Nave Espacial utilizou vetores, geometria e o poder da computação para mapear 80% da massa de terra da Terra num período de apenas dez dias, espera-se que os *Black Belts* mapeiem as dimensões estabelecidas de um processo de trabalho em cerca de uma semana. A prática faz a perfeição. Esta é uma das habilidades que compensa muito bem o investimento de tempo na prática. Estes mapas são impressionantes.

A "Matrioska do Seis Sigma" na **Figura 9** é um mapa de Fornecedores, Entradas, Processos, Saídas e Clientes (*Suppliers, Inputs, Processes, Outputs, and Customers*) — ou SIPOC como acrônimo. Assume-se que este sistema tem *loops* de retorno de informação na sua totalidade. Estes *loops* não são aqui apresentados para podermos representar uma figura mais clara e simples.

Invariavelmente, todos os mapas Seis Sigma desvendam a **Figura 10**. Esta reprodução em Seis Sigma descreve a "fábrica-oculta". Sua aparência tem uma qualidade típica da história entre Charlie Brown e Lucy Van Pelt. Igualmente ao início de cada temporada de futebol, que é marcada por Lucy enganando Charlie para ele confiar nela até se dar a traição inevitável, a fábrica oculta sempre se faz presente.

Perdas e retrabalho afligem todos os processos de entrega de produtos e serviços. Eles sempre ocorrem onde: 1) um *loop* reverte o movimento para frente do produto; 2) um atraso, área obstruída ou restrição retarda o fluxo do processo; ou 3) uma barreira pára a produção totalmente.

Os mapas de fábrica oculta são geralmente colocados em locais visíveis, desde um quadro de avisos ao espaço individual de trabalho no chão da fábrica. Mapeamento é uma disciplina de documentação recompensadora e informativa. Os mapas mais sofisticados, de-

Fornecedores	Entradas	Processos	Saídas	Cliente
Fornecedor A Fornecedor B Fornecedor C	Materiais Mão-de-Obra Métodos Mãe-Natureza Sistema de Medições	Fórmula da Receita Processos de Produção Processos de Entrega	Produtos Serviços Transações	Características Críticas à Qualidade Valor do Dinheiro
	Retorno de Informações	Retorno de Informações	Retorno de Informações	Retorno de Informações

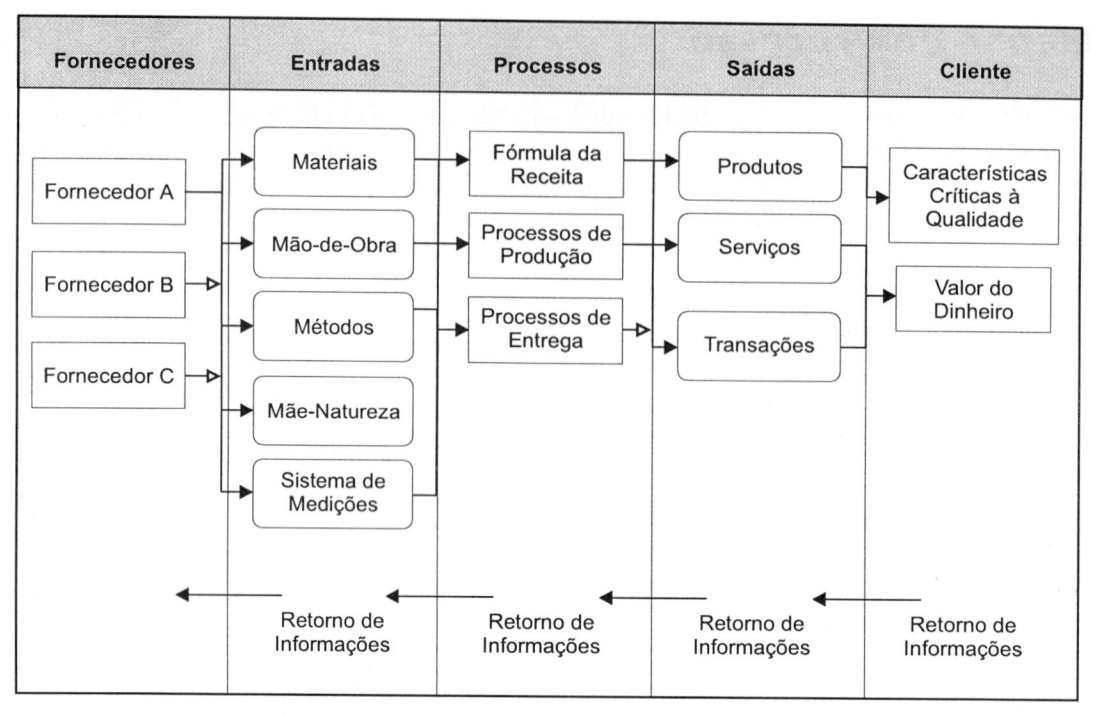

Figura 9. Os *Black Belts* utilizam entrevistas pessoais, observações diretas e medições para completar este mapa. Desenhar estes mapas do final ao início é o melhor modo de elaborar um mapa SIPOC que revela todos os relacionamentos.

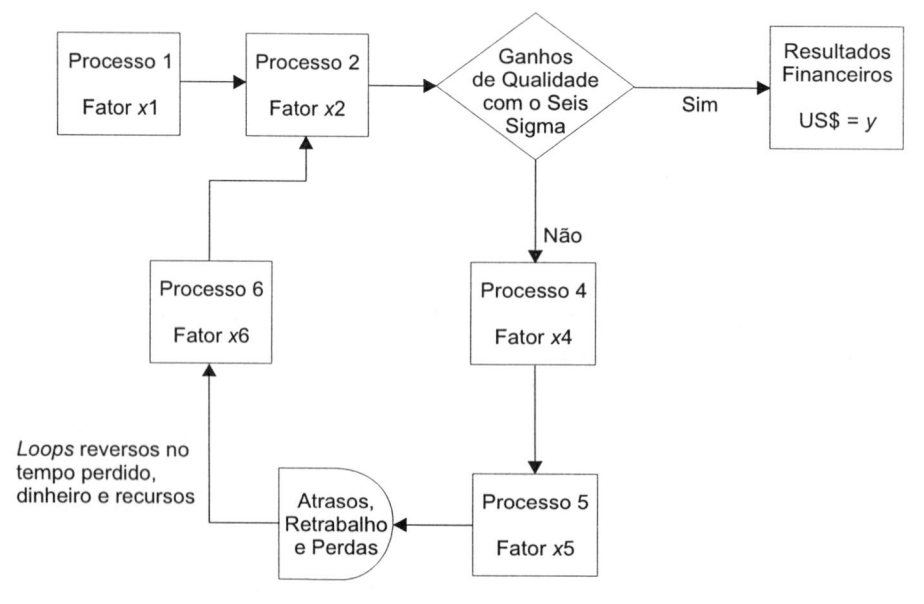

Figura 10. A fábrica oculta de retrabalho neste mapa inclui os Processos de 4 a 6 e os atrasos correspondentes.

nominados de mapas de tendência do processo, são elaborados à moda antiga, num modo de baixa tecnologia, utilizando-se papel e lápis.

Os mapas de tendência têm um sistema léxico e de ícones que vale a pena estudar.[18] A tendência é uma ferramenta corporativa separada que merece e tem sua própria literatura. É suficiente dizer que os mapas de tendência documentam toda a sucessão de valores. Eles rastreiam informações e fluxos de materiais do início ao fim dos processos em uma organização. As responsabilidades dos gerentes são visíveis, e uma grande quantidade de medições instantâneas é registrada.

As métricas de tendência fazem sentido. Elas incluem *uptime*, tempo de trabalho menos intervalos, tempo de ciclo (*Cycle Time* — C/T), tempo de mudança de processo ou sistema (*Changeover Time* — C/O), valor agregado ao tempo (*Value Added Time* — VA), *Takt time*, e tempo de espera de produção (*Production Lead Time* — PLT). Além de seu próprio acrônimo, cada tempo tem uma definição operacional excepcionalmente específica. Os tempos são registrados em dias, horas, minutos e segundos. O mote "tempo é dinheiro e dinheiro é tempo" domina o pensamento voltado à tendência. Certamente, de maneira correta.

Com a aplicação da estratégia Seis Sigma de tendências, um segundo pode valer, e normalmente vale, milhares de dólares. Por exemplo, em uma fábrica de roteadores da Internet na localidade de San Jose, uma pilha de placas-mãe sucateadas de cerca de 61 cm x 61 cm x 61cm teve uma avaliação na época superior a US$ 6 milhões.

Além disso, os mapas de tendência registram tamanhos de lotes de produção para cada intervalo de produto (*Every Product Interval* — EPI), primeiro que-entra-primeiro-que-sai (*First-In-First-Out* — FIFO), os números de operadores, giros de estoque, um plano para todas as partes (*Plan For Every Part* — PFEP), o número de variações nos produtos e serviços e a taxa de sucata.

Medições de tendências e mapeamento de fluxos ganharam seu espaço no Seis Sigma graças à moda antiga. Eles funcionam. Esta é a razão pela qual eles são uma "Ferramenta do Seis Sigma". O registro de suas realizações extremamente rentáveis começou no sistema de produção da Toyota nos anos 50 e permanece até os dias de hoje.

Semelhantemente à análise vetorial, aqueles que são familiares com ferramentas de tendência não argumentam com elas. Fazer isso seria tão ridículo como discutir contra a velocidade da luz, a existência da gravidade ou o impacto da variação nas medições.

Estes mapas ajudam as pessoas a identificar fatores de processo, conhecidos como os X´s, que podem estar impelindo o processo na direção de ganhos ou perdas. Os lucros e prejuízos — os valores em dinheiro de um resultado de processo –, são denominados de Y's.

Um mapa para reflexão, da **Figura 11**, exibe como estes fatores se transformam uma série de hipóteses em uma matriz de dados. Quando a matriz for preenchida com medições, uma análise vetorial indicará os Sinais de Ganho fortes e fracos com padrões objetivos de evidências.

Os custos da "Fábrica-oculta", ou os custos de perdas e retrabalho, são chamados de Custos da Qualidade (*Costs of Poor Quality* — COPQ). Desde os anos 50, projetos revolucionários têm focado na eliminação dessas despesas.

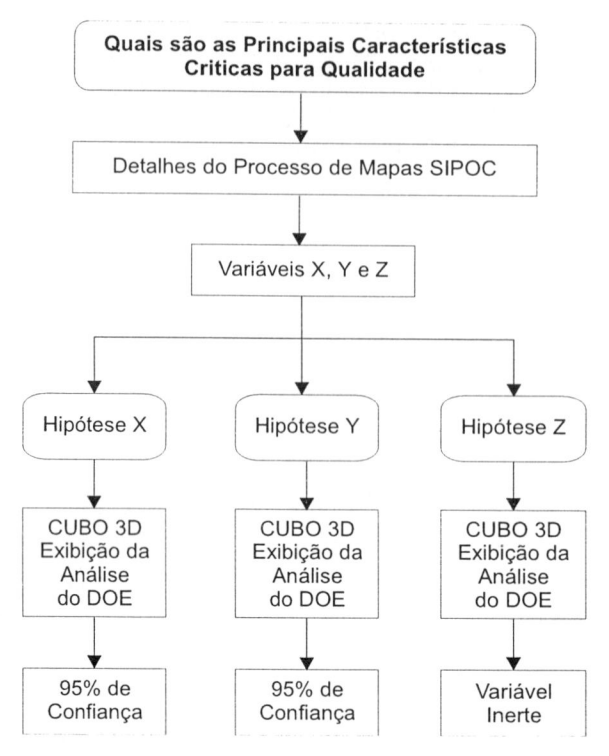

```
┌─────────────────────────────────┐
│ Quais são as Principais         │
│ Características                 │
│ Críticas para Qualidade         │
└─────────────────────────────────┘
                 ↓
┌─────────────────────────────────┐
│ Detalhes do Processo de Mapas   │
│ SIPOC                           │
└─────────────────────────────────┘
                 ↓
┌─────────────────────────────────┐
│      Variáveis X, Y e Z         │
└─────────────────────────────────┘
         ↓        ↓        ↓
    ┌────────┐┌────────┐┌────────┐
    │Hipótese││Hipótese││Hipótese│
    │   X    ││   Y    ││   Z    │
    └────────┘└────────┘└────────┘
         ↓        ↓        ↓
    ┌────────┐┌────────┐┌────────┐
    │CUBO 3D ││CUBO 3D ││CUBO 3D │
    │Exibição││Exibição││Exibição│
    │da      ││da      ││da      │
    │Análise ││Análise ││Análise │
    │do DOE  ││do DOE  ││do DOE  │
    └────────┘└────────┘└────────┘
         ↓        ↓        ↓
    ┌────────┐┌────────┐┌────────┐
    │95% de  ││95% de  ││Variável│
    │Confianç││Confianç││Inerte  │
    └────────┘└────────┘└────────┘
```

Figura 11. Os mapas ajudam as equipes de aperfeiçoamento a identificar variáveis que serão submetidas a uma análise vetorial tridimensional.

Custos da Qualidade

As origens da idéia dos "Custos da Qualidade" podem remontar à invenção do gráfico de controle de qualidade por Walter Shewarth, em 16 de maio de 1924. O gráfico de controle de qualidade é até hoje um outro meio de visualizar graficamente uma análise vetorial.

Shewarth era físico. Ele também era um estatístico talentoso, amigo e colega de Ronald Fisher, que participou como voluntário para cuidar dos seis filhos de Fisher durante a Segunda Grande Guerra Mundial. O torpedo de um submarino alemão arruinou este plano em 1940.[22]

Os valores em dólares que o Dr. Shewarth simbolicamente posicionou nas margens do trabalho de Fisher há 80 anos são atualmente os custos de qualidade do Seis Sigma. Em termos concretos, Armand V. Feigenbaum é reconhecido como o desenvolvedor do primeiro sistema de relatório da qualidade baseado em dólares enquanto trabalhava na General Electric no início da década de 1950.[23] Vale notar que este desenvolvimento basicamente pode ser vinculado à iniciativa do Seis Sigma, devida à Jack Welch em 1990. Por que os custos da qualidade são tão importantes aos projetos revolucionários de Seis Sigma? Simples.

As receitas brutas são taxadas.Um dólar em uma receita bruta recém-obtida pode produzir um pouco mais de um centavo em novos ganhos. Um dólar economizado na eliminação de perdas e retrabalho é repassado para os resultados financeiros finais como um dólar. Até certo ponto, desde que um *Black Belt* familiarize-se com o sistema do projeto revolucionário, poupar uma grande quantia de dólares é como "pegar peixes num barril".

Cada uma das quatro categorias dos custos da qualidade pode ser alavancada. Na **Figura 12**, os investimentos em avaliação e prevenção, normalmente referidos como custos, são relativamente estáticos. Os custos de falhas internas são despesas ocultas de fábrica que permanecem invisíveis aos clientes.

Desde que Feigenbaum inventou este sistema de classificação, prevê-se que os investimentos de prevenção possam gerar, e geram, um retorno de 10:1. Para o Seis Sigma, estes custos envolvem treinamento, ensino, software analítico, planejamento, certificação do distribuidor, utilizando-se padrões de métricas e custos de sistemas de garantia de qualidade.

Custo de Manufatura da Qualidade

```
Receita Bruta ──→ Custo de Assessoria da Má Qualidade Expresso Como
                  Total de Dólares e Porcentagem da Receita Bruta
                         │
         ┌───────────────┼───────────────┐
    Má Qualidade    Custo de         Custo de
    Controlável    Falhas           Falhas
                   Internas         Externas
         │                              │
   ┌─────┴─────┐                 ┌──────┴──────┐
Investimentos  Custos de        Custo          Custo
em Prevenção   Avaliação        Externo        Externo
                                Direto         Indireto
```

- Treinamento
- Engenharia de Processo
- Qualidade do Fornecedor
- Engenharia de Testes Mfg

- Garantia da Qualidade de Entrada
- Testes em Terceiros
- Testes de Produtos
- Monitores de Qualidade

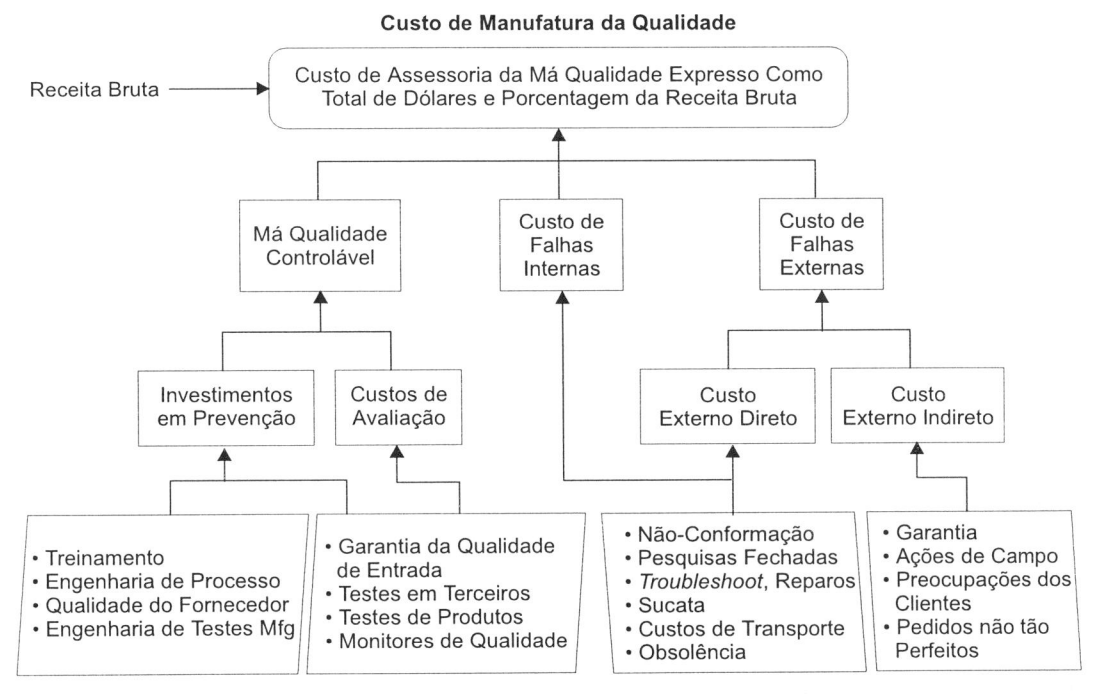

- Não-Conformação
- Pesquisas Fechadas
- *Troubleshoot*, Reparos
- Sucata
- Custos de Transporte
- Obsolência

- Garantia
- Ações de Campo
- Preocupações dos Clientes
- Pedidos não tão Perfeitos

Figura 12. Exemplo em um livro didático de um gráfico de fluxo de um Custo da Qualidade (COPQ), utilizado por um engenheiro *Black Belt*, Scott Erickson, para persuadir os gerentes seniores a adotar decisões baseadas em evidências.

Os investimentos em avaliação incluem auditorias de qualidade, inspeções, testes, manutenção e sistemas de informação. Os sistemas de informação (*Information Systems* — IS) projetados utilizando-se os princípios das decisões baseadas em evidências são de longe mais baratos do que aqueles que não seguem tais princípios. Se a sua empresa está procurando por um local para iniciar o Seis Sigma, nós o estimulamos a criar uma estratégia de IS baseada em sólidos princípios geométricos. A maneira mais fácil de saber se o seu sistema atende a esses padrões é pedir a seu departamento de IS para mostrar suas matrizes de dados e arranjos experimentais com cubos.

Esta questão invariavelmente causa preocupação nas pessoas. A vasta maioria dos sistemas de informação é modelada após o uso de planilhas de trabalho. Transformar este sistema, ou transferir as informações nele contidas em uma matriz de dados, irá requerer custos de retrabalho. Quando o investimento é negociado, o retorno é espetacular.

Os custos de falhas internas incluem toda a sucata e retrabalho. Novos testes, Análise dos Efeitos do Modo de Falha (*Failure Mode Effects Analysis* — FMEA), custos de excesso de estoque, Ações Corretivas e Preventivas (*Corrective And Preventive Actions* — CAPA) e perdas em produtividade são registrados nesta coluna.

Finalmente, os custos de falhas externas são problemas que caem diretamente no colo do cliente. Processos legais de responsabilidade, custos de garantia, devoluções, mudanças na engenharia, erros de marketing e vendas, tratamento de reclamações e equipamentos correlatos requeridos para retrabalhar produtos devem ser todos computados. Em nossa sociedade cada vez mais litigiosa é quase impossível exagerar nos relatórios de custos de falhas.

Shewhart escreveu, com um toque de humor, sobre a realidade dos custos de qualidade em 1939, "Eu estou lembrado do velho ditado popular: quando um médico comete uma falha, ele a enterra; quando um juiz comete uma falha, ela se torna lei. Eu acrescentaria na mesma veia de pensamento: quando um cientista comete uma falha no uso da teoria estatística, ela torna-se parte da 'lei científica'; mas, quando um estatístico industrial comete uma falha, tenha pena dele, pois certamente ele será descoberto e passará por apuros".[24]

O melhor modo de proteger qualquer empresa dos custos de falhas externas é fabricar um produto de qualidade perfeita toda vez que ele seja produzido. A prestação de serviços de qualidade perfeita durante todo o tempo é tão poderosa como uma estratégia de negócios. Processos perfeitos podem produzir, e na verdade produzem, resultados virtualmente perfeitos.

Somente os processos capazes de produzir perfeição realmente produzem este nível de qualidade. Um índice de capabilidade de processo (*process capability index*), conhecido como C_{pk}, é a medida analítica utilizada em apresentações gráficas de documentação de evidências de perfeita qualidade.

Capabilidade do Processo

Usaremos o lançamento de dados como nosso exemplo. (O Capítulo 7 ampliará este experimento para incluir quatro dados.) Sinta-se à vontade para rolar seu conjunto de dados até obter 5.000 medições. Ou, você pode simular precisamente o resultado de 5.000 rolagens em um minuto utilizando software. Comparar ambos os métodos lhe dará uma boa idéia do valor do software de análise vetorial do Seis Sigma.

Cada um de nós rolou pessoalmente dados num número superior a 5.000 vezes. Optamos pelo método de simulação para este exemplo.

O software estatístico não sabe que o resultado de lançar um par de dados está limitado à faixa de 2 a 12. Portanto, ele calcula e estima limites estatísticos para uma distribuição como se ela não estivesse confinada. Dessa forma, nossa analogia de ensinamento é invalidada. Os céticos reclamam: "Veja. A estatística mente! Eles não conseguem nem mesmo manipular um lançamento de dados."

Essas reclamações são ridículas. Ignore-as. O ponto neste exercício é um princípio. E, até agora, você consegue entendê-lo.

Com o clique de um botão de mouse, o software representa graficamente nossos dados e nos informa o seu grau de capabilidade. Para este exemplo, você pode notar que fixamos nosso Limite Inferior de Especificação (*Lower Specification Limit* — LSL) de perfeição em 2 e nosso Limite Superior de Especificação (*Upper Specification Limit* — USL) de perfeição em 12.

A curva da capabilidade do processo na **Figura 13** nos informa que nosso processo não é capaz de produzir perfeição. O valor do C_{pk} é calculado tomando-se aquele velho favorito, σ, e dividindo-o pela amplitude dos dados. Um processo Seis Sigma gera um C_{pk} de 2 ou mais. Se e quando as extremidades de nossa curva caírem acima e/ou abaixo de nossas especificações de perfeição, essas porções teriam de ser sucateadas e retrabalhadas.

Vamos jogar com este sistema e melhorar nosso C_{pk} fixando nossas expectativas de perfeição de LSL e USL em –10 e 30. A **Figura 14** revela que nosso processo é um processo Seis Sigma ativo plenamente capaz de produzir resultados de perfeita qualidade em 99,99999% do tempo! Nós estamos ricos. Note o grau de rigor com que a curva de distribuição está centrada no objetivo de atingir o 7.

Na vida real, as empresas que adotam o Seis Sigma rendem valores "altos" de C_{pk} não ao diminuir seus padrões, mas por aumentá-los inflexível, geométrica e exponencialmente.

Para atingir estes níveis de perfeição, elas usam uma análise vetorial aplicada a uma matriz de dados. O único modo pelo qual a perfeição pode ser perseguida e obtida é utilizando medições quantitativas e análise.

Análise da Capabilidade

Especificação	Valor	Porção
Limite Inferior de Especificação	2	Abaixo do LSL
Limite Superior de Especificação	12	Acima do USL

Total, Sigma = 2,39813

Capabilidade
C_{pk} = 0,640

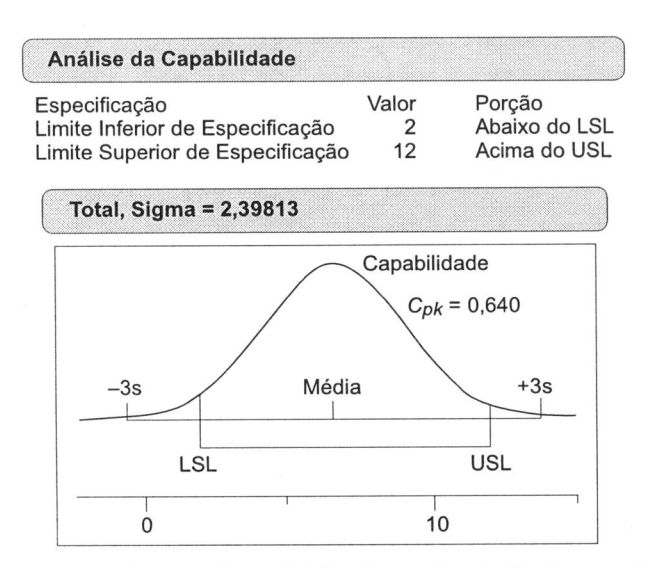

Figura 13. Este processo não é capaz da perfeição. Seu valor de C_{pk} é somente 0,640.

Análise da Capabilidade

Especificação	Valor	Porção
Limite Inferior de Especificação	−10	Abaixo do LSL
Limite Superior de Especificação	30	Acima do USL

Total, Sigma = 2,39813

Capabilidade
C_{pk} = 2,308

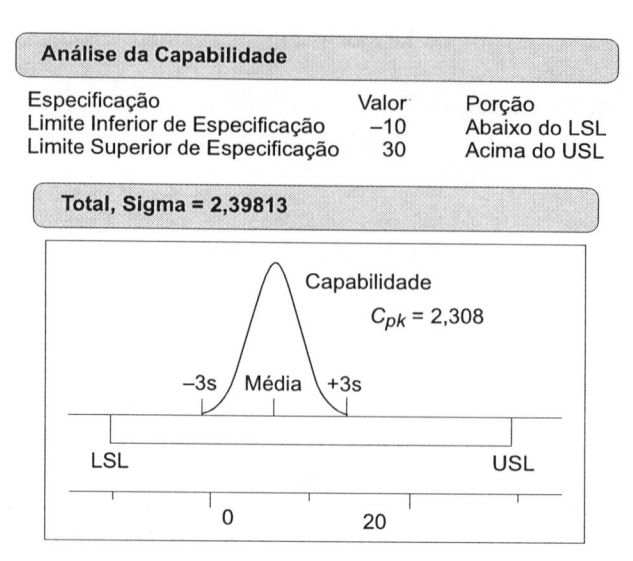

Figura 14. Um processo Seis Sigma produzirá sempre perfeição.

O único conjunto de ferramentas que possibilita essa faixa de aperfeiçoamento é o método científico e a geometria de uma análise vetorial. Esta é a razão pela qual o Seis Sigma não é uma moda passageira, e também porque há um movimento vitorioso rolando com os projetos revolucionários do Seis Sigma e o ferramental 6σ.

Notas Finais

[1] Box, George E.P., Hunter, William G., Hunter, J. Stuart. *Statistics for Experimenters, An Introduction to Design, Data Analysis, and Model Building.* New York. John Wiley & Sons, Inc., 1978. Pages 170-201.

[2] A área de conhecimento amplamente reconhecida como a mais abrangente é divulgada e informada pela American Society for Quality http://www.asq.org/cert/types/sixsigma/bok.html

[3] Mikel Harry, um líder popular no campo do Seis Sigma, relatou sua história em um videotape gravado em 1995.

[4] Shewhart, Walter. *Economic Control of Quality of Manufactured Product.* Brooklyn, D. Van Nostrand Company, Inc. 1931. Page 5.

[5] Cohen, J. Bernard. *Revolution in Science*, Cambridge, 1985, Belknap Press of Harvard University Press. Page 96.

[6] Cohen, J. Bernard. *Revolution in Science*, Cambridge, 1985, Belknap Press of Harvard University Press. Page 96.

[7] Nossas ilustrações de curva tipo sino foram inspiradas por um desenho originalmente feito pela Control Engineering Online.

[8]Deming, W. Edwards. *Out of the Crisis*. Cambridge. Massachusetts Institute of Technology, Center for Advanced Engineering Study, 1982.

[9]Como nota secundária, é interessante saber que Gantt patenteou diversos dispositivos em colaboração com Frederick Taylor quando eles trabalharam juntos na Bethlehem Steel Mill no desenvolvimento da teoria do Gerenciamento Científico deste último.

[10]A inspiração para esta grade em particular veio de Moresteam.com http://moresteam.com/ O curso deles *on-line* para se obter o *Black Belt* em Seis Sigma é interessante e informativo.

[11]http://www.fenews.com/

[12]http://www.processmodel.com/

[13]Gardner, Martin. *Fads and Fallacies in the Name of Science*. New York, Dover, 1952. Page 184.

[14]http://www.decisioneering.com

[15]http://www.decisioneering.com. Esta planilha de trabalho é utiliza com permissão juntamente com o diagrama de fluxo para modelos financeiros.

[16]http://www.decisioneering.com. Os valores e layout deste orçamento são oriundos do exemplo existente no tutorial da Decisioneering, extraído de ClearVision.

[17]Uma interessante história desse simbolismo pode ser encontrada em http://www.nestingdolls-s4u.com/history/history.htm

[18]http://lean.org

[19]Womack, James P., Jones, Daniel T., and Roos, Daniel. *The Machine that Changed the World*. New York, Rawson Associates Scribner Simon and Shuster, 1990.

[20]Harrington, H. James. *Poor Quality Cost*. New York, Marcel Dekker, Inc. 1987. Page v.

[21]Shewhart, Walter A. *Economic Control of Quality of Manufactured Product*. New York, D. Van Nostrand and Company, 1931. Page 40.

[22]Box, Joan Fisher. *R. A. Fisher, Life of a Scientist*, New York. John Wiley and Sons, 1978. Page 377.

[23]Harrington, H. James. *Poor Quality Cost*. New York, Marcel Dekker, Inc. 1987. Page xiv.

[24]Shewhart, Walter A. *Statistical Method from the Viewpoint of Quality Control*. New York, Dover Publications, Inc., 1986.

CAPÍTULO 4

Estudos de Casos

Os estudos de caso precisavam atender quatro critérios. Embora nomes, locais e datas fossem alterados para proteção da privacidade, cada exemplo tinha de ser verdadeiro e engraçado. Ele também necessitava explicar graficamente como decisões baseadas em evidências geraram retornos financeiros que tiveram uma boa aceitação de todos. Finalmente, o exemplo teria de ser uma amostragem representativa e satisfatória do que cada um de nós tinha repetidamente presenciado durante os últimos 20 anos de nossas vidas profissionais.

Ocasionalmente, as histórias deste capítulo incomodam alguns gerentes. Se bem que tentássemos, seríamos incapazes de resolver totalmente este dilema jornalístico desconcertante e vexatório.

A crítica de um executivo sênior repercutiu os sentimentos pessoais do vice-presidente de marketing da Daniel Sloan em 1986: "As histórias neste capítulo me aborreceram. Na qualidade de executivo sênior, provavelmente eu interpretei-as muito pessoalmente. Elas se pareciam muito com o que eu tinha vivenciado. É difícil no meu caso continuar lembrando que o que passou, passou. Eu tenho de manter afirmando a mim mesmo que decisões baseadas em evidências podem e evitarão que eu repita o que fiz no passado."

Os estudos de caso são essenciais ao entendimento. Tivemos de aceitar essa tarefa desagradável e optamos por incluí-los. Decidimos dizer a eles [gerentes] da maneira como os clientes lhes dizem.

Recontar um sucesso de um projeto Seis Sigma é como explicar uma mágica. Quando se revela algum segredo mágico, alguém na platéia pensa, "Opa! Eu poderia ter feito isso". Mas ninguém, incluindo o mágico, pode realizá-lo sem saber como.

As mágicas são ilusão. Decisões baseadas em evidências depositam dinheiro real em bancos verdadeiros.

A evidência é uma coisa divertida. A maioria de nós tem interesse nela somente quando ela confirma uma crença ou política existente. Esta tendência humana cria uma resistência à transparência dos sistemas de informações nos negócios e no governo. É necessário existir confidencialidade em ambos esses segmentos. Com muita freqüência, a confidencialidade é utilizada para justificar o sigilo.

Outra tendência humana é equacionar a evidência com autoridade. Neste caso, ambas são revestidas com uma pincelada de cinismo. Esta posição foi resumida na edição da *Discovery Magazine*, de março de 1998:

"Qualquer um que se auto-intitula como tendo conhecimento objetivo sobre qualquer assunto está tentando controlar e dominar o restante das outras pessoas... Não há fatos objetivos. Todos os supostos 'fatos' são contaminados com teorias, e todas as teorias são infestadas de doutrinas morais e políticas... Portanto, quando algum cara usando um avental de laboratório informa-lhe que tal e tal são fatos objetivos,... ele deve ter uma agenda política sob sua manga branca engomada."[1]

Esta doutrina de "não saber nada" origina-se em parte de um inadequado ensino em ciência e matemática. Ela é contestada pelos sucessos documentados de decisões baseadas em evidências que impulsionam avanços em Seis Sigma.

Ainda, é também verdade que dados podem ser suprimidos, "massageados" ou apenas comumente falsificados. O comentário de Disraeli "Mentiras, malditas mentiras e estatística" fazia uma referência a este problema. Nenhum método de análise pode aliviar- nos da corrupção antiética de dados reportados.

Todavia, com dados confiáveis providos em uma matriz de dados, a análise vetorial torna virtualmente impossível a distorção das informações contidas nesses dados. A análise vetorial é baseada nas imutáveis Leis do Universo. Ela é transparente. Todos os aspectos são revelados. Ela informa a verdade de maneira descomprometida. A base da evidência, um tetraedro, simboliza uma 'evidência sólida'.

Transparência, revelação total e padrões internacionais de análise de dados são as razões pelas quais o Seis Sigma funciona. Eles são também as características que alguns consideram como as mais perturbadoras sobre o Seis Sigma. Não é de surpreender que as planilhas de trabalho tenham um encanto sensacional. Elas se encaixam rigorosamente na mantra da Nova Era, "Diga sua própria verdade". O conceito de "não saber nada" da Nova Era consegue estruturar dados de qualquer maneira desejada, e eles podem ser também analisados de qualquer modo que se queira.[2] Transparência e sigilo, honestidade e má representação, são opções igualmente levadas em consideração.

As planilhas de trabalho são os propulsores da análise da variância da contabilidade de custos. Estes métodos são inerentemente unidimensionais. Cada um deles usa somente um dos seis vetores no fundamento da evidência. Nenhum desses métodos reconhece os primordiais vetores do Sinal de Ganho e do *Noise*.

Nesse sentido, uma análise da variância da contabilidade de custos suprime cinco sextos — 83% — das informações necessárias para uma decisão baseada em evidência. Pelo fato de que o conceito do ponto de equilíbrio e a análise da variância da contabilidade de custos permitem à gerência ignorar cinco dos seis vetores existentes na realidade, é fácil criar qualquer história que guarde consistência com qualquer vetor. Naturalmente, as pessoas tendem a elaborar histórias que favorecem seus pontos de vista.

Na qualidade de orientadores de *Master Black Belts*, utilizamos franqueza sem rodeios, computadores, softwares, gráficos, a base da evidência, e a Nova Equação da Administração, para dissipar o mistério que cerca as decisões baseadas em evidências. Quando as pessoas colhem os benefícios do Seis Sigma ao tomarem melhores decisões, diminuem as objeções.

Todas as pessoas querem ganhar dinheiro em menos tempo, com menor trabalho, e utilizando-se de menores recursos. Fazer mais do que realmente funciona é uma doutrina a ser adotada. Conhecimento e informações confiáveis iniciam o processo DMAIC do Seis Sigma. Este procedimento deixa os métodos de tentativa e erro do gerenciamento da escola antiga para trás.

Serviço ao Cliente — Agência Governamental

A pressão política estava forçando um departamento governamental do Estado de Washington a melhorar a qualidade de seus serviços ou assumir a responsabilidade pelo prejuízo da retirada de US$ 500 mil de verbas como penalidade.

A diretora-executiva do departamento ofereceu aos funcionários a oportunidade de escolher um consultor para ajudá-los em seus esforços de manter os níveis correntes das verbas. Uma demonstração do PhD de Cinco Minutos e ferramentas de decisão baseada em evidência atraíram suas atenções.

Definir: Empregos, inclusive funções de gerenciamento, estavam na berlinda. Meio milhão de dólares em verbas legislativas estavam em jogo. Coberturas noticiosas regionais negativas discorrendo sobre os problemas departamentais deixavam irados os cidadãos. A insatisfação dos consumidores tinha colocado este departamento na lista negra do sistema legislativo.

Para começar o projeto, diagramas de fluxo e uma análise de Pareto expuseram as oportunidades de avanços revolucionários. Uma crítica específica relativa ao desempenho desse departamento tinha a ver com o modo como ele atendia as chamadas telefônicas. Diversos escriturários de período integral trabalhavam como atendentes de telefone, que literalmente pareciam estar fora do gancho.

A diretora-executiva da agência sabia que algumas chamadas continuavam sem serem atendidas. Provida de seu próprio julgamento, ela tinha instituído uma política departamental ao editar que "todas as chamadas telefônicas seriam respondidas no terceiro toque e que era proibido o uso de secretárias eletrônicas, pois elas simbolizavam uma má qualidade de serviço". Os telefones estavam dispostos encostados do lado de fora de seu escritório, e ela monitorava sua política.

Medir: A equipe de secretárias que atendiam as chamadas alegou que tinha uma boa solução para o problema: "Não temos ninguém que nos ouve. Fazemos simplesmente o que nos é passado." Sugerimos para que elas utilizassem uma folha de verificação para a coleta de dados e prometemos que íamos colaborar com elas no sentido de apresentar suas evidências.

86 Sinais de Ganho™

Havia diversas causas suspeitas, ou hipóteses, para explicar o motivo das chamadas telefônicas não serem respondidas. Elas compreendiam:

- Hipótese 1 (H_1): O dia da semana faz uma diferença. Alguns dias têm um maior número de chamadas do que outros.

- Hipótese 2 (H_2): O período do dia faz uma diferença. Alguns períodos têm um maior número de chamadas do que outros.

- Hipótese 3 (H_3): A linha telefônica fazia uma diferença. Uma linha era mais ocupada do que a outra.

Dispondo de papel e lápis, a equipe de secretárias elaborou uma folha de verificação para registro das comparações com a matriz de dados experimental do cubo (**Tabela 1**).

Analisar: A matriz de dados revelou um sinal de ganho nítido. O efeito principal era tão óbvio que qualquer pessoa poderia vê-lo imediatamente somente ao olhar para a matriz. A **Figura 1** apresenta os dados em uma representação de cubo. A Hipótese 3 foi a "grande vencedora". O número de chamadas na linha 2 — a face traseira do cubo — era de uma ordem de magnitude maior do que o número de chamadas na linha 1 — a face frontal do mesmo. Nenhuma outra variável tinha efeitos.

Tabela 1
A matriz de dados experimental do cubo orientou a coleta de dados registrados à mão numa folha de verificação.

Experimentos Denominados Séries	Fatores do Processo – Variáveis			Resposta Medida
	x Dia da Semana	y Período do Dia	z Linha	Nº de Chamadas Telefônicas Durante Uma Semana
1	−1 = 2ª e 4ª	−1 = Manhã	−1 = Linha 1	20
2	+1 = 3ª e 5ª	−1 = Manhã	−1 = Linha 1	23
3	−1 = 2ª e 4ª	+1 = Tarde	−1 = Linha 1	45
4	+1 = 3ª e 5ª	+1 = Tarde	−1 = Linha 1	60
5	−1 = 2ª e 4ª	−1 = Manhã	+1 = Linha 2	247
6	+1 = 3ª e 5ª	−1 = Manhã	+1 = Linha 2	285
7	−1 = 2ª e 4ª	+1 = Tarde	+1 = Linha 2	356
8	+1 = 3ª e 5ª	+1 = Tarde	+1 = Linha 2	419
Soma do + e −1 Codificados	0	0	0	

Representação do Cubo

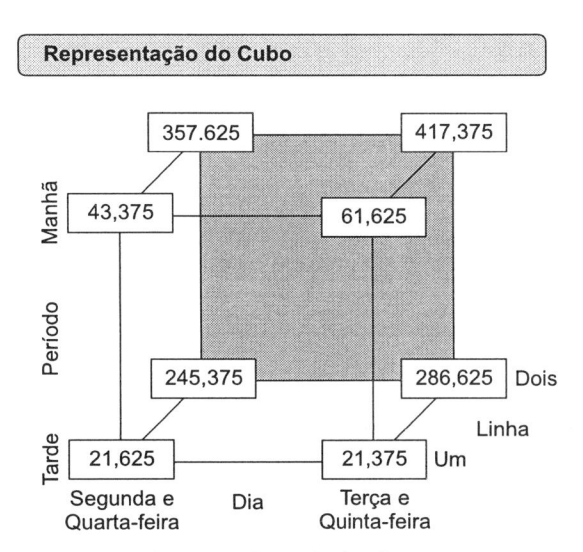

```
                  357.625              417,375
         43,375              61,625
  Manhã
 Período
                 245,375             286,625  Dois
                                                Linha
  Tarde   21,625              21,375   Um
         Segunda e    Dia    Terça e
         Quarta-feira        Quinta-feira
```

Figura 1. Todos os números altos caíram no plano de fundo.

A linha 2 estava emitindo um claro sinal de ganho. Ocorreu que a linha 2 tinha sido relacionada incorretamente nas listas telefônicas de todo o estado. Este erro de revisão era constrangedor. Ele teria um custo alto para ser corrigido. Ninguém teve a coragem de comunicar esse fato para a diretora-executiva da agência.

A ordem da diretora-executiva compunha o fator do medo. Em vez de tratar da questão central, as servidoras decidiram que era muito mais cômodo aceitarem a situação. Elas tornaram-se atendentes telefônicas e prestavam assistência aos consumidores informando-lhes os números corretos dos telefones das diversas seções. Elas antecipavam suas evidências com a firme convicção de que, ao menos neste caso, o portador não seria encontrado tão cedo em um contato de consulta.

Aprimorar: Uma hora após a apresentação de nossa evidência, foi comprada e instalada uma secretária eletrônica. A diretora-executiva deu sua aprovação a essa melhoria com uma gargalhada. A mensagem de resposta anunciava o erro da Lista das Páginas Amarelas e, em seguida, o número correto do telefone para os consumidores. Seis secretárias e outras servidoras agora poderiam focar suas atenções em tarefas mais importantes do departamento.

Controlar: As correções nas listas telefônicas foram feitas no ano seguinte. Um progresso no processo de revisão assegurou uma precisão Seis Sigma de 100%.

Este avanço desempenhou um papel na persuasão de legisladores para manter as verbas nos níveis existentes.

O tempo total a fim de coletar dados para a elaboração da matriz de dados foi de cinco dias. A análise e apresentação demoraram uma hora. Eventualmente uma posição de tempo integral foi eliminada por desgaste, para uma economia nos resultados financeiros finais de mais de US$ 25 mil. Este número, combinado com a não perda das verbas, elevou o valor total do projeto a US$ 525 mil.

Dias em Contas a Receber

Uma empresa prestadora de serviços precisava reduzir seu número de dias em contas a receber, ou dias de AR (*accounts receivable*). O número de dias em AR estendia-se de 35 a 110 dias. Um projeto de desenvolvimento revolucionário poderia render valores de até US$ 35 mil mensais, ou US$ 420 mil ao ano, em fluxo de caixa.

Definir: Durante mais de um ano tinha havido um debate tumultuado sobre o que poderia ser feito para reduzir os dias em contas a receber. As causas suspeitas para este problema variavam. Estas desconfianças, ou hipóteses de nulidade, incluíam o seguinte:

- Hipótese 1 (H_1): Gerenciamento é a solução. Gerentes competentes apresentavam poucos dias em contas a receber. Gerentes ruins tinham muitos dias.

- Hipótese 2 (H_2): As respostas do departamento de vendas eram a solução. O número de visitas feitas por um vendedor ao cliente é chave. Quanto mais visitas, maior o número de dias em contas a receber; quanto menos visitas, menor o número de dias.

- Hipótese 3 (H_3): O cliente é a razão principal para poucos ou muitos dias em contas a receber. Bons clientes pagam rápido. Clientes ruins pagam lentamente.

- Hipótese 4 (H_4): A longevidade de nosso relacionamento com o cliente faz a maior diferença. Clientes de longa data pagam mais lentamente, pois sabem que nosso negócio depende deles.

- Hipótese 5 (H_5): O número de serviços prestados determina o número de dias em contas a receber. Um número maior de serviços cria complexidade. A complexidade da cobrança retarda o pagamento.

Medir: Tinham sido coletados dados significativos de contas a receber. Estes registros foram guardados em armários de arquivos. Cada cliente, e havia centenas deles, tinha sua própria pasta de papel-manilha. Foi com uma grande demonstração de orgulho que a equipe de contabilidade mostrou que as faturas eram preenchidas em uma ordem cronológica próxima à perfeição.

O responsável pelo setor financeiro dessa empresa estava empenhado em manter as horas produtivas em ordem e segundo o orçamento. Os funcionários do departamento eram comandados para desempenhar suas funções rotineiras bem como trabalhar em novos projetos. Não seriam pagas horas-extras para tarefas de desenvolvimento. Uma programação regular de trabalho seria seguida. Além disso, a fim de manter os custos operacionais baixos, não seria comprado nenhum software estatístico. "Planilhas de trabalho davam conta do recado."

Entrevistamos todos os funcionários e construímos diagramas de fluxo de processo. Identificamos cinco variáveis importantes que poderiam afetar os dias em contas a receber.

O responsável pelo setor financeiro tinha vetado um recente pedido de orçamento para uma estação de trabalho de PC acompanhada de software de banco de dados, de modo que consultas e coletas de dados automáticas estavam fora de cogitação. Derivando para o Plano B, utilizamos nosso próprio software estatístico a fim de criar uma matriz de dados ideal para nossas cinco variáveis independentes de dois níveis cada (**Figura 2**). Isto consumiu cinco minutos, e é virtualmente impossível de ser feito com uma planilha de trabalho.

	Cliente	Número de Chamadas	Serviço	Relacionamento	Gerente	Dias em AR
1	A	≤ 9	≤ 2	Novo	Sue	30
2	B	≤ 9	≤ 2	Novo	Sue	90
3	A	≥ 10	≤ 2	Novo	Sue	32
4	B	≥ 10	≤ 2	Novo	Sue	110
5	A	≤ 9	≤ 3	Novo	Sue	33
6	B	≤ 9	≤ 3	Novo	Sue	85
7	A	≥ 10	≤ 3	Novo	Sue	30
8	B	≥ 10	≤ 3	Novo	Sue	92
9	A	≤ 9	≤ 2	Antigo	Sue	31
10	B	≤ 9	≤ 2	Antigo	Sue	56
11	A	≥ 10	≤ 2	Antigo	Sue	31
12	B	≥ 10	≤ 2	Antigo	Sue	64
13	A	≤ 9	≤ 3	Antigo	Sue	33
14	B	≤ 9	≤ 3	Antigo	Sue	84
15	A	≥ 10	≤ 3	Antigo	Sue	29
16	B	≥ 10	≤ 3	Antigo	Sue	45
17	A	≤ 9	≤ 2	Novo	Fred	31
18	B	≤ 9	≤ 2	Novo	Fred	79
19	A	≥ 10	≤ 2	Novo	Fred	32
20	B	≥ 10	≤ 2	Novo	Fred	81
21	A	≤ 9	≤ 3	Novo	Fred	33
22	B	≤ 9	≤ 3	Novo	Fred	92
23	A	≥ 10	≤ 3	Novo	Fred	30
24	B	≥ 10	≤ 3	Novo	Fred	88
25	A	≤ 9	≤ 2	Antigo	Fred	34
26	B	≤ 9	≤ 2	Antigo	Fred	68
27	A	≥ 10	≤ 2	Antigo	Fred	33
28	B	≥ 10	≤ 2	Antigo	Fred	79

Figura 2. Software estatístico determina automaticamente a melhor geometria da matriz de dados para uma análise vetorial envolvendo cinco variáveis independentes.

Criar uma matriz de dados é uma coisa. Coletar dados que se enquadram no perfil de cada experimento é outra. Um funcionário e um gerente da cobrança se apresentaram como voluntários para aparecerem no final de semana e extraírem os registros. Eles acreditavam que tinham familiaridade suficiente com os perfis dos clientes de modo a poderem encontrar faturas que corresponderiam a cada um dos 32 diferentes "experimentos" na matriz.

Estes dois líderes da linha de frente queriam descobrir que combinação de variáveis realmente fazia uma diferença. Eles sabiam que se uma resposta fosse encontrada, ela seria valiosa. Suas cargas de trabalho diárias eram tão desafiantes que eles simplesmente não tiveram tempo para dispor de mais dados da planilha de trabalho do que eles já tinham fornecido para o chefe do setor durante suas jornadas regulares de trabalho.

A **Figura 2** exibe as 28 linhas iniciais da matriz de dados com o número de dias em AR visível na coluna de resposta medida na extremidade direita. O modelo de linhas com um número curto, seguido por um número longo de dias em AR, ficou imediatamente evidente aos funcionários do departamento de contabilidade na manhã de domingo.

Analisar: três fortes sinais de ganho emergiram da análise vetorial que aplicamos à matriz de dados deles. Os valores p na **Figura 3** surgem sob o título "Prob > F". Podíamos

Testes dos Efeitos

Fonte	Nparm	DF	Soma dos Quadrados	Razão F	Prob > F
Cliente	1	1	17484,500	221,5857	< 0,0001
Nº de Chamadas	1	1	0,500	0,0063	0,9375
Serviço	1	1	2,000	0,0253	0,8755
Relacionamento	1	1	1035,125	13,1184	0,0023
Gerente	1	1	0,500	0,0063	0,9375
Cliente*Nº de Chamadas	1	1	10,125	0,1283	0,7249
Cliente*Serviço	1	1	0,125	0,0016	0,9687
Nº de Chamadas*Serviço	1	1	210,125	2,6630	0,1222
Cliente*Relacion.	1	1	1058,000	13,4083	0,0021
Nº de Chamadas*Relacionamento	1	1	50,000	0,6337	0,4377
Serviço*Relacion.	1	1	0,500	0,0063	0,9375
Cliente*Gerente	1	1	1,125	0,0143	0,9064
Nº de Chamadas*Gerente	1	1	15,125	0,1917	0,6674
Serviço*Gerente	1	1	10,125	0,1283	0,7249
Relacionamento*Gerente	1	1	180,500	2,2875	0,1499

Figura 3. Valores p menores que 0,05 implicam nível de confiança de 95% ou mais nos resultados. Os dois fatores, Cliente e Relacionamento, e o efeito interativo entre eles, eram estatisticamente significativos neste nível de confiança.

afirmar, com um nível de confiança superior a 99,999% que um dos principais efeitos era o cliente. A análise vetorial computadorizada também revelou, com um nível de confiança de 99%, que o período do relacionamento com o cliente era outro fator que influenciava o número de dias em contas a receber. Os efeitos principais eram controversos. A sala estava repleta de ansiedade.

A diferença-chave entre os dois clientes era amplamente conhecida. O Cliente A era cobrado eletronicamente e o cliente B, manualmente. Os novos clientes podiam ser faturados eletronicamente; os antigos não.

O responsável pelo setor financeiro e o CEO da empresa não gostavam de computadores. Eles ainda não gostam. O responsável pelo setor financeiro opôs-se amplamente ao uso de estatística. O CEO tinha dispensado a participação do departamento financeiro nos projetos de desenvolvimento "até que as ferramentas de matriz de dados e análise vetorial comprovassem ser úteis". No ano anterior, o responsável pelo setor financeiro tinha refutado a aprovação da compra de uma estação de trabalho de PC de US$ 15 mil em seu departamento para manter os custos num patamar baixo. A cobrança eletrônica e os tópicos de bases de dados correspondentes foram vetados.

Aprimorar: O time passou uma semana reunindo coragem e preparando evidências para a apresentação ao gerente sênior. Em seguida à apresentação, a empresa adquiriu e instalou uma estação de trabalho de última geração. Um pedido de US$ 1 mil para comprar software de matriz de dados para os departamentos financeiro e contábil foi negado. "Planilhas de trabalho dão conta do recado."

A **Figura 4** explica parte da razão pela qual a resistência dos executivos a decisões baseadas em evidências continuava. As imagens da análise vetorial tridimensional não se parecem com gráficos de barra ou diagramas de bloco. Este particular departamento financeiro considerou que os gráficos de cubo tridimensionais eram perturbadores. A **Figura 4** apresenta ainda acuradas previsões de dias em AR para combinações diferentes entre todos os cinco fatores. Note que ambos os cubos do topo têm menos dias em contas a receber. Quando os dias em AR são provenientes do cliente A e de um novo relacionamento, eles são menores do que com qualquer outra combinação de fatores.

Controlar: Os resultados gerados pela diminuição de dias em contas a receber de 30 dias superaram o fluxo de caixa projetado de US$ 420 mil no primeiro ano. O tempo total requerido para finalizar o projeto era de 90 dias. Assim que a crise financeira passou, o mesmo ocorreu para as decisões baseadas em evidências. O time de desenvolvimento que encabeçava o projeto se concentrou e retornou ao trabalho.

Até esta data, a empresa tinha recusado investir no ensino para seus funcionários nos segmentos financeiro e contábil e na compra de software de matriz de dados. "As planilhas de trabalho dão conta do recado."

Esta experiência nos ensinou a apresentar os sinais de ganho fazendo uso de um tipo especial de gráfico de barras, conhecido como Gráfico de Pareto, em lugar do cubo mais expressivo. As pessoas só querem a resposta. O gráfico de Pareto na **Figura 5**, que

Representação do Cubo

Relacionamento = Novo Cliente = A

- 28.625 — 30,25
- 33 — 36,875
- 30,75 — 35,125 ≥ 3
- 24,875 — 31,5 ≤ 2
- Nº de Chamadas ≥ 10 / ≤ 9
- Fred — Gerente — Sue
- Serviço

Relacionamento = Antigo Cliente = A

- 30,75 — 22,875
- 35,625 — 30
- 37,875 — 32,75 ≥ 3
- 32,5 — 29,625 ≤ 2
- Nº de Chamadas ≥ 10 / ≤ 9
- Fred — Gerente — Sue
- Serviço

Relacionamento = Novo Cliente = B

- 87,75 — 90,125
- 91,875 — 96,5
- 87,625 — 92,75 ≥ 3
- 81,5 — 88,875 ≤ 2
- Nº de Chamadas ≥ 10 / ≤ 9
- Fred — Gerente — Sue
- Serviço

Relacionamento = Antigo Cliente = B

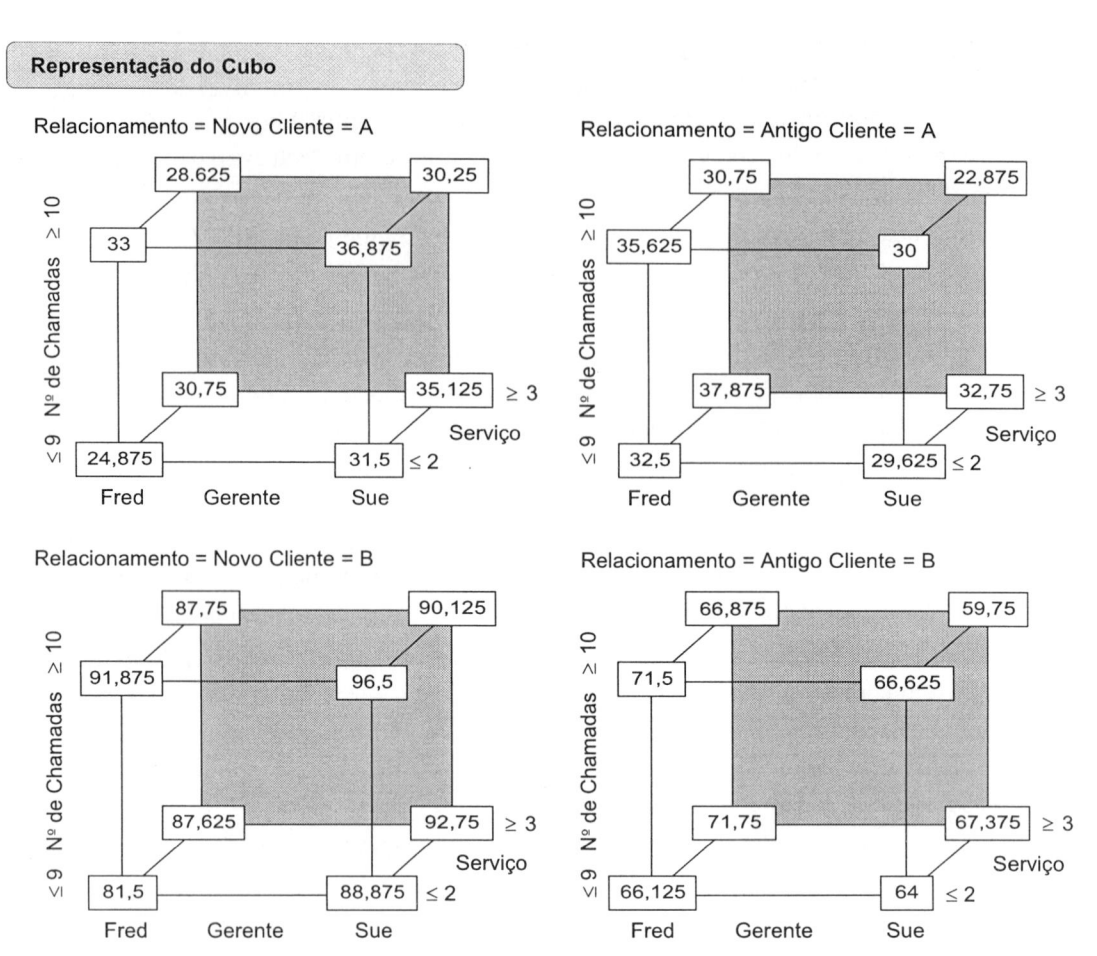

- 66,875 — 59,75
- 71,5 — 66,625
- 71,75 — 67,375 ≥ 3
- 66,125 — 64 ≤ 2
- Nº de Chamadas ≥ 10 / ≤ 9
- Fred — Gerente — Sue
- Serviço

Figura 4. A análise vetorial de dois níveis e cinco fatores, a 25, compara todas as interações entre os fatores utilizando o cubo 3D tradicional.

classifica numa ordem de forte a fraco os sinais de ganho, fornece aos clientes o que eles desejam de um modo que não expõe qualquer ameaça visual.

Superando a Barreira do Tempo

As longas esperas nos centros de emergência hospitalares são famosas. A lista das prováveis causas inclui: superlotação de pessoas, escassez de enfermeiras, envelhecimento populacional, deficiência de leitos de tratamento para doentes internados e/ou de longo prazo, e um sistema de atendimento primário saturado. A Comissão Conjunta de Habilitação de Organizações de Atendimento à Saúde (*Joint Commission on Accreditation of Health Care Organizations* — JCAHO) reconheceu a natureza crítica da superlotação dos Centros de Emergência, e instituiu novos Padrões de Superpopulação em Centros de Emergência que requer uma atenção séria por parte dos hospitais.

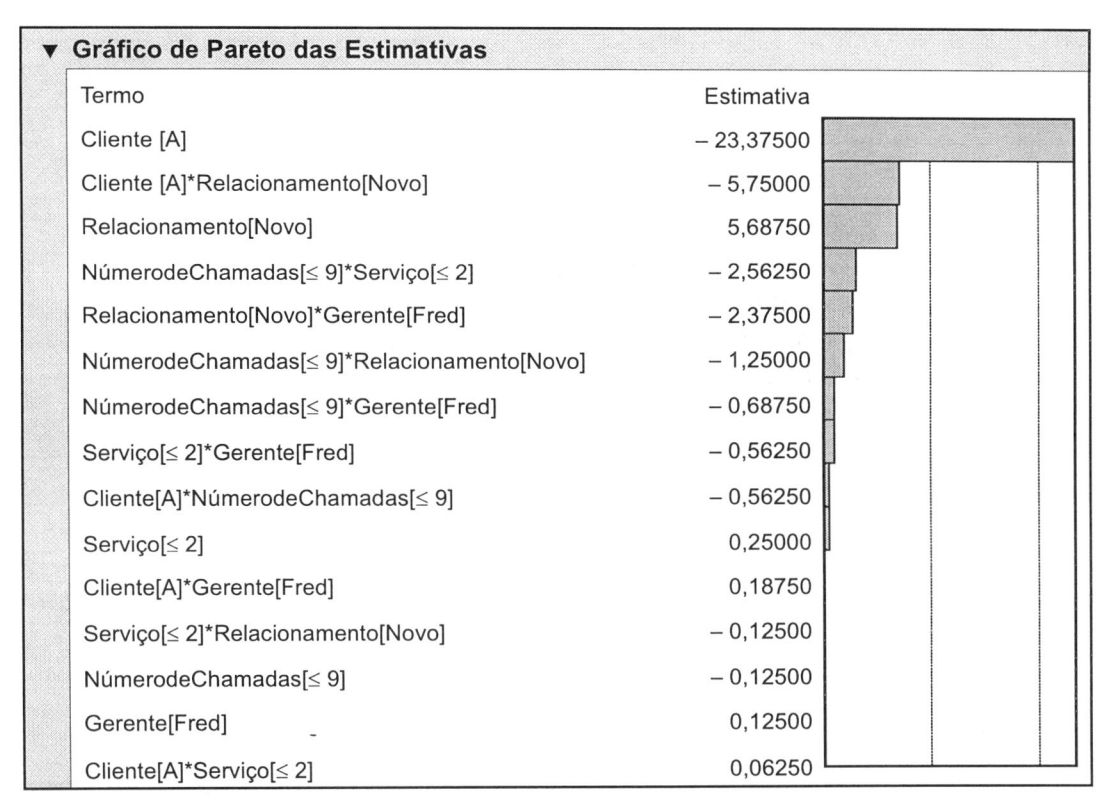

Gráfico de Pareto das Estimativas	
Termo	Estimativa
Cliente [A]	– 23,37500
Cliente [A]*Relacionamento[Novo]	– 5,75000
Relacionamento[Novo]	5,68750
NúmerodeChamadas[≤ 9]*Serviço[≤ 2]	– 2,56250
Relacionamento[Novo]*Gerente[Fred]	– 2,37500
NúmerodeChamadas[≤ 9]*Relacionamento[Novo]	– 1,25000
NúmerodeChamadas[≤ 9]*Gerente[Fred]	– 0,68750
Serviço[≤ 2]*Gerente[Fred]	– 0,56250
Cliente[A]*NúmerodeChamadas[≤ 9]	– 0,56250
Serviço[≤ 2]	0,25000
Cliente[A]*Gerente[Fred]	0,18750
Serviço[≤ 2]*Relacionamento[Novo]	– 0,12500
NúmerodeChamadas[≤ 9]	– 0,12500
Gerente[Fred]	0,12500
Cliente[A]*Serviço[≤ 2]	0,06250

Figura 5. Os sinais de ganho são fáceis de visualizar utilizando-se um gráfico que classifica os vetores em ordem decrescente.

O Centro de Emergência é a porta de entrada de um hospital. Ele geralmente é responsável por uma porcentagem significativa de todas as admissões hospitalares. Um serviço de excelência que atenda ou exceda as expectativas da população é essencial.

A recém-contratada administradora de um hospital da comunidade, uma *Black Belt* qualificada em Seis Sigma, selecionou o Centro de Emergência como o primeiro local em que seria implantado o Projeto Seis Sigma, em seu primeiro dia de trabalho. A enfermeira-chefe do Centro disse para ela: "Nosso Centro de Emergência não admite a entrada de ambulâncias. Estamos numa condição de encaminhar pacientes a outros Centros."

Em resposta, a CEO administradora e *Black Belt* da Marinha Britânica, questionou: "Quais são os padrões de evidência que você utiliza quando decide fechar o Centro?"

A enfermeira-chefe respondeu: "Bem, nós estamos simplesmente sobrecarregados. Não podemos prover uma atenção à saúde segura se entrar mais um único paciente pelas nossas portas de entrada."

A CEO administradora, uma veterana de 30 anos com diploma de mestrado em Administração de Saúde Publica, deu uma olhada rápida no ambiente. Ela viu quartos de tratamento desocupados. Três membros da equipe estavam observando-a prudentemente trás da sala da enfermeira. Todos eles desejavam ser notados. O médico de emergência mais próximo lançou-lhe um sorriso de desculpas e disse: "Isso acontece todo o tempo. Você também ficará acostumada com essa situação."

Na segunda-feira seguinte, após revisar os dados de admissão e os melhores resultados de receitas brutas gerados pelos departamentos, a administradora convocou uma reunião para discutirem a questão do "Encaminhamento do Centro de Emergência".

Todas as pessoas interessadas compareceram, entre as quais o diretor médico do Centro, os gerentes da Enfermaria da UTI, os diretores do Laboratório, Radiografias, e Serviços Ambientais, e o diretor do Tratamento Médico de Emergência (*Emergency Medical Treatment* — EMT) do Corpo de Bombeiros local responsável pelo grupo de paramédicos.

Todos estavam resignados com a situação dominante. Nenhum trabalho poderia reduzir o tempo de estado de encaminhamento do Centro de Emergência. Ele era um resultado inevitável dos volumes crescentes de pacientes. "Todos os hospitais da cidade estão passando pelo mesmo problema. Por que em Mid-Valley, o Centro de Emergência local está fechado o dobro do tempo que o nosso." "Se você quiser colocar nossas licenças de enfermagem em risco, bem..." "Nunca há leitos disponíveis na Unidade de Terapia Intensiva." "Se a equipe do Laboratório de Cateterismo estivesse no hospital as 24 horas do dia, por que motivo isso resolveria o problema?" "A técnica de eletrocardiograma atende chamadas em casa após a meia noite, ... e nós sempre ficamos à sua espera."

À medida que revisavam os números atuais a partir dos dados coletados e dispostos numa matriz de dados, eles ficavam surpresos. Durante os últimos seis meses, o Centro de Emergência tinha ficado fechado ou num estado de encaminhamento (encaminhar) mais do que 5.300 minutos/mês. Este número totalizava entre oito e 11 turnos de trabalho, ou uma fração de 3,67 de um dia inteiro, ou 12% do tempo disponível. Esses fechamentos do Centro de Emergência penalizavam os pacientes. Eles custavam ao hospital centenas de milhares de dólares em potencial receita bruta.

A lista das razões suspeitas para deixar o hospital num estado de encaminhamento de pacientes a outros hospitais era tão variada como o time profissional que estava sentado em torno da mesa. Cada membro tinha sua razão favorita, ou duas ou três, que eles(as) acreditavam firmemente como a principal causa da transferência de pacientes do Centro de Emergência. O tema geral era que as transferências do Centro de Emergência eram causadas, em grande parte, por "outros" departamentos do hospital — da Admissão ao Raios X.

A CEO *Black Belt* conduziu um processo de *brainstorming* para identificar os fatores críticos à qualidade (*Critical to Quality* — CTQ). Esta é uma primeira etapa DMAIC decisiva; independentemente do tipo de projeto. Ninguém no Centro de Emergência era familiarizado com as técnicas ou recursos do Seis Sigma. No entanto, eles começaram a lutar contra um processo complexo que envolvia a maioria dos departamentos do hospital.

O time começou o planejamento das etapas no processo de desenvolvimento DMAIC do Seis Sigma. Eles delinearam um experimento, executaram-no e analisaram seus dados.

Resultados de Desenvolvimentos

A análise vetorial do sinal de ganho revelou que uma vez que se tomava uma decisão para admitir um paciente, a pressão pelo desempenho era eliminada. O processo de admissão simplesmente diminuía até chegar num ponto de parada próximo. Um tempo de espera "aceitável" para a admissão de um paciente não seguia regras fixas. Poderia ser pensado em qualquer número de tempo de espera. Quando essa prática foi abandonada, tudo mudou. O departamento estava encantado com os resultados. Nos primeiros dois meses, os resultados de seus projetos iniciais eram:

- as horas médias de Transferência do Centro de Emergência caíram de 88 a 50% ao mês, uma redução de 48% comparada com o mesmo período do ano anterior;
- o número de visitas ao Centro de Emergência teve um acréscimo de 12,6%;
- o tempo de permanência médio (*Lenght of Stay* — LOS) no Centro de Emergência sofreu uma redução de 3,6 para 1,9 horas;
- foi gerado um aumento de 38,26% na margem bruta do Centro de Emergência;
- a satisfação dos pacientes aumentou de 59 para 65%;
- o tempo despendido pelo Laboratório de Cateterismo caiu de 93 para 10 minutos;
- a disponibilidade de leitos na Unidade de Tratamento Intensivo teve um aumento de 10,6%.

DMAIC

DMAIC é a metodologia padrão do projeto Seis Sigma de desenvolvimento. A aplicação do DMAIC para combater os problemas desse hospital, de superlotação de pessoas e de transferência de pacientes, gerou resultados drásticos, mensuráveis e sustentáveis.

Definir questões de maneira sistemática, estatística e prática. As questões identificadas incluem tempo no encaminhamento por ambulância a outros hospitais, tempo de permanência (*Lenght of Stay* — LOS) inaceitável do paciente no Centro de Emergência, baixos níveis de satisfação do corpo de funcionários e dos pacientes, pacientes deixando o Centro sem tratamento (*Patients Leaving Without Treatment* — LWOT) e considerável perda na receita bruta. A equipe definiu medidas de desempenho e apontou metas de *benchmark* para cada objetivo.

Medir utilizando mapas, modelos, diagramas, e diagramas de fluxo de processo. Identificar e dispor fatores críticos à qualidade (*Critical to Quality* — CTQ). Coletar dados, observar o processo e iniciar a seleção de dados. Foi identificado o tempo de permanência dos pacientes da entrada à saída do Centro, o número de pacientes que saíram sem tratamento proporcionalmente a todos os pacientes e os níveis de satisfação dos pacientes como os fatores críticos à qualidade que a equipe teria de estudar. Eles priorizaram reduzir (minimizar) o tempo de permanência (LOS) dos pacientes no Centro como a resposta-chave. Todos perceberam que todas as outras questões sofreriam melhoras se o LOS pudesse ser reduzido.

Analisar dados utilizando uma análise vetorial aplicada a uma matriz de dados. Preparar gráficos apropriados de controle de qualidade e Planejamento de Experimentos (*Design of Experiments* — DOE)* para determinar fatores CTQ.

Aprimorar (*Improve*) o processo utilizando decisões baseadas em evidências para promover avanços de Seis Sigma.

Controlar o processo para assegurar que as melhorias proporcionadas pelos desenvolvimentos tenham sustentação.

Ganho de Sabedoria pelo Caminho

Os especialistas em conhecimento no time de Seis Sigma do Centro de Emergência usaram de raciocínio indutivo. Eles identificaram as variáveis potenciais críticas à qualidade (CTQ) que acreditavam estarem influenciando o tempo de permanência (LOS) dos pacientes. As variáveis CTQ identificadas para avaliação foram o sexo do paciente, um médico ou enfermeira (identificados pelo número do funcionário) "lento" ou "rápido", e uma decisão de admitir ou não os pacientes. Pronta disponibilidade para um leito na Unidade de Terapia Intensiva, laboratório e testes de imagens foram outras variáveis.

A CEO *Black Belt* elaborou um DOE de oito fatores em seu laptop, utilizando o software JMP, na versão 5.0, de matriz de dados. Para avaliar estes oito fatores requeridos, só foram completados 16 experimentos. Os dados foram coletados em menos de 24 horas (**Figura 6**).

Antes do projeto, o corpo de funcionários do Centro de Emergência e os médicos classificaram o tempo de recuperação do laboratório como o fator crítico à qualidade mais significativo de influência no tempo de permanência dos pacientes no Centro. A disponibilidade técnica do CT ficou próxima a um segundo. Os resultados do Planejamento de Experimentos foram surpreendentes para os integrantes do time do projeto Seis Sigma (**Figura 7**). Este foi um dos muitos "logo vi!" ouvidos.

Não confie em suas suposições ou em seus "instintos", mesmo se você for um especialista.

As técnicas do Seis Sigma, incluindo um experimento delineado cuidadosamente e uma análise rigorosa de dados (software computadorizado facilita esses processos), proveram evidência num nível de confiança de 95%. Este nível de confiança colaborou para que os gerentes tomassem decisões críticas rapidamente.

A equipe do projeto descobriu que o fator crítico à qualidade com o maior impacto no tempo de permanência dos pacientes no Centro de Emergência era o status da admissão. Os

▼	Sexo	Médico	Enfermeira	Admissão	Leito na UTI	Raios X	Lab	CT	LOS do Centro
1	Masculino	125	300	Sim	Não	Sim	Sim	Sim	2,53
2	Masculino	200	475	Não	Não	Sim	Não	Não	1,35
3	Masculino	125	300	Sim	Não	Não	Não	Não	2,48
4	Feminino	125	475	Sim	Sim	Sim	Sim	Não	2,09
5	Masculino	125	475	Não	Sim	Não	Não	Sim	1,14
6	Masculino	200	475	Não	Sim	Não	Sim	Não	1,12
7	Feminino	125	475	Não	Não	Sim	Sim	Sim	1,46
8	Feminino	125	300	Não	Sim	Não	Sim	Não	1,18
9	Feminino	200	300	Sim	Sim	Não	Não	Sim	2,05
10	Masculino	125	300	Não	Sim	Sim	Não	Sim	1,15
11	Feminino	200	475	Sim	Sim	Sim	Não	Sim	2,10
12	Feminino	200	300	Não	Não	Sim	Não	Não	1,56
13	Masculino	200	475	Sim	Não	Não	Sim	Sim	2,47
14	Masculino	200	300	Sim	Sim	Sim	Sim	Não	2,18
15	Feminino	200	300	Não	Não	Não	Sim	Sim	1,54
16	Feminino	125	475	Sim	Não	Não	Não	Não	2,48

Figura 6. Projeto personalizado para um Experimento de Tempo de Permanência (LOS) num Centro de Emergência com dois níveis e oito fatores.

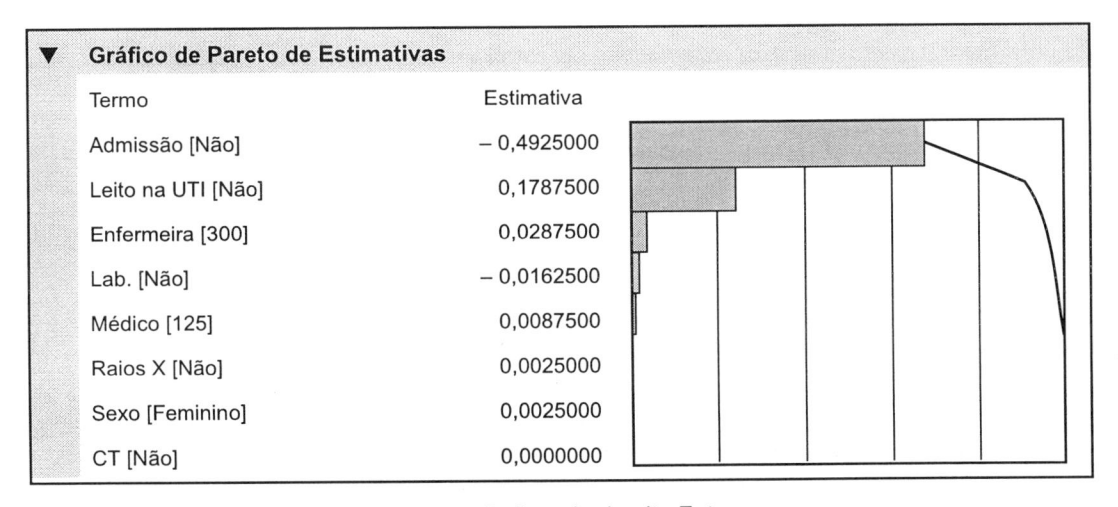

▼ **Gráfico de Pareto de Estimativas**

Termo	Estimativa
Admissão [Não]	– 0,4925000
Leito na UTI [Não]	0,1787500
Enfermeira [300]	0,0287500
Lab. [Não]	– 0,0162500
Médico [125]	0,0087500
Raios X [Não]	0,0025000
Sexo [Feminino]	0,0025000
CT [Não]	0,0000000

Figura 7. Resultados de um Experimento Delineado de oito Fatores.

pacientes admitidos tinham um LOS maior do que aqueles que tinham sido tratados e liberados. A disponibilidade de um leito na Unidade de Terapia Intensiva girava em torno de um segundo. Ambos os dados tinham um nível de confiança significativo de 99,99%.

Embora estes fatores críticos à qualidade, status da admissão e disponibilidade de um leito na UTI possam parecer óbvios no momento, eles não eram no início do projeto. O descobrimento desses dois fatores altamente significativos focava os trabalhos da equipe.

Uma pesquisa mais profunda dos dados revelou que menos de 9% dos pacientes que adentravam no Centro de Emergência do hospital por ambulância eram finalmente admitidos na UTI. No entanto, a razão fornecida mais freqüente para instituir a condição de encaminhamento a outros hospitais do Centro de Emergência e fechá-lo aos pacientes era "Não há leitos disponíveis na UTI".

O corpo de funcionários e os médicos trabalharam sob a falsa hipótese de que a "maioria" dos admitidos por ambulância estavam muito doentes e "praticamente todos" requeriam sua admissão na UTI. Havia uma hipótese correlacionada de que as Equipes Médicas de Emergência (EMTs) esperavam a liberação imediata de um leito na UTI ou encaminhariam o paciente para um outro hospital. A pequena porcentagem de admissões na UTI foi uma surpresa para o diretor médico do Tratamento Médico de Emergência. Ele voluntariamente instruiu seus funcionários no sentido de que eles se baseassem no julgamento dos funcionários do Centro de Emergência.

Quando a administradora começou discutindo a disponibilidade de leitos na UTI com as funcionárias da enfermagem no Centro de Emergência e na UTI, ela rapidamente descobriu uma atitude insidiosa. Era "Nós contra elas". As enfermeiras (e, numa menor extensão, os médicos) acreditavam que seus "departamentos" se dedicavam mais e os "outros" departamentos estavam tentando desviar suas cargas de trabalho para eles.

A falta de confiança entre o Centro de Emergência e a UTI requeria uma atenção imediata. Os gerentes da enfermagem avaliaram e resolveram questões entre suas seções. Eles prepararam programações e proveram tempo para as enfermeiras "experimentarem o trabalho" executado pelas enfermeiras de outras seções. As atitudes mudaram rapidamente. As enfermeiras adquiriram uma apreciação do papel exclusivo e essencial que cada serviço provia no tratamento de qualidade dos pacientes.

Os diretores médicos do Centro de Emergência e da UTI desenvolveram critérios de admissão e transferência de pacientes que receberam aprovação do Corpo Médico do hospital. Os critérios, baseados na necessidade do paciente de um tratamento intensivo de enfermagem, autorizavam as enfermeiras a transferir pacientes da UTI no intuito de disponibilizar um novo leito para uma nova admissão.

A comunicação entre as duas seções era difícil. A enfermeira-chefe do Centro de Emergência tinha de passar um relatório detalhado para a enfermeira-chefe da UTI antes de poder iniciar a transferência de um paciente. Telefonemas poderiam não ser respondidos na UTI devido à urgência requerida pelo tratamento ao paciente. Trabalhando em conjunto, os corpos de enfermagem desenvolveram um relatório de uma página que a enfermeira-chefe do Centro de Emergência proveria por fax à UTI na eventualidade de que eles fossem incapazes de completar um relatório por telefone. A transferência do paciente à UTI ocorria automaticamente 30 minutos depois que o relatório tinha sido provido por fax, a menos que a UTI notificasse o Centro de Emergência para reter o paciente. Agora, este procedimento é uma ocorrência anormal.

Um resultado involuntário, porém estimulante, do Projeto Seis Sigma no Centro Médico foi uma enorme redução no tempo de "processamento no Laboratório de Cateterismo". (Esta é uma medida de tempo desde a chegada do paciente no Centro de Emergência até o início do tratamento no Laboratório de Cateterismo Cardíaco.) Anteriormente ao projeto Seis Sigma, essa medida totalizava um tempo considerável de 93 minutos. Embora esse tempo conseguisse satisfazer os padrões nacionais, era mais longo do que o do hospital concorrente mais próximo. As Equipes Médicas de Emergência transportavam seus pacientes mais críticos para o hospital concorrente devido a esse menor tempo de processamento.

Um diagrama de fluxo de processo revelou o problema. Os pacientes no campo com um diagnóstico potencial de enfarte no miocárdio (*Myocardial Infarction* — MI) eram avaliados pelas Equipes Médicas de Emergência em junta médica com o médico clínico do Centro de Emergência. Quando eles chegavam ao Centro de Emergência, eram reavaliados pelo médico clínico, inclusive com a finalização dos exames de laboratório e a repetição de um eletrocardiograma antes da equipe do laboratório que processava o cateterismo ser notificada.

Uma análise mais profunda dos dados obtidos revelava que as Equipes Médicas de Emergência diagnosticavam o enfarte no miocárdio com uma precisão próxima a 100%. O atraso no chamar a equipe de cateterismo custava um tempo precioso no salvamento desse músculo do coração. Com o apoio da administradora para os potenciais custos de salários extras à equipe de cateterismo no caso em que o diagnóstico das Equipes Médicas de Emergência estivesse incorreto, os funcionários do Centro de Emergência foram estimulados a confiar no diagnóstico de campo efetuado pelas Equipes Médicas de Emergência e iniciar a chamada da equipe de cateterismo logo que recebessem as indicações para isso das Equipes de Emergência no campo. O tempo de "processamento no Laboratório de Cateterismo" caiu drasticamente para dez minutos!

Efetuar e manter mudanças significativas envolve muito trabalho. A necessidade por mudanças cria fortes emoções nas pessoas, particularmente quando você é aquele que deve mudar. As pessoas passam por emoções incontroláveis de medo, perda e negação, antes de atingirem a aceitação. Tudo isso é normal. Uma função crítica do *Black Belt* é lidar com os sentimentos e emoções das pessoas de modo que possam ocorrer os desenvolvimentos e que eles sejam sustentáveis.

O êxito desse projeto teve um impacto positivo em todo o hospital. Todas as seções e quadro de funcionários aprenderam a valorizar "os Centros de Emergência" como a "porta de entrada de seus hospitais". No final do primeiro ano, com um tempo de encaminhamento do Centro de Emergência a outros hospitais próximo de zero, o referido Centro tratou mais de 37.000 pacientes e obteve uma margem bruta de US$ 18 milhões em receitas.

Este resultado representou um avanço de 38,26% quando comparado ao ano anterior.

Revascularizações Miocárdicas com o "Coração Batendo"

Embora altruísmo e evidência influenciem os tratamentos médicos, a pressão econômica impulsiona desenvolvimentos. Economias de multimilhões de dólares geradas pelos efeitos de cirurgias cardíacas de derivação em artérias coronárias "*off-pump*" (sem o uso de bomba de perfusão), ou procedimentos em que o "coração continua batendo", são casos ilustrativos.

Historicamente falando, os avanços médicos no estilo "Seis Sigma" vêm surpreendendo o mundo. Índices de mortalidade próximos de zero relacionados à anestesia cirúrgica e recorde de segurança na vacina contra a poliomielite não passam de dois exemplos de sucesso que beiram a perfeição. Os sentimentos do Sir Austin Bradford Hill em 1951 soam tão recentes como o lançamento de um novo boletim informativo da General Electric do século XXI:

"Ao tratar pacientes com medicamentos não comprovados estamos, quer gostemos disso ou não, fazendo experiências em seres humanos, e uma boa experiência bem-reportada pode ser mais ética e envolver menos negligência no trabalho do que uma má." (Br. Med 2:1088-90, 1951, Hill, 1952)

A habilidade de repetir consistentemente resultados experimentais com um alto grau de confiança é de primordial importância para todos que atuam na área de tratamento de saúde. Novamente, a técnica cirúrgica "*off-pump*" (sem circulação extracorpórea) provê uma orientação ideal tipo bússola que aponta o caminho para desenvolvimentos. Desde que os avanços Seis Sigma no tratamento de saúde melhoram simultaneamente a qualidade dos resultados no paciente e a rentabilidade, os projetos em CABG (*Coronary Artery Bypass Grafts* — revascularizações miocárdicas das artérias coronárias) sem circulação extracorpórea são substantivos.

Recursos financeiros limitados fomentaram o desenvolvimento desses tipos de cirurgia na Argentina no início dos anos 80. Evidências estatísticas convincentes estavam levando à aceitação relutante dessa técnica cirúrgica nos competitivos mercados norte-americanos do segmento de saúde em 2003. A demanda do paciente por este procedimento de maior qualidade e menor custo forçou, e está forçando, os cirurgiões a dominar um desafiador e mais alto padrão de tratamento de saúde.

Novamente, o ciclo clássico de decisões baseadas em evidências — Definir, Medir, Analisar, Aprimorar e Controlar — provê um meio conveniente de resumir esse exemplo.

Definir: Por mais de 40 anos, o uso de bombas de máquinas coração-pulmão (*Cardiopulmonary Bypass* — CPB) definiu os procedimentos de revascularizações miocárdicas das artérias coronárias. Bons resultados e a relativa facilidade de trabalho em um coração imóvel (cardioplegia) levaram a maioria dos cirurgiões cardíacos a adotar a utilização dessa técnica.[4] Dados estatisticamente significativos da utilização de sangue extracorpóreo e efeitos neurológicos associados vinculados às cirurgias "*on-pump*" (com o uso de bomba de perfusão) foram considerados como danos colaterais aceitáveis — necessários — relativos a esse tipo de cirurgia cardíaca.

Embora evidências estatísticas sugerissem que as operações "*off-pump*" (sem circulação extracorpórea) fossem seguras e vantajosas para pacientes seletivos, o pensamento dominante da cirurgia cardíaca sustentava o compromisso físico com a técnica cirúrgica que empregava a circulação induzida. Levou uma década para os modelos de prática cirúrgica trazerem à tona os sentimentos de reflexão expressos pelos pesquisadores em 1992. "Pesquisas futuras devem ser dirigidas a quais subgrupos de pacientes podem ser operados para se beneficiarem da técnica sem circulação e quais, se houver, grupos de pacientes deverão ser confinados a operações com circulação extracorpórea."

Padrões e seus reconhecimentos são elementos-chave na identificação de avanços revolucionários. Bancos de dados e sistemas de computação aceleram esses dois elementos quando são incluídos em um sistema aberto de *loop* de retorno de informações. A **Figura 8** ilustra o sistema de retorno de informações fechado padrão, clássico do Seis Sigma. A noção do *loop* de retorno de informações fechado constitui um erro teórico sério que pode remontar à pseudociência do "pensamento sistêmico" da década de 1990.

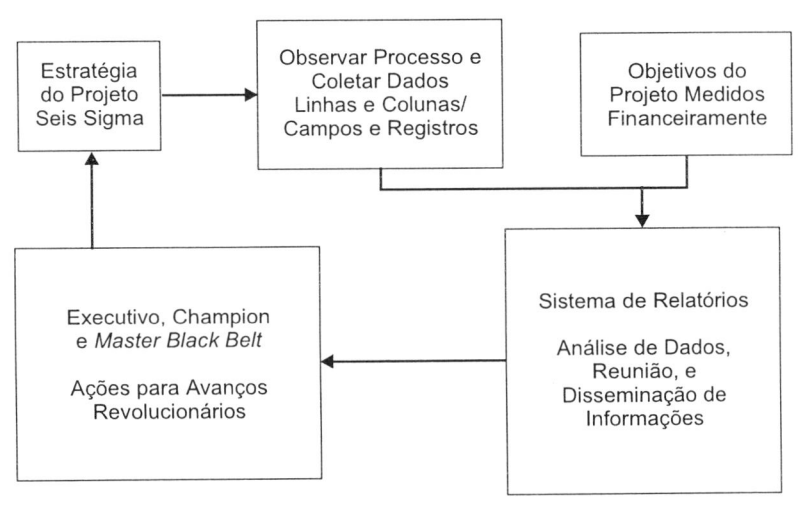

Figura 8. O sistema de *loop* de retorno de informações fechado do Seis Sigma recomendado é contrário às decisões baseadas em evidências. *Loops* fechados criam entropia.

Loops fechados de retorno de informações criam entropia. Sistemas de retorno de informações fechados são impulsionados por análises opacas de planilhas de trabalho e narrativas de histórias em que 83% das informações contidas nos dados são suprimidas.

Decisões baseadas em evidências devem ter sistemas de retorno de informações abertos. Esses tipos de sistemas dependem da entrada contínua e do fluxo de evidência objetiva nos julgamentos.

Obviamente médicos, enfermeiras, profissionais da saúde e líderes administrativos afins, são os *"Executivos, Champions* e *Master Black Belts"* especialistas em Seis Sigma que iniciam as ações de aperfeiçoamentos revolucionários.

Além das medidas quantitativas de retornos de informações em *loops* fechados, as impressões qualitativas freqüentemente expõem oportunidades. No debate entre as técnicas sem e com circulação extracorpórea, um sinal qualitativo é a longa prática corrente de discussões acaloradas entre cirurgiões. Sem um compromisso de decisões baseadas em evidências, estas discussões são geralmente sustentadas sem referenciar ou gerar evidência estatística para fins de análise.

Medir e Analisar: Embora os dados de prática cirúrgica em geral sejam coletados manualmente, cada vez mais estes tipos de dados estão sendo inseridos automaticamente em bancos de dados. Pacotes integrados de softwares estatísticos agora possibilitam analisar dados de medições praticamente tão rápido como eles foram registrados. A **Figura 9** exibe colunas e linhas de dados de uma única cirurgiã cardíaca que, após diversos de seus pacientes terem cancelado suas cirurgias programadas "com circulação extracorpórea" a fim de se submeterem à cirurgia "sem circulação" com um outro cirurgião em um hospital concorrente, decidiu dominar a técnica dessa última cirurgia.

A análise computadorizada dos dados de tempo de permanência na **Figura 10** reflete achados similares aos 443 artigos revisados por pesquisadores já publicados sobre o tema dessas cirurgias cardíacas, com e sem circulação extracorpórea, desde o ano de 1992. A literatura sobre este tópico revista pelos pesquisadores é consistente num nível destacável. Pacientes que se submeteram a cirurgias de revascularização miocárdica das artérias coronárias sem circulação extracorpórea experimentaram uma redução drástica nos tempos de permanência nos hospitais.

Pesquisas na literatura utilizadas para confrontar inferências estatísticas são um serviço de valor agregado apreciado pelos médicos clínicos.

O diagrama de controle de qualidade, da **Figura 11**, provê uma outra visão do impacto que as técnicas cirúrgicas sem circulação extracorpórea conferem à qualidade do tratamento dos pacientes. À medida que o tempo de permanência médio reduz, o mesmo ocorre com a variação em torno da média.

Desde 1931, este padrão tem simbolizado o padrão clássico de desenvolvimento de uma decisão baseada em evidência. Estes avanços agora conduzem a desempenhos próximos da perfeição, conhecidos como Seis Sigma.

O banco de dados da cirurgiã foi estratificado para facilitar que a análise estatística tridimensional considerasse o efeito de diversos outros fatores que poderia ter ocorrido nos resultados dos tempos de permanência dos pacientes. Os fatores que consideramos são as variações no código de diagnósticos (ICD), comorbidades, idade, sexo e raça. Um exemplo é mostrado na representação do cubo na **Figura 12**. O cubo do sistema de coordenadas cartesianas é um gráfico ideal para apresentar evidência estatística multidimensional. Os números contidos nas caixas retangulares dos vértices dos cubos são valores médios. Mesmo um novato na área pode interpretar os resultados numa rápida visualização.

	LOS c/ CEC*	Despesas c/ CEC	LOS s/ CEC	Despesas s/ CEC	LOS Combinada	ANOVA	Despesas Combinadas	
1	6	33.909	2	24.217	7	c/ CEC	33.909	
2	8	39.233	4	21.569	6	c/ CEC	39.233	
3	3	22.197	3	27.493	4	c/ CEC	22.197	
4	8	38.851	2	26.125	7	c/ CEC	38.851	
5	4	28.243	3	26.211	5	c/ CEC	28.243	
6	4	28.224	3	28.242	6	c/ CEC	28.224	
7	8	43.082	4	23.869	7	c/ CEC	43.082	
8	6	36.359	3	26.643	5	c/ CEC	36.359	
9	10	73.898	3	32.668	7	c/ CEC	73.898	
10	6	30.193	4	30.277	11	c/ CEC	30.193	
11	5	3.586	2	25.235	6	c/ CEC	3.586	
12	6	32.188	3	28.329	5	c/ CEC	32.188	
13	6	3.264	2	23.396	5	c/ CEC	3.264	
14	5	28.390	2	20.730	6	c/ CEC	28.390	
15	9	39.884	3	32.433	7	c/ CEC	39.884	
16	8	52.542	3	35.246	9	c/ CEC	52.542	
17	5	26.428	4	30.605	6	c/ CEC	26.428	
18	5	33.071	3	32.391	4	c/ CEC	33.071	
19	4	25.074	4	32.324	3	c/ CEC	25.074	
20	4	27.532	3	30.605	5	c/ CEC	27.532	
21	•	•	•	•	2	s/ CEC	24.217	

Figura 9. Uma matriz de dados dispõe dados históricos de modo que possa ser utilizada uma análise vetorial para identificar sinais de ganho. Este esquema documenta despesas, tempos de permanência (LOS) dos pacientes e cirurgia de revascularização miocárdica das artérias coronárias (CABG) sem e com circulação extracorpórea (CEC).

Na **Figura 12**, todos os quatro menores tempos de permanência relacionados àquele tipo de cirurgia estão localizados no plano esquerdo do cubo. O menor tempo de permanência médio, 1,875, foi o resultado de uma cirurgia sem circulação extracorpórea de um paciente masculino com código ICD = 36,11. Todos os quatro maiores tempos de permanência estão localizados no plano direito do cubo. O maior tempo de permanência médio, 6,875, foi o resultado de uma cirurgia com circulação extracorpórea para um paciente masculino com código ICD = 36,12. Embora sejam apresentados três fatores simultaneamente, o único fator estatisticamente significativo relacionado a um menor tempo de permanência foi a cirurgia realizada sem circulação extracorpórea.

Análise de uma Via de LOS Combinado pela ANOVA

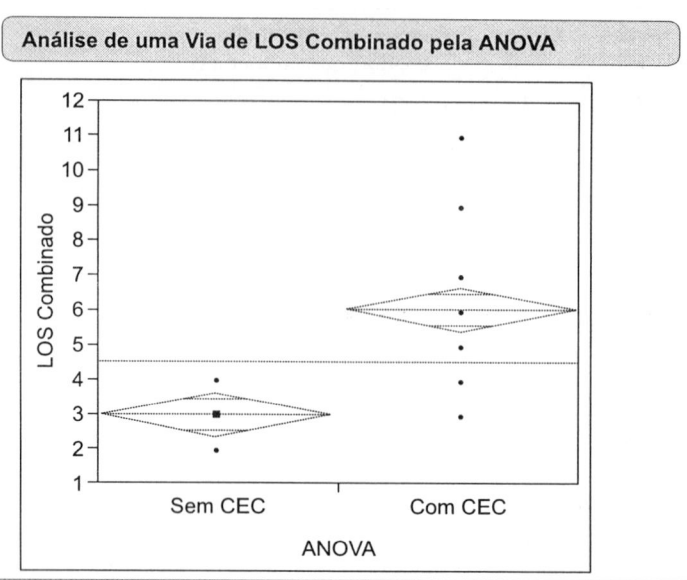

ANOVA de uma Via

Análise da Variância

Fonte	DF	Soma dos Quadrados	Média ao Quadrado	Razão F	Prob > F
ANOVA	1	93,02500	93,0250	49,8231	< 0,0001
Erro	38	70,95000	1,8671		
C total	39	163,97500			

Médias para ANOVA de uma Via

Nível	Número	Média	Erro-padrão	Inferior a 95%	Superior a 95%
Sem	20	3,00000	0,30554	2,3815	3,6185
Com	20	6,05000	0,30554	5,4315	6,6685

Erro-Padrão usa uma estimativa conjunta da variância de erros.

Figura 10. O forte sinal de ganho entre os tempos de permanência para cirurgias com e sem circulação extracorpórea salta aos olhos com um gráfico estatisticamente acurado sob a forma de "discos voadores". Na análise vetorial aplicada a uma matriz de dados no hiperespaço provocador de emoções, a diferença entre os conjuntos de dados é significativa num nível de 95% de confiança se os discos puderem passar voando no meio dos outros sem colidirem.

Este estudo de caso não incluiu um resumo da análise do gráfico de Pareto por duas razões. Em primeiro lugar, o software de matriz de dados utilizado para produzir a evidência neste caso não dispunha daquele recurso. Além disso, a organização tinha progredido além do necessário a fim de apresentar dados numa maneira simplificada. Os tomadores de decisão queriam examinar os resultados em gráficos de evidência avançados no estilo do Seis Sigma.

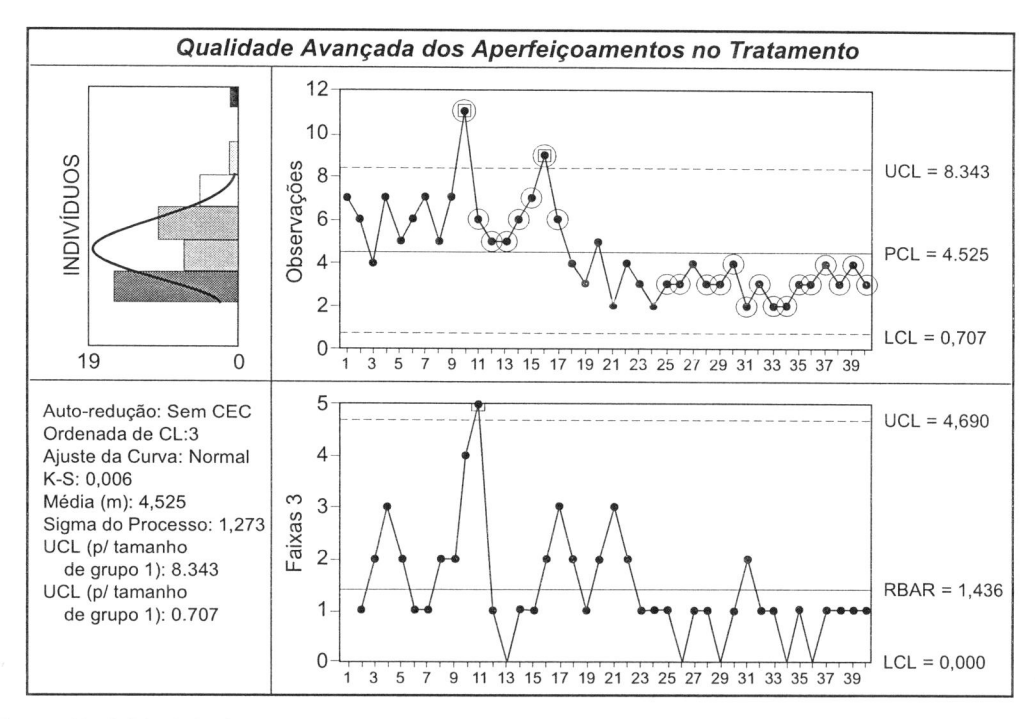

Figura 11. O Sinal de Ganho em tempos de permanência (LOS) dos pacientes foi correlacionado com as cirurgias de revascularização miocárdica das artérias coronárias (CABG) sem circulação extracorpórea (CEC). Estes avanços foram dramáticos.

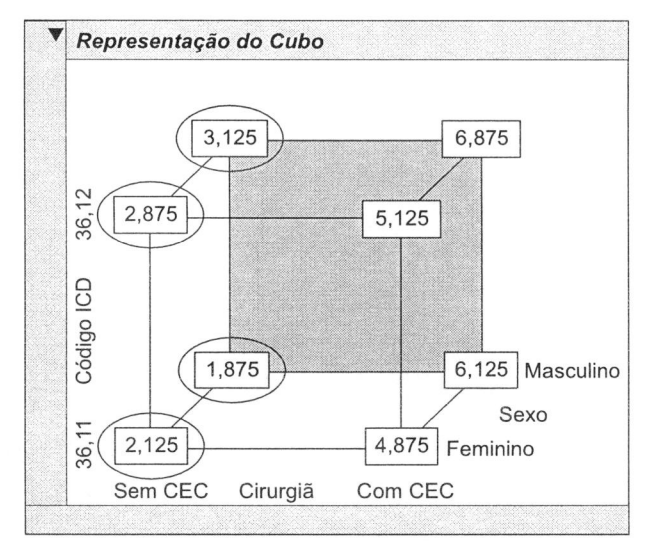

Figura 12. Os sinais de ganho comparam a cirurgiã com ela própria. Podemos afirmar, com um nível de confiança de 95%, que quando as cirurgias cardíacas sem circulação extracorpórea são feitas em pacientes apropriados, elas promovem resultados superiores do ponto de vista médico e menores tempos de permanência dos pacientes no hospital.

Aprimorar: Dezesseis anos de experiência em promover avanços revolucionários na qualidade e produtividade do atendimento à saúde ensinam uma lição importante. Antes de ocorrerem mudanças na prática da clínica médica ou hospitalar, os benefícios devem ser traduzidos para uma história financeira convincente. Embora essa realidade possa ser desalentadora para profissionais da saúde que colocam como prioridade a segurança do paciente, os líderes devem priorizar a contabilidade de custos se esperam ver amplos avanços serem realizados no sistema.

Modelar simulações utilizando planilhas de trabalho é uma ferramenta de matriz de dados relativamente fácil de ser dominada. O impacto psicológico de ver 1.000 ou mais repetições de cenários de prática de planilhas multivariados é impressionante. Mais freqüente do que nunca, as simulações de planilhas de trabalho são persuasivas.

A **Figura 13** mostra o provável impacto financeiro do sinal de ganho para uma única cirurgiã. A extremidade inferior da distribuição de previsões sugere que, ao dominar o procedimento feito sem circulação extracorpórea para a maioria de seus pacientes, seria gerado um adicional de US$ 448 mil em sua receita bruta. Na extremidade superior da distribuição, esta mudança poderia gerar valores de até US$ 1,45 milhões.

Os resultados reais caem próximo do centro dos parâmetros da projeção. As economias foram atingidas graças a menores custos de enfermagem e despesas gerais indiretas. Os pacientes que se submeteram à cirurgia sem circulação extracorpórea não tiveram efeitos colaterais e o hospital desfrutou de um aumento na rentabilidade. Estes resultados são marcas características clássicas de um desenvolvimento no estilo do Seis Sigma.

Controlar: A etapa final no processo DMAIC do Seis Sigma é padronizar os desenvolvimentos e reter os ganhos. Disciplina é tão importante para o sucesso neste ponto como em cada uma das outras fases do processo.

Figura 13. Inserções em planilhas de trabalho para modelagem e simulação são uma utilização convincente e persuasiva da análise de matriz de dados e do sinal de ganho. Prevê-se que os ganhos em receita para cirurgias sem circulação extracorpórea devem variar de um lucro líquido de US$ 448 mil a 1,4 milhões.

Liderança e cultura determinam a taxa de adoção de avanços na produtividade e qualidade. Quando o corpo médico e outros líderes seniores são disciplinados, e quando eles adotam como modelo o uso da ciência, análise estatística, e experimentação sistemática, ocorrem os desenvolvimentos revolucionários.

A cultura Seis Sigma evolui juntamente com os avanços. O grau de sucesso em todo projeto Seis Sigma é diretamente relacionado com o nível de comprometimento demonstrado pela liderança sênior.

A Rotina Diária

Don trabalhava no departamento de esmerilhamento de correia. Dia após dia, ele e seus colegas de trabalho removiam as "aparas e/ou restos" das peças metálicas fundidas para prepará-las para o processamento final e embarque.

Pagava-se aos lixadores um bom salário por hora. A outra despesa principal da área era o custo das correias. Eles utilizavam um grande número de correias em um típico turno de trabalho.

Definir: Se você tenta usar uma correia além de um certo ponto, sua eficiência para remover metais começa a decair. O representante do fornecedor tinha passado uma regra de uso ao gerente da área para decidir quando os lixadores deveriam tirar uma correia e colocar uma nova. A regra recebia o nome de "50% de uso". Havia exemplos de correias que tinham "50% de uso" penduradas nas paredes do setor de esmerilhamento.

O objetivo da regra era minimizar as despesas totais da operação. Don achava que essa regra estava errada. Ele considerou que ela provocava com que eles descartassem as correias cedo demais. Ele tinha uma hipótese de que utilizar as correias um pouco mais de tempo reduziria o custo das correias sem perda significativa na eficiência do lixamento.

Don suspeitava ainda que o fornecedor queria vender mais correias. Nós não tínhamos meios de avaliar isso, de modo que deixamos as coisas como estavam anteriormente.

Don apareceu com uma nova regra, denominada de "75% de uso". Ele propôs efetuar uma experiência planejada para determinar se a nova regra tinha ou não uma maior eficiência quanto aos custos em relação à regra antiga.

Para nossa surpresa, o representante do fornecedor foi veementemente contra ao projeto. Ele dizia que a regra do "50%" tinha sido baseada em extensivos experimentos e testes no laboratório de projeto e desenvolvimento de sua empresa, e que estaríamos desperdiçando tempo tentando "reinventar a roda".

Don argumentou que os testes de laboratório talvez não fossem prognosticadores adequados de um desempenho no chão-da-fábrica. Ele pensava que tinha algo relevante para dizer. Nós também começamos a ver por que ele levantava suspeitas sobre o fornecedor.

O gerente da área também considerou que Don tinha razão no que afirmava. Ele deu a aprovação para o início do projeto, deixando-lhe um dia inteiramente livre para que ele finalizasse as experiências.

Medir: Don calculou que poderia obter 16 peças fundidas em um dia. Quando os outros lixadores souberam do experimento, sugeriram outros itens que poderiam ser testados ao mesmo tempo. As rodas de contato normalmente usadas nas ferramentas de esmerilhamento tinham um baixo índice do pé à ranhura (*Land-to-Groove Ratio* — LGR). Um dos lixadores gostaria de tentar uma roda com um LGR mais alto. Um outro queria tentar uma roda de contato feita de borracha e não de metal. Um terceiro fez Don lembrar que eram rotineiramente utilizadas correias com pelo menos dois tamanhos diferentes de granulação. Ele percebeu que ambas as granulações deveriam ser representadas no experimento para se obter resultados realistas.

A **Tabela 2** contém a matriz de dados para a experiência de lixamento da maneira como ela foi eventualmente efetuada.

Analisar: Uma rápida olhada na **Tabela 2** sugeria que Don tinha uma certa razão com sua regra de "75% de uso". Ela também sugeria que ter um alto LGR era preferível a ter um baixo, e que as rodas de borracha eram piores do que as de metal.

Tabela 2
A matriz de dados para a experiência de lixamento de Don. Havia quatro fatores de dois níveis cada. A variável de resposta era o total de custos para cada peça fundida dividido pela quantidade de metal removida. O custo total era calculado pelo custo da mão-de-obra mais o custo da correia.

Peça Fundida	LGR	Material	Uso	Granulação	Custo
1	Baixo	Borracha	50%	30	8,63
2	Alto	Borracha	50%	30	6,50
3	Baixo	Aço	50%	30	4,75
4	Alto	Aço	50%	30	5,20
5	Baixo	Borracha	75%	30	4,23
6	Alto	Borracha	75%	30	4,25
7	Baixo	Aço	75%	30	2,87
8	Alto	Aço	75%	30	2,13
9	Baixo	Borracha	50%	50	8,36
10	Alto	Borracha	50%	50	5,28
11	Baixo	Aço	50%	50	5,34
12	Alto	Aço	50%	50	3,32
13	Baixo	Borracha	75%	50	5,99
14	Alto	Borracha	75%	50	4,87
15	Baixo	Aço	75%	50	3,71
16	Alto	Aço	75%	50	2,46

Gráfico de Pareto de Estimativas

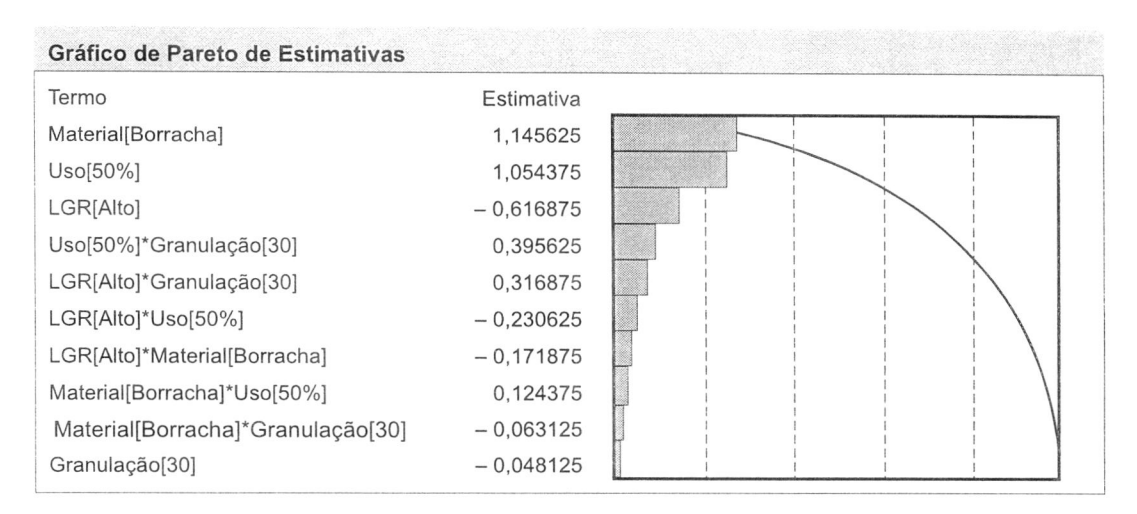

Termo	Estimativa
Material[Borracha]	1,145625
Uso[50%]	1,054375
LGR[Alto]	− 0,616875
Uso[50%]*Granulação[30]	0,395625
LGR[Alto]*Granulação[30]	0,316875
LGR[Alto]*Uso[50%]	− 0,230625
LGR[Alto]*Material[Borracha]	− 0,171875
Material[Borracha]*Uso[50%]	0,124375
Material[Borracha]*Granulação[30]	− 0,063125
Granulação[30]	− 0,048125

Figura 14. O Gráfico de Pareto classificando os fatores e as interações no experimento do esmerilhamento de correia pela força de seus sinais de ganho.

Porém, não permita que sejamos precipitados. A **Figura 14** mostra o Gráfico de Pareto classificando os fatores e as interações pela força de seus sinais de ganho.

O sinal mais forte foi a comparação das rodas de contato de aço com as de borracha (Material). Este sinal nos informou que o uso da borracha não era uma boa idéia. O próximo sinal mais forte foi a comparação da regra do 50% com a do 75% de uso (Uso). Ele previu economias significativas alinhadas com a idéia de Don. O terceiro sinal mais forte foi a comparação do índice do pé à ranhura da roda de contato (LGR).

Os próximos dois sinais envolviam efeitos interativos. A mensagem nesse ponto era de que as reduções reais de custos por implementar os resultados do Uso e do LGR seriam diferentes para os dois tamanhos de granulação.

Aprimorar: O experimento de Don provocou duas recomendações:

1) usar a regra de 75% em lugar da regra de 50% do fornecedor;

2) utilizar rodas de contato com o maior índice do pé à ranhura.

O impacto combinado dessas duas mudanças tinha uma redução de custo prevista de US$ 2,75 por unidade de metal removido. Este valor acarretava cerca de US$ 900 mil em economia anual.

As recomendações de Don foram rapidamente implementadas por todo o departamento de esmerilhamento. As poupanças reais ficaram um pouco abaixo do projetado, mas todos estão satisfeitos na seção. Nada mal para um projeto de um dia de duração.

Controlar: Foi atingido um certo grau de redução de custos por todos os funcionários, mas isso não se aplicou uniformemente. Há ainda muita variabilidade na performance dos lixadores. Atacar esta variação foi a óbvia próxima etapa. Não sabemos se nossas recomendações chegaram a ser implementadas um dia.

"Preparação do Molde" para Extrusão de Vinil

Uma operação de extrusão de vinil recebe um "pacote de matriz" (anteprojeto) de um cliente para confeccionar um novo "perfil" (peça). O extrusor então projeta e fabrica o "molde" (usinagem) para efetuar a extrusão do perfil. O extrusor responsabiliza-se pelo custo de desenvolvimento em troca de uma condição de "único fornecedor" durante a vigência do contrato.

O processo de fabricar, testar e revisar moldes é denominado de preparação do molde. Cada "revisão" envolve a re-usinagem do molde. O custo médio por revisão é cerca de US$ 2 mil. O número de revisões requeridas para obter um novo molde pronto para produção varia imprevisivelmente de 0 a valores tão altos como 30. Como resultado, o custo total também varia imprevisivelmente de US$ 2 mil (nenhuma revisão necessária) a algo parecido com US$ 50 mil (uma grande quantidade necessária de revisões).

Um extrusor pode facilmente gastar de US$ 1,5 a 5,8 milhões, ou valores maiores, em preparação de moldes a cada ano. Reduzir a variação drástica no número de revisões foi identificado como um projeto com benefícios potencialmente enormes.

Definir: Iniciamos com uma "Kaizen-blitz", uma revisão focada e muita rápida do processo de preparação de moldes. Quando a usinagem inicial de um molde era completada, um técnico provador testava esse molde em uma das diversas linhas de extrusão reservadas para testes de novos moldes.

Assim que a linha de produção se estabilizava, o provador efetuava inspeções visuais e media as dimensões de controle com um calibrador. Os resultados das inspeções e as dimensões são levados para um programador de revisões que determina se é necessária alguma revisão. Se ela for requerida, o programador de revisões reenvia o molde à área de usinagem com uma folha de revisão descrevendo as mudanças necessárias.

Espera-se que o provador ainda determine as melhores condições de processo para o novo molde. Potencialmente estes fatores poderiam incluir:

- velocidade de linha;
- distância do molde ao calibrador;
- vácuo do calibrador;
- rotações por minuto (RPM) da tarraxa;
- temperatura de óleo da tarraxa;
- temperaturas da área do barril;
- temperaturas da área do molde;
- temperatura de fusão;
- pressão de fusão;
- peso.

Os provadores trabalham sob limitações de tempo. Eles ajustam algumas dessas variáveis pelo método de tentativa e erro para obter as dimensões mais próximas à dimensão nominal e melhorar a qualidade estética do produto. As variáveis que normalmente sofrem mais ajustes são a velocidade de linha, a distância do molde ao calibrador e o peso. As outras variáveis tendem a permanecer nas "condições básicas de processamento" determinadas antes de o molde sofrer usinagem.

Nossas descobertas foram as seguintes:

1) as revisões do molde eram baseadas em medições individuais tomadas por um calibrador manual aplicado nas partes plásticas. Em todas as indústrias, a repetibilidade dessas medidas é notoriamente ruim;

2) o método de tentativa e erro não tinha virtualmente qualquer chance de descobrir boas condições de processamento;

3) deixar os provadores escolher as variáveis a serem ajustadas pode ter conseqüências econômicas no longo prazo. Exemplos são a redução da velocidade de linha ou o aumento do peso.

O item 1 parecia ser uma possível "prova conclusiva" para o problema de um número exagerado de revisões.

Propusemos que uma pequena série de experimentos planejados seria uma parte da rotina da preparação dos moldes. Isto demandaria mais tempo para cada ciclo de revisão. Mas este processo manteve a promessa de reduzir drasticamente o número de revisões. A idéia básica era essa: antes de cortarmos o metal novamente, vamos ver se "conseguimos processá-lo evitando" alguns dos problemas dimensionais ou estéticos.

Propusemos que a abordagem do Planejamento de Experimentos (DOE) poderia abordar os três itens em conjunto. Alguns dos membros da equipe ficaram se perguntando de que maneira o processo teria algum benefício com o Item 1. A resposta era que os resultados de um DOE são sempre baseados em médias ponderadas e não em medidas individuais. Isto automaticamente melhora a confiabilidade dos dados usados na determinação de revisões.

Medir: Para o experimento inicial, a equipe decidiu observar quatro fatores contínuos: velocidade de linha, distância do molde ao calibrador, vácuo do calibrador e peso.

Utilizamos software estatístico para gerar uma matriz de dados similar àquela mostrada nas primeiras seis colunas da **Tabela 3**. A matriz na **Tabela 3** corresponde à versão "conforme processado" com os pesos e vácuos do calibrador realmente obtidos em lugar dos valores nominais existentes na matriz original. Os níveis dos quatro fatores são codificados para proteger a informação do proprietário.

O molde neste caso tinha um orifício. Isto significava que dois perfis eram extrudados ao mesmo tempo. Os resultados para os dois perfis estão distinguidos na matriz como Lados 1 e 2.

Tabela 3

A matriz de dados que preenche a próxima página é derivada do experimento de preparação de moldes. Há quatro fatores contínuos de três níveis cada. As variáveis de resposta incluem 13 dimensões de controle e uma taxa de distorção de 1 a 5, em que o preferido é ter uma taxa maior. Lembre-se de que pelo fato de esta tabela ser uma matriz de dados, cada coluna é uma entidade ou vetor particular. Uma análise correta decompõe o vetor da variação na base da evidência em vetores do Sinal de Ganho e do *Noise*.

Processo	Lado	Peso	Velocidade de Linha	Vácuo do Calibrador	Distância entre Molde-calibrador	Dimensões de Controle												
						1	2	3	4	5	6	7	8	9	10	11	12	13
1	1	51	1	53	1	4	1	–13	0	1	–5	–5	9	–1	–11	–7	3	0
1	2	48	1	53	1	–1	4	–12	2	3	–2	–4	5	–1	–11	–11	0	–3
2	1	49	1	70	2	–4	4	–14	–4	1	–3	1	4	–5	–11	–9	3	0
2	2	48	1	70	2	1	1	–17	6	7	–5	0	5	–4	–11	–9	1	–4
3	1	81	1	67	1	0	–1	–12	6	1	–4	–3	5	2	–5	–1	11	3
3	2	76	1	67	1	0	4	–13	2	2	–7	–5	5	1	–6	–2	7	4
4	1	77	1	50	3	2	2	–12	1	–1	–5	–4	6	1	–7	–3	17	2
4	2	74	1	50	3	1	1	–16	3	1	–6	–5	13	1	–5	–4	8	1
5	1	48	2	77	1	–2	1	–18	2	2	–6	0	4	–10	–13	–9	1	–2
5	2	46	2	77	1	–2	0	–18	4	9	–6	–1	6	–7	–14	–7	–2	–2
6	1	47	2	50	3	–4	1	–14	2	3	–3	–1	4	–7	–12	–9	1	2
6	2	45	2	50	3	–3	6	–16	1	6	–4	–3	6	–8	–13	–7	1	–4
7	1	67	2	67	2	–1	–1	–14	–1	1	–5	–3	4	–3	–10	–5	6	2
7	2	64	2	67	2	–4	–1	–18	–5	1	–7	–2	6	–3	–11	–7	3	0
8	1	67	2	80	3	–2	–2	–14	–4	3	–5	–2	2	–1	–10	–5	7	6
8	2	65	2	80	3	–2	0	–13	–2	2	1	1	4	–2	–11	–7	5	3

Tabela 3 (cont.)

Processo	Lado	Peso	Velocidade de Linha	Vácuo do Calibrador	Distância entre Molde-calibrador	Dimensões de Controle												
						1	2	3	4	5	6	7	8	9	10	11	12	13
9	1	77	2	50	1	-2	-2	-16	-4	0	-1	-4	6	-1	-8	-2	10	1
9	2	76	2	50	1	-4	-2	-14	-5	0	-2	-3	4	-1	-8	-1	7	3
10	1	78	2	80	2	-2	1	-14	-6	2	5	-3	3	-1	-8	-6	10	6
10	2	78	2	80	2	-3	-2	-15	-8	0	3	-1	4	-2	-9	1	9	4
11	1	49	3	67	1	0	3	-22	-2	5	-3	0	-1	-9	-14	-8	9	0
11	2	48	3	67	1	-5	-3	-22	-5	-1	-9	-4	1	-8	-15	-9	0	0
12	1	51	3	80	2	-2	-4	-22	-2	6	-7	0	1	-5	-13	-8	10	2
12	2	50	3	80	2	-1	-3	-20	-4	6	-4	1	1	-9	-14	-9	1	0
13	1	66	3	80	1	-5	3	-24	-4	4	-5	-3	-1	-6	-10	-4	7	4
13	2	66	3	80	1	2	-5	-19	1	7	-3	-1	1	-3	-11	-3	5	6
14	1	65	3	50	2	-6	-1	-23	-6	1	-1	-6	0	0	-12	-6	7	0
14	2	64	3	50	2	-7	-4	-19	-5	3	0	-3	3	-3	-12	-6	4	7
15	1	75	3	67	3	-2	-4	-20	-4	1	-7	-7	1	1	-11	-8	10	-1
15	2	75	3	67	3	-8	1	-20	-7	1	-4	-3	5	-3	-12	-2	9	2
16	1	47	1	50	1	0	1	-15	1	5	6	-5	10	-1	-12	-10	-1	-6
16	2	47	1	50	1	-1	3	-15	3	6	6	-3	4	-1	-11	-11	0	-4

As respostas incluíam 13 dimensões de controle e uma taxa de distorção de 1 a 5, onde, quanto maior, melhor. Os dados dimensionais de controle são expressos como desvios do valor nominal em frações de um milhar de uma polegada.

Analisar: A matriz das curvas de distribuição foi o resultado de otimizar conjuntamente todas as variáveis de resposta. O software estatístico executou essa otimização em poucos segundos. Queira aceitar nossas desculpas pelo fato de que a complexidade desse diagrama estatístico excede as fronteiras desse livro introdutório. Segue a história abreviada.

Aprimorar: As implicações eram assombrosas. Dobrando a velocidade da linha e reduzindo as despesas com material num nível de até 50%, a linha de produção processava produtos de perfeita qualidade após apenas uma revisão e uma preparação extra de pequena monta.

As descobertas-chave adicionais foram as seguintes:

- fomos capazes de processar um experimento de preparação de uma matriz de quatro fatores somente em um dia;
- geramos uma grande quantidade de informações de como cada fator afeta cada variável de resposta. Alguns resultados confirmaram as convicções anteriores; outros as contradisseram;
- Mostramos que utilizar peso e velocidade de linha como fatores de ajuste nos testes de moldagem provocou pesos desnecessariamente leves e baixas velocidades de linha. Isto vincula custos desnecessários durante a vigência do contrato, e pode também contribuir para problemas de qualidade, o que por sua vez gera um número maior de revisões.

Uma estimativa conservadora da redução anual de custos ao estender-se este método a todos os novos moldes era de US$ 1,2 milhões, metade do orçamento atual anual para a preparação dos moldes.

Controlar: O processo de mudar a forma como a preparação de moldes é feita está em andamento. Experiências similares foram conduzidas em outras novas matrizes com resultados similares. Em um caso um molde foi salvo por um triz de retornar para uma revisão incorreta que teria reproduzido novas revisões para reparar o estrago. Muito foi realizado. Mais é esperado.

Notas Finais

[1] Cartmill, Matt. "Oppressed by Evolution". *Discovery Magazine*, March, 1998, pages 78-83; conforme reportado por Richard Dawkins na página 20 de seu livro *Unweaving the Rainbow*.

[2] http://gi.grolier.com/presidents/aae/side/knownot.html

[3] Cheryl Payseno, um ex-administrador hospitalar da Marinha Britânica e *Black Belt* habilitado em Seis Sigma escreveu este estudo de caso para nós. Cheryl liderou o cargo de uso de Experimentos

Planejados na Área de Saúde em 1995 juntamente com Daniel Sloan. Resultados daquelas primeiras inovações foram publicadas pela Quality Press da American Society for Quality.

[4]Pfister, Albert J., Zaki, M. Salah, et al. "Coronary Artery Bypass without Cardiopulmonary Bypass." *Ann of Thorac Surg*, 1992; 54:1085-92.

[5]Pfister, Albert J., Zaki, M. Salah, et al. "Coronary Artery Bypass without Cardiopulmonary Bypass." *Ann of Thorac Surg*, 1992; 54:1085-92.

[6]Senge, Peter M. *The Fifth Discipline, The Art and Practice of the Learning Organization*. New York. Doubleday Currency, 1990.

CAPÍTULO 5

Utilizando Sinais de Ganho

Os sinais de ganho mostram a você o dinheiro. Os vetores do sinal de ganho literal e figurativamente lhe revelam o que tem melhor desempenho em qualquer processo comercial, financeiro, de atendimento à saúde, industrial ou no setor de serviços. Este capítulo explica como a análise vetorial aplicada a uma matriz de dados exibe as informações contidas nos dados primários. Uma vez que as ferramentas tenham concluído seu trabalho, a apresentação da evidência pavimenta o caminho dos desenvolvimentos em qualidade, produtividade e rentabilidade.

Sinais de ganho são como televisões, rádios, carros, telefones e a Internet. Eles atraem a atenção. As pessoas querem brincar com eles, querem utilizá-los. Esta ocorrência natural perturba os gerentes da escola antiga. Alguns reagem como o mítico John Henry: "Antes que essa perfuratriz a vapor possa me atingir, eu morrerei com um martelo em minha mão."

A análise vetorial aplicada a uma matriz de dados é a 'locomotiva que passa rebaixando-os de posição'.

A planilha de trabalho é o primeiro e único programa de computação que várias pessoas nos negócios aprendem a usar. Quando você só conta com uma marreta, tudo se parece com um prego enorme. Efetuar revisões dificultosas em planilhas de trabalho mantém os funcionários atarefados. Estas pessoas estão ocupadas refazendo documentos *proforma*, planos de negócios, e tentam explicar por que os resultados financeiros mensais reais não caem exatamente na linha reta projetada de uma análise da "variância" unidimensional. Embora elas estejam atarefadas, talvez não necessariamente sejam produtivas.

Felizmente, a base da evidência atrai as pessoas. Ao construir um tetraedro da base de evidência, utilizando varetas de bambu como vetores e esferas de Sculpey Clay como conectores dos pontos no hiperespaço, as pessoas podem quantificar a importância da evidência em suas próprias mãos.

A visão e a sensação de se ter um tetraedro da Análise de Variância em uma mão e um "bastão" individual em outra convertem os prováveis Reacionários a Mudanças do Século XXI em defensores das decisões baseadas em evidências. Modelos físicos ganham os corações das pessoas. A seguir descreveremos algumas das muitas razões pelas quais antigos céticos adotam o uso de sinais de ganho para ganharem mais dinheiro.

1) Com os sinais de ganho, você tem apenas de lembrar uma fórmula.

2) Com os sinais de ganho, você não tem de resolver equações.

3) Com os sinais de ganho, é possível ter um rendimento no trabalho dez vezes maior de uma fração de tempo gasta atualmente executando-se cálculos aritméticos com uma planilha.

4) As ilustrações de sinal de ganho são esteticamente agradáveis.

5) Os sinais de ganho lhe ajudam a obter mais lucro com menos trabalho.

Dinheiro, o quinto item, é O grande motivo pelo qual os projetos Seis Sigma são tão populares em todo o mundo.

Um Melhor Modo de Analisar Números

Relembre de seu PhD de Cinco Minutos. Em uma matriz de dados, cada número é uma parte integral de uma entidade denominada de vetor. *Cada coluna de números é seu próprio vetor.* Cada coluna é um campo ou variável com uma definição operacional precisa. Raciocínio indutivo e dedutivo rigoroso, que remonta a Aristóteles, é inserido em software estatístico desenvolvido especificamente para a estrutura da matriz de dados. Em outras palavras, uma matriz de dados canaliza a inteligência e a lógica dos maiores pensadores que nossa espécie humana já produziu um dia. Cada número é estruturado no contexto geométrico de um vetor do sinal de ganho.

Os vetores lhe mostram o dinheiro.

As medições apresentadas nas linhas e colunas de uma planilha de trabalho não transmitem nenhum senso de unidade. Não há senso de propósito. Cada número é um órfão preso em sua própria célula. A lógica desempenha papel secundário na manipulação. As relações de critério entre números são ignoradas. Um fantasma chamado Zero habita células vazias. A Aritmética é o motor de dois cursos que move a Prisão do Ábaco. Não há vetores, nem setas, apontando para o dinheiro.

Os vetores têm propriedades físicas. Estas propriedades podem ser medidas e exibidas em três dimensões. Nós recomendamos expressamente que você se apresse em construir de verdade um modelo de varetas de bambu e Sculpey Clay sempre que as dimensões de uma análise vetorial lhe forem reveladas em um de nossos exemplos. O custo de um kit completo sai por aproximadamente um dólar.

Corrugated Copters

C. B. Rogers criou a analogia do helicóptero quando trabalhava na Digital Equipament, em Marlboro, Massachusetts. O professor George E. P. Box nos apresentou a disciplina na Universidade de Wisconsin, Madison, em maio de 1995. Dr. Box, um Membro da Real Sociedade e da Academia Americana de Artes e Ciências, foi professor de estatística de Fisher.

Ele era também um professor que prendia a atenção dos alunos, ensinando-nos como uma análise da variância podia ser tão simples, "Vocês podem responder só de olhar para os números em um cubo". Ele e seus colegas utilizavam o helicóptero da **Figura 1** para fins de ilustração.

Queira, por favor, dedicar um pouco de seu tempo para construir um helicóptero agora de modo a poder acompanhar a nossa explicação dos dados. Primeiro, corte uma tira de papel de 8,5 por 11 polegadas pela metade no seu comprimento. Se você tiver tesoura e papel de qualidade, utilize-os. Esses recursos tornarão o processo de construção mais satisfatório. Os resultados serão mais recompensadores. Se você estiver apressado, rasgar papel também lhe trará bons resultados.

Em seguida, corte ou rasgue a seção superior para formar as "pás" (da hélice). Finalmente, siga as dobras na parte inferior para moldar a fuselagem, ou corpo. Se você quiser, pode aplicar fita adesiva no corpo para lhe conferir um pouco de rigidez. Segure o produto final com as pás perpendiculares e eqüidistantes do corpo na altura dos ombros. Deixe-o cair. Como sementes de um bordo, as pás captarão ar enquanto a aeronave gira na

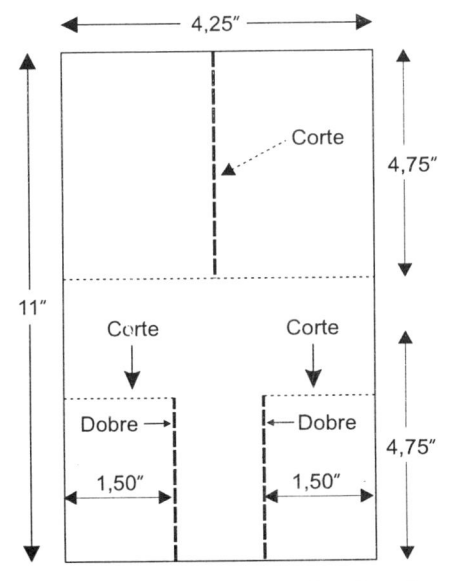

Figura 1. Este produto de baixo custo é uma analogia que funciona bem para o ensino dos princípios de matriz de dados e análise vetorial a pessoas em todos os segmentos.

direção do solo. Isto é divertido de fazer e de observar. Agora, registre o tempo de vôo utilizando o cronômetro digital de plástico preto, azul, roxo, ou cor de rosa que você tem no pulso.

Para esta experiência, cada helicóptero tem um custo de fabricação de US$ 9 milhões. Para cada segundo adicional de tempo de vôo, os clientes estão dispostos a pagar um valor extra de US$ 1 milhão. Tempos maiores de vôo são muito mais valiosos do que tempos menores de vôo.

A Corrugated Copters aprendeu uma grande lição quando sua empresa foi fundada em 1996. Eliminando todos os custos associados com decolagens, você pode realmente ganhar dinheiro.[1] O mote original da corporação era, "Derrube os custos!". Sua visão aperfeiçoada atual é mais prolixa: "O melhor modo é o modo mais rentável." Esta fala popular tornou-se um bordão ritualístico que abre todas as reuniões da gerência.

Despenda alguns minutos para esquematizar um diagrama de fluxo SIPOC (*Supply, Input, Process, Output e Customer*) de Seis Sigma. Você aprenderá que a Corrugated Copters é uma estrutura gigantesca que demanda suporte logístico global. O papel tem sua origem numa semente plantada em uma fazenda arborícola na região do Pacífico, no Noroeste dos Estados Unidos, em 1948. A qualidade e o custo daquela árvore afetam a qualidade e o custo de nossos materiais de construção.

Uma empresa executa a derrubada das árvores, o *Supply* (Fornecedor). Uma outra empresa transporta-as como *Input* (Matéria-Prima) para a usina de polpa de papel. O *Process* (Processo) dessa usina cria o papel. O *Output* (Produto Final) embalado é vendido para seu *Customer* (Cliente) no regime atacadista. Você e seus produtos são partes de um sistema.

O dispositivo de medições da empresa é um relógio de pulso de cinco modos disposto com alarmes. Ele decompõe horas em centésimos de segundo. Ele costumava ser à base de silicone, um pouco de óleo, e minério. Como tempo é dinheiro, e dinheiro é tempo, a calibração desse instrumento é particularmente importante. A precisão tem peso.

Um de seus funcionários criou um diagrama de fluxo de tendências para revelar o fluxo total de valor para seu relógio. As rotas mais eficientes para entrega destes instrumentos a seus engenheiros são anotadas com dólares, tempos e giros de estoque. A loja que vende estes relógios mantém um suprimento deles à disposição caso você necessite de um com urgência. A técnica do Just-in-Time eliminou praticamente todos os custos referentes a estoque da Corrugated Copters.

O lápis ou a caneta com que você costumava registrar suas medições também tem um diagrama SIPOC informativo arquivado para referência no evento em que é necessário outro desenvolvimento Seis Sigma.

Finalmente, e certamente não menos importante, os cérebros por trás do sucesso da Corrugated Copters têm sido, em diferentes níveis, treinados. Nem todo mundo é talhado para ser um piloto de helicóptero, e nem todo mundo espera ser um apontador de tempos. Isso dá a idéia, sem mencionar, que coletar dados é um grande trabalho. A análise de dados é, no entanto, uma outra tarefa especializada que tem sua própria classificação de trabalho.

Complexidade envolve a Corrugated Copters. O mercado está repleto de incertezas e riscos.

Testando o Modo de Procedimento Atual

Avona Sextant, uma executiva sênior da Corrugated Copters, tem um PhD de Cinco Minutos. Ela é freqüentemente convocada para atuar como facilitadora de reuniões. Quando ela não se encontra no recinto, as equipes da Copters parecem discutir entre elas. Quando ela interfere nas conversas, as equipes simplesmente convergem de maneira natural para respostas que conduzem a um consenso e um "caminho a ser seguido".

Mais do que qualquer outra pessoa na empresa, Avona está comprometida com decisões baseadas em evidências. Alguns suspeitam de que sua peculiar predisposição seja um fator genético. Em qualquer caso, Avona ouvirá somente as histórias que tenham evidência inserida em seus significados. As apostas são colocadas rotineiramente, ganha-se e perde-se dinheiro, mesmo sobre quando e quantas vezes ela dirá a palavra "evidência" em uma reunião.

Alguns acham que Avona é tola. Outros pensam que ela é esperta como uma raposa. Embora haja resistência a seus métodos, ninguém vai contra seu ponto de vista básico, "O melhor modo é o modo mais rentável". Sobre isso todos concordam plenamente. O problema é: como determinar qual é o melhor modo? Neste ponto, há uma quantidade considerável de debates.

Alguns funcionários já tiveram conhecimento suficiente de sua argumentação sobre a Nova Equação da Administração. Eles suspeitam que a pequena fórmula de Avona para calcular variação do Acaso só funcione com números simples como 3, 4 e 5. Eles, ainda, sabem que esta matéria do Seis Sigma é uma moda passageira. Eles irão esperar o resultado e torcer pelo melhor.

Durante um avanço recente na produtividade, a equipe de gerentes de nível médio, formada por Tom, Dick e Mary, conseguiu obter um tempo de vôo de dois dígitos! Justamente ontem eles registraram uma quebra de recorde com dez segundos de vôo. Eles estão orgulhosos de si próprios, e se vangloriando, quando Avona entra na sala.

"Dez segundos. Que magnífico e estupendo tempo de vôo!" Avona aplaude. "Isso vale US$ 10 milhões em receita bruta, e renderá um lucro de US$ 1 milhão." Ela acrescenta: "Não posso esperar a hora de ver o restante de suas evidências."

"Evidências?", responde a equipe.

"Isso é tão estimulante. Vocês devem ter feito essa máquina voar mais do que uma vez. Eu só queria ver suas outras medições. Se conseguirmos uma média superior a nove segundos quando lançarmos a linha do produto eu ficarei eufórica. Caso contrário, não conseguiremos obter dinheiro no longo prazo."

A equipe lhe mostrou todos seus dados: nove segundos, 8,9 segundos e dez segundos.

"Oh, eu vejo que vocês estão usando uma planilha", disse Avona. "Eu costumava utilizar uma dessas. Além do mais eu tinha, como meu sistema de *backup*, um ábaco."

A tia de Avona, em Hong Kong, havia-lhe ensinado como utilizar um ábaco quando ela era pequena. O ábaco foi o primeiro sistema de computação existente no mundo.[2] Pelo fato de seu ábaco ser muito mais uma máquina chinesa do que uma japonesa, ela aprendeu há muito tempo a converter números binários em números regulares convencionais e, a revertê-los novamente, com uma leve batida de seu dedo indicador direito. A primeira vez em que Avona viu uma análise vetorial aplicada a uma matriz de dados, ela sabia que tinha chegado a hora de aposentar seu ábaco e sua planilha.

Avona ainda estava esperando que seu pedido de compra de software estatístico fosse aprovado. Nesse ínterim, ela tinha programado uma planilha com fórmulas de análise vetorial embutidas nas células. Com esses gabaritos, as pessoas não precisavam digitar nenhuma fórmula. Ela inseriu os três pontos de dados. A planilha de trabalho do Excel imediatamente gerou a análise vetorial exibida na **Tabela 1**.

"Nosso objetivo de nove segundos é muito mais um número estabelecido do que uma medição. Assim, a primeira etapa consiste em subtraí-lo dos dados primários", ela explicou. "Essa operação nos fornece o vetor das Diferenças." Ela representou o esquema na **Figura 2** para ilustrar a análise vetorial dos dados da diferença na **Tabela 1**.

Mary observou: "Isso é o que a contabilidade chama de uma variância?"

"Boa observação, Mary. Sim é isso."

"Eu não acho que aquele departamento alguma vez pensou em uma coluna de números como um vetor", disse Dick.

"Eles o farão agora." "Os novos *Black Belts* do Seis Sigma na área de Contabilidade estão mudando a história!" disse Avona. "Eu não tenho idéia de como eles resolverão as antigas perdas provocadas pelo *bug* do milênio e os problemas de retrabalho relacionados ao sistema contábil de partidas dobradas do século XIV. Nosso CPA *Black Belt* Peruzzi

Tabela 1
Análise vetorial para testar o atual projeto do helicóptero em relação ao desempenho pretendido, de nove segundos. Os dados primários são tempos de vôo em segundos. O sinal de ganho coincide com a diferença média da meta de nove segundos. Ele tem um grau de liberdade porque é determinado por um único número — sua média — 0,3. O *Noise* é calculado subtraindo-se o valor do Sinal de Ganho do respectivo valor no vetor da diferença. Esta aritmética é uma Lei do Universo. Veja a Figura 2.

	Vetor dos Dados Primários		Vetor Meta		Vetor das Diferenças		Vetor da (Média das Diferenças), do Sinal de Ganho		Vetor do *Noise*
	9 8,9 10	−	9 9 9	=	0 −0,1 1	=	0,3 0,3 0,3	+	−0,3 −0,4 0,7
Graus de Liberdade					3	=	1	+	2
Comprimentos ao Quadrado	*(Nova Equação da Administração)*				1,01	=	0,27	+	0,74
Variância	*(Comprimentos ao Quadrado ÷ Graus de Liberdade)*				0,34		0,27		0,37
Razão F	*(Variância do Sinal de Ganho ÷ Variância do Noise)*								0,73
Valor *P*	*(Probabilidade de obter uma razão F dessa grandeza só por acaso)*								0,483
Desvio-padrão	*(Raiz quadrada da Variância do Noise)*								0,61

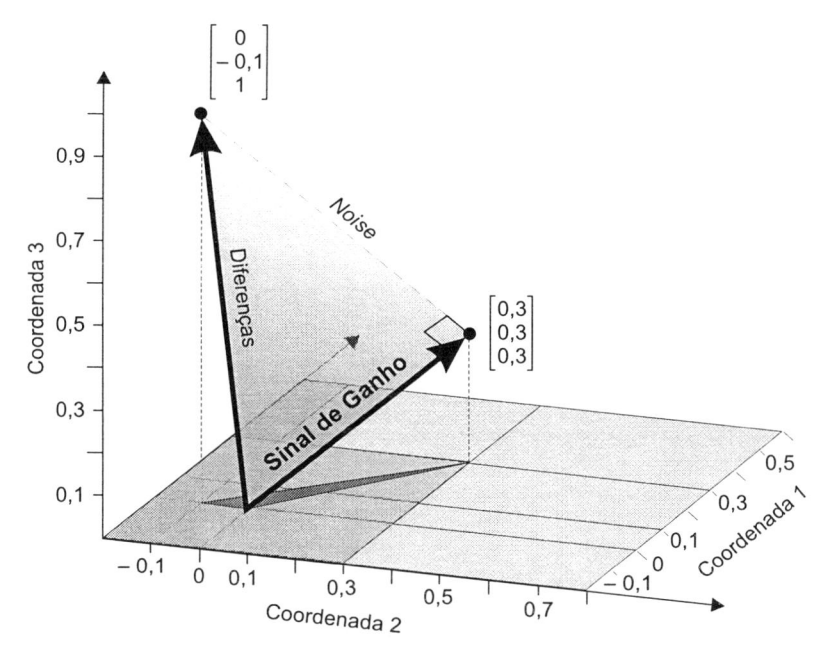

Figura 2. Esta é a representação dos vetores-chave da Tabela 1.

disse-me que a dica para ela era a palavra 'dobrada'. Conseguiu entender? 'Partida dobrada? Entrada de retrabalho'. Bem, Peruzzi está convencido de que todo o 'sistema de contabilidade' de partida dobrada nada mais é do que um enorme *loop* de fábrica oculta. Com uma matriz de dados adequadamente delineada, a segunda partida trata-se de um retrabalho desnecessário."

"Nossos CPAs *Black Belts* estão dispondo entradas em uma matriz de dados. Alguns já dobraram suas produtividades pessoais. É uma maravilha o que o ensino e o treinamento do Seis Sigma podem fazer, mesmo para um Mercador de Veneza."

"Notem como o comprimento ao quadrado do vetor da diferença, 1,01, é igual à soma dos comprimentos ao quadrado, 0,27 e 0,74!" ela salientou (**Tabela 1**). "Essa é a maneira como a Nova Equação da Administração opera. Tudo se soma sempre. É maravilhoso!"

"Oh, Avona, espere um pouco", censurou Mary. "Ter esses números somados não é uma grande façanha."

"Oh, é sim. É sim!", disse Avona. "Você observou que ao multiplicar um número negativo por um negativo o sinal torna-se positivo? E olhe o quanto é intrigante aquele – 0,4 na coluna do Vetor do *Noise*. Eu sempre tive dificuldade de lembrar que um número negativo como – 0,1 menos um número positivo como 0,3 resulta em um número negativo de maior grandeza!"

"A última vez que eu vi esta matéria foi quando tive de aprender a usar uma régua de cálculo na aula de álgebra da Sra. Beamer", reclamou Tom.

Embora a equipe estivesse cansada do entusiasmo ilimitado de Avona, com um toque na tecla da raiz quadrada de suas calculadoras eles podiam verificar que o desvio-padrão amostral — a raiz quadrada da Variância 0,37 — era de aproximadamente 0,6 segundos. O tempo de vôo médio obtido por eles era cerca de 9,3. Mesmo com estes números perfeitamente descritos, o que ocorreria numa produção no longo prazo, em tempos futuros iria sofrer variações. As Leis do Universo se fazendo presentes novamente.

A melhor performance que o time poderia esperar seria que os tempos de vôo futuros provavelmente não ficariam abaixo do "limite de três sigma" inferior, aproximadamente igual a de 7,5 segundos [7,5 = 9,3 − (3 x 0,6)].

Para piorar ainda um pouco mais a situação, Avona começou a falar sobre evidência. A hipótese nula neste caso era de que nosso tempo de vôo médio futuro seria de nove segundos. Nós queremos refutar esta hipótese. Queremos um tempo de vôo médio superior. Queremos ganhar dinheiro.

"Os dados mostrarão que isto é verdadeiro se e somente se o valor p for suficientemente pequeno. Pelos padrões internacionais, um valor p menor que 0,05 fornece 'evidência clara e convincente' contra a hipótese nula (**Tabela 2**). Um valor p menor que 0,15 fornece uma 'preponderância da evidência' contra a hipótese nula. Nosso valor p é de 0,428, nem mesmo próximo ao menor padrão. Isto significa que não há absolutamente qualquer evidência de que o tempo de vôo médio seja significativamente diferente de nove segundos. Estas diferenças são provavelmente devido ao Acaso. Ela é uma Lei do Universo."

Para ilustrar as implicações de sua conclusão, Avona representou o diagrama da **Figura 3**.

"Não há nenhum sinal aqui, apenas um bocado de *noise* em nosso sistema. Dependendo de circunstâncias como variações no clima, vento, piloto, papel, dispositivo para medir o tempo, e construção, o tempo poderia variar de 10,8 e decrescer até a valores de 7,2 segundos."

"Ainda, se a média é de exatamente nove segundos, nossa receita bruta média será exatamente igual ao nosso custo, de US$ 9 milhões. Estaríamos tendo lucro de um lado, e

Tabela 2
Tabela dos padrões de evidência

Tipo de Evidência	Valor P	Nível de Confiança em Relação à Hipótese Nula	Padrão de Evidência
Análise vetorial aplicada a uma matriz de dados, vetores do sinal de ganho e do *noise* identificados	0,01	99%	Não há nenhuma dúvida
	0,05	95%	Clara e convincente
	0,15	85%	Preponderância da evidência
Narrativa de histórias e revisão de planilhas	Nenhum	Nenhum	Nenhum

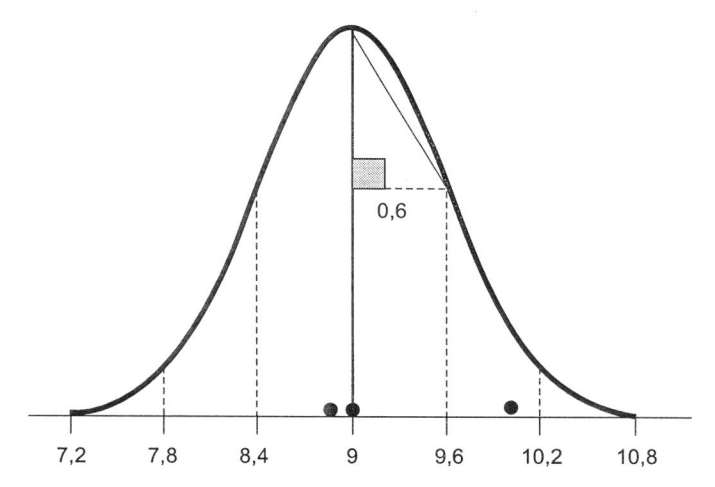

Figura 3. A distribuição Normal dos tempos de vôo se a média for nove segundos e o desvio-padrão, 0,6 segundos.

tendo prejuízo de outro. Isso não é bom. Isto significa que nosso ganho no longo prazo seria 0 (zero). O melhor modo é o modo mais rentável."

A sala ficou em silêncio.

Todos tinham dado uma predileção à analogia entre o sinal de ganho e o *noise* de Avona meses atrás. Todos concordaram com a interpretação que ela fez de seus dados. Como de costume, o time terminou suas discussões com um acordo.

Dez era um número estimulante e encorajador. Mas, eles tinham de saber mais antes de poderem lançar o novo produto. Havia duas possibilidades:

1) o problema podia ser simplesmente o pequeno tamanho de amostra, de 3. Eles poderiam conduzir mais testes do projeto atual para fortalecer o sinal e reduzir o *noise*. Isto iria possibilitar com que eles determinassem o tempo de vôo médio com melhor precisão;

2) talvez eles precisassem retornar à prancheta de desenho e encontrar um meio de, em seguida, aumentar o tempo de vôo.

Há 2.500 anos o triângulo retângulo tem-nos mostrado a rota da rentabilidade. Os antigos navegadores gregos utilizaram o sextante para navegar pelos mercados lucrativos do mar Mediterrâneo.

Em seu pequeno livro, *Posterior Analytics*, Aristóteles equacionou o triângulo retângulo com fidelidade.[3] Aplicar análise vetorial a uma matriz de dados numa base regular é um bom meio para os que buscam a verdade nos dias de hoje aprenderem sobre os princípios de Aristóteles. Os especialistas em Seis Sigma sabem que a Nova Equação da Administração, descoberta por um antigo grego de nome Pitágoras há 2.500 anos, vale bilhões de dólares na atualidade.

Em análise, como em telecomunicações, os clientes querem um forte sinal. Exatamente como Avona, os engenheiros de telecomunicações, de Marconi em 1901 a Nokia em 2003, apreciaram o valor da existência de uma alta razão entre sinal de ganho e *noise*. As matrizes de dados e as análises vetoriais empregadas pelos engenheiros, diferem somente superficialmente das matrizes e dos vetores que você utilizou para obter seu PhD de Cinco Minutos.

Superando Obstáculos

"A fobia científica é contagiosa", escreveu Carl Sagan, um astrônomo e celebridade da televisão, um pouco antes de sua morte em 1996.[4] "Algumas pessoas consideram a ciência arrogante — especialmente quando ela pretende contradizer crenças de longa data ou quando introduz conceitos bizarros que parecem contraditórios ao bom senso. Como um terremoto que faz balançar nossa fé no próprio solo em que estamos, desafiar nossas convicções tradicionais, sacudindo as doutrinas em que confiamos desde nossa infância, pode ser profundamente inquietante."[5]

Os princípios transparentes da análise na base da evidência sacodem as fundações das decisões nos negócios. Os executivos podem considerar a matriz de dados e a análise vetorial penosas. Até que eles se acostumem a utilizar essas ferramentas, ambos os conceitos tendem a atemorizar os analistas da contabilidade de custos. Uma vez que eles sejam dominados, estes executivos e analistas tornam-se bens vitais para as equipes de projetos de desenvolvimento.

A fobia à matemática é outro obstáculo até mesmo mais desencorajador na grande estrada das decisões baseadas em evidências. Em nossa prática de consultoria durante os últimos 20 anos, descobrimos que algumas das pessoas que mais temem a matemática são os Contadores, Controladores, Analistas Financeiros, Responsáveis pelo Setor Financeiro, Responsáveis pelo Setor Operacional, e CEOs. Vários chefes corporativos "não se saíram bem em álgebra na escola secundária". Veja, por exemplo, o caso de Daniel Sloan:

"Dislexia numérica, números opostos em vez de leitura, me atormentavam desde que eu memorizava minhas tabuadas de multiplicação nas aulas da quarta série da Senhorita Pfeiffer. Eu consigo raciocinar matematicamente tanto como ao tentar ler as letras na parte inferior de qualquer gráfico visual sem meus óculos. Eu devo usar óculos para ver de perto. Eu preciso utilizar o computador para a aplicação de matemática. Confrontar a fobia por matemática constituiu na etapa mais angustiante, geradora de ansiedade, constrangimento e humilhação diretos, que tive de suportar em toda minha carreira."

"Superar minha fobia por matemática foi um desafio mais extenuante do que todos meus cinco anos como Vice-Presidente de Marketing, publicar cinco livros didáticos de estatística revisados por companheiros de profissão, meu período como Vice-Presidente Sênior em uma corporação com valor de transação pública de US$ 500 milhões, e fundar e

gerenciar meu próprio negócio durante 14 anos. Tem sido tão recompensador quanto difícil. Uma das melhores coisas que o sucesso me deu é a oportunidade de ajudar outros líderes de negócios semelhantes a mim para transporem esta assustadora etapa inicial."

Maior do que as fobias à ciência e matemática combinadas, é o medo de se perder o emprego. A experiência revela que dinheiro motiva as pessoas. Ele pode e realmente persuade tanto executivos como trabalhadores de linha a enfrentar e superar ambas essas fobias. O Seis Sigma é uma força empresarial cultural que compele as pessoas a passarem por uma tarefa difícil.

A privacidade é excepcionalmente importante para o aprendizado de adultos. Programas de aprendizado pessoais e computadorizados promovem privacidade. Eles estão disponíveis para adultos que sofrem de fobias à matemática e à ciência. Cursos de matemática multimídias acompanhados de CD-ROM, como os desenvolvidos pela Math Blaster, Alge-Blaster, e Pro-One, e diversos outros programas, constituem excelentes meios de aprender novamente os princípios da adição, subtração, multiplicação e a ordem das operações. Eles são divertidos. Tutores particulares e consultores educacionais são outras opções que funcionam bem.

A melhor notícia tanto para executivos como para trabalhadores de linha é que software barato, confiável e com uma interface muito amigável, torna a análise vetorial tão fácil como aprender a enviar um e-mail.

Comparando Dois Modos de Fazer o Trabalho

"Ei Avona", gritou Tom. "Cremos que temos alguma evidência que você gostará. Apenas olhe para essa pilha de números."

Os olhos de Avena se arregalaram. "Caminho a perseguir. Parece que pode haver uma diferença genuína entre os dois diferentes projetos de helicópteros." "Ainda não dispondo de seu programa de estatística, ela digitou os dados em um de seus modelos de planilha e exibiu a eles a análise vetorial contida na **Tabela 3**."

"Nem posso acreditar que levou uma hora para programar este modelo de planilha de modo que ele possa atuar como uma matriz de dados", Avona reclamou. "Que grande desperdício de tempo. Certamente eu espero que o pedido de compra de meu software estatístico seja aprovado em breve."Avona adorava evidências, mas sua paciência não era seu ponto forte há tempos.

"Então, a **Tabela 3** é o ponto em que se origina sua 'base da evidência'?", perguntou Mary.

"Correto. Dê uma verificada em meus modelos (**Figura 4**). As bordas rotuladas correspondem aos vetores na **Tabela 2**. Podemos construir um modelo de nossos dados e de nossa nova Análise da Variância utilizando algumas varetas de bambu e Sculpey Clay. Por coincidência, eu tenho um pouco desses materiais na gaveta de minha mesa."

Tabela 3

Análise vetorial para comparar dois projetos de helicópteros. Os dados primários são tempos de vôo menos o tempo objetivado de nove segundos. O sinal de ganho consiste da variação média para cada projeto. A variação média dos helicópteros brancos é – 0,2 segundos do tempo de vôo. A variação média dos helicópteros cor de rosa é 0,2 segundos do tempo de vôo. O vetor do Sinal de Ganho tem um grau de liberdade porque é determinado por um único número, 0,2. Quando os números nesta coluna são elevados ao quadrado, o sinal de menos desaparece. Os comprimentos ao quadrado de todos os vetores estão conectados por seus componentes na Nova Equação da Administração (*NEA*).

Projeto	Vetor dos Dados Primários		Vetor da Média dos Dados		Vetor da Variação		Vetor do Sinal de Ganho		Vetor do Erro
Branco	0,7		1,0		– 0,3		– 0,2		– 0,1
Branco	0,8		1,0		– 0,2		– 0,2		0,0
Branco	0,8		1,0		– 0,2		– 0,2		0,0
Branco	0,9	–	1,0	=	– 0,1	=	– 0,2	+	0,1
Cor de rosa	1,3		1,0		0,3		0,2		0,1
Cor de rosa	1,3		0,1		0,3		0,2		0,1
Cor de rosa	1,1		1,0		0,1		0,2		– 0,1
Cor de rosa	1,1		1,0		0,1		0,2		– 0,1
Graus de Liberdade	8	–	1	=	7	=	1	+	6
Comprimentos ao Quadrado (*NEA*)	8,38	–	8,00	=	0,38	=	0,32	+	0,06
Variância	(Comprimentos ao Quadrado/Graus de Liberdade)						0,320		0,010
Razão F	(Variância do Sinal de Ganho/Variância do Erro)								32,00
Valor P	(Probabilidade de obter uma razão F dessa grandeza só por acaso)								0,001

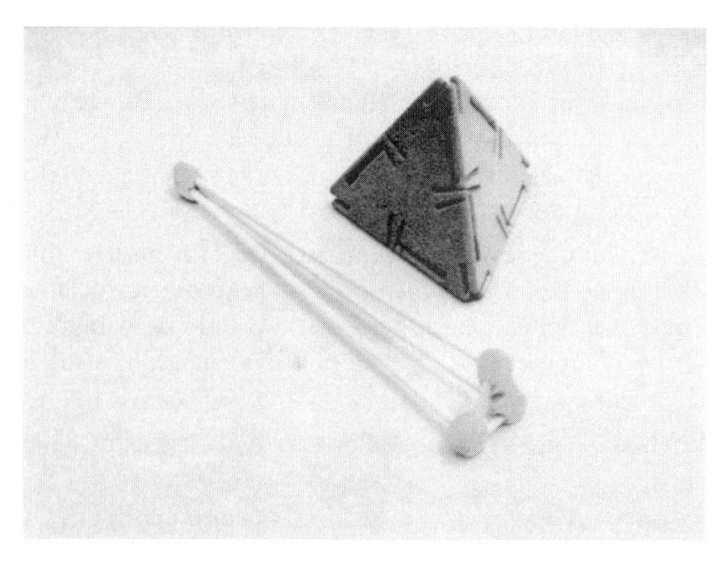

Figura 4. A base da evidência representa qualquer análise vetorial. Um modelo de tetraedro regular de Polidron está ao lado de uma base da evidência. Diferenças nos dados primários mudam as dimensões. Ela é uma Lei do Universo.

Avona utilizou todas as espécies de brinquedos de modelagem. Seu escritório estava repleto deles. Ela disse às pessoas que eles eram simbólicos. Ela continuava a falar essas coisas sem parar com qualquer um que prestasse atenção sobre um artista desconhecido de nome Alexander Calder.

"Vamos utilizar minha calculadora de mão de um dólar para ajudar-nos a cortar as varetas de bambu em seu comprimento. Utilizaremos polegadas como unidade. O comprimento do vetor de dados primários é a raiz quadrada de 8,38, que é igual a 2,89 polegadas. O comprimento do vetor da média dos dados é a raiz quadrada de 8,00, que é igual a 2,83 polegadas. O comprimento do vetor da variação é a raiz quadrada de 0,38, que é igual a 0,62 polegadas. O comprimento do vetor do sinal de ganho é a raiz quadrada de 0,32, que é igual a 0,57 polegadas. O comprimento do vetor do *noise* é a raiz quadrada de 0,06, que é igual a 0,24 polegadas. O *noise* é tão curto que ele será eliminado completamente com o uso de Sculpey Clay. Os vetores do sinal de ganho e do *noise* correspondem à "letra miúda" em uma análise vetorial.

"Eu, com certeza, desejaria muito que nós tivéssemos nosso software de matriz de dados. É ridículo sermos obrigados a utilizar uma calculadora de mão."

"Não citamos aquele último vetor na parte posterior do tetraedro. Ele é o vetor dos valores hipotéticos previstos. Eu não o incluí em meus modelos de planilha porque ele não é importante no tipo de experimentos que estamos fazendo, mas é extremamente importante em experimentos de Superfície de Resposta. Isso ocorrerá quando estivermos otimizando diversas variáveis contínuas."

"De qualquer forma, obtemos o vetor da previsão ao somarmos os vetores do sinal de ganho e da média dos dados" (**Tabela 4**). "Ele é sempre apenas um pouco mais curto do que o vetor dos dados primários. Neste caso, o comprimento do vetor da previsão é a raiz quadrada de 8,32, que é igual a 2,88 polegadas."

Tabela 4
O vetor dos valores hipotéticos previstos é a soma dos vetores do sinal de ganho e da média dos dados. Ele fornece os tempos de vôo médios previstos para os dois projetos. Ele tem dois graus de liberdade porque é determinado por dois números.

Projeto	Vetor da Média dos Dados		Vetor do Sinal de Ganho		Vetor do Tempo de Vôo Previsto
Branco	1,0		− 0,2		0,8
Branco	1,0		− 0,2		0,8
Branco	1,0		− 0,2		0,8
Branco	1,0	+	− 0,2	=	0,8
Cor de rosa	1,0		0,2		1,2
Cor de rosa	0,1		0,2		1,2
Cor de rosa	1,0		0,2		1,2
Cor de rosa	1,0		0,2		1,2
Graus de Liberdade	1	+	1	=	2
Comprimentos ao Quadrado (*NEA*)	8,00	+	0,32	=	8,32

"Certamente que ele é colorido", notou Dick, olhando para o modelo deles. "Poderíamos ter pontos de Sculpey Clay cor de rosa brilhantes no espaço em lugar dos pontos verdes?"

"Claro que podemos. Eu penso que o Sculpey Clay é um produto do Seis Sigma", Mary levantou a hipótese. "Veja. Eu acabei de concluir que se você colocar um desses acima em sua extremidade, ele se parecerá com uma torre de rádio emitindo sinais de ganho. Eu precisarei aquecer minha massa no forno elétrico da sala de refeições durante alguns minutos para que a argila fique firme e prenda as varetas dos vetores."

"Uau, olhem para aquele valor p na tabela!", disse Tom desviando rapidamente o olhar da torre de rádio de sinais de ganho de Mary. "Há realmente uma diferença entre os dois projetos."

"Absolutamente certo", disse Avona. "A hipótese nula é de que não há diferença entre os projetos. Um valor p menor que 0,01 fornece, sem sombra de dúvida, evidência contra a hipótese nula. Estamos despedaçando o homem de palha como fazemos em uma estação de esqui em Mount Baker."

"A planilha de trabalho na verdade tem uma fórmula denominada FDIST que calcula o valor p. Ela recebeu esse nome devido a Ronald Fisher. Veja, você apenas conecta o valor da razão F, um grau de liberdade do vetor do sinal de ganho e três graus de liberdade do vetor do *noise* e *voilà*. Não há absolutamente quase nenhum *noise* nesses dados. Eles podem ser representados praticamente pelo sinal de ganho!"

"Subtraindo o valor p, de 0,001, do número 1, obtemos o número 0,999. Isso indica que podemos ter 99,9% de confiança de que há uma diferença entre os projetos dos helicópteros brancos e cor de rosa. Muito embora a diferença média seja de apenas 0,4 segundos, a análise vetorial é suficientemente sensível para detectá-la. E, além disso, essa diferença representa mais US$ 400 mil em lucro por helicóptero. Trabalho fenomenal equipe!"

"Nesse caso, que projeto dá melhores resultados?"

Tom, Dick e Mary repetiram em conjunto que "O melhor é o mais rentável!". "Os helicópteros cor de rosa são os melhores."

"Certamente que essa é a conclusão", disse Avona. "Mas, antes de liberar o projeto de helicópteros cor de rosa para a produção, vamos fazer um experimento de confirmação. E enquanto nós estivermos realizando-o, vamos incluir o projeto dos helicópteros verdes na comparação. Não contamos com muitos dados sobre eles. Vejo-os mais tarde."

"Meu Deus, Mary" disse Tom após a partida de Avona. "Todos podemos ver que os helicópteros cor de rosa são os melhores. Por que Avona se comporta de modo tão retrógrado? E por que ela continua dizendo 'nós' quando na verdade quer dizer vocês?"

"Apenas agradeça aos Céus que ela não falou sobre evidência novamente!"

Comparando Três Modos de Fazer o Trabalho

"Uau, eu acho que descobrimos algo com estes helicópteros cor de rosa!", disse Dick. "Até os comparamos em relação aos helicópteros verdes. Eles ainda se saem melhor."

"E o que é melhor é mais rentável", disse Avona. "Vamos lançar seus números em meu modelo de planilha de trabalho. Eu quero mostrar esse resultado a Rotcev Sisylana, nosso novo CEO no Uberquistão. Ele irá adorar isso. Talvez ele me forneça duas cópias do meu software de matriz de dados. Ora Bolas!, elas custam menos que um milhão de dólares. Eu gastei mais do que esse valor naquela semana abreviando e alterando meus modelos de planilhas de trabalho."

A análise de Avona é apresentada na **Tabela 5**. A hipótese nula é a de que todos os três projetos terão o mesmo tempo médio de vôo. O valor p de 0,004 significa que há alguma evidência de que essa hipótese é falsa. Em outras palavras, ao menos um dos projetos é diferente do outro. Qual é o melhor? A partir do sinal de ganho, podemos ver que o projeto do helicóptero cor de rosa fica 0,325 mais tempo no ar do que o tempo médio de vôo de 0,9 segundos. Os tempos de vôo dos projetos dos helicópteros brancos e verdes são 0,125 e 0,200 mais curtos do que a média. Novamente, os helicópteros cor de rosa são os de melhor desempenho.

Após revisar os resultados na **Tabela 5**, Dick observou, "Esta tabela se assemelha muito às outras exceto que ela é mais alta".

"Obrigada Dick", Avona respondeu. "Posso ser a primeira a ver esses helicópteros? Eu gostaria de observá-los voando."

Tabela 5
Análise vetorial para comparar três projetos de helicópteros. Os dados primários são tempos de vôo menos o tempo objetivado de nove segundos. O sinal de ganho consiste da variação média para cada projeto. Ele tem dois graus de liberdade porque é determinado por dois números, neste caso – 0,125 e – 0,200. O terceiro número, 0,325, é o número negativo da soma desses dois.

Projeto	Vetor dos Dados Primários		Vetor da Média dos Dados		Vetor da Variação		Vetor do Sinal de Ganho		Vetor do *Noise*
Branco	0,7		0,9		– 0,2		– 0,125		– 0,075
Branco	0,8		0,9		– 0,1		– 0,125		0,025
Branco	0,7		0,9		– 0,2		– 0,125		– 0,075
Branco	0,9		0,9		0,0		– 0,125		0,125
Verde	0,7		0,9		– 0,2		– 0,200		0,000
Verde	0,8	–	0,9	=	– 0,1	=	– 0,200	+	0,100
Verde	0,6		0,9		– 0,3		– 0,200		– 0,100
Verde	0,7		0,9		– 0,2		– 0,200		0,000
Cor de rosa	1,3		0,9		0,4		0,325		0,000
Cor de rosa	1,2		0,9		0,3		0,325		0,000
Cor de rosa	1,3		0,9		0,4		0,325		0,000
Cor de rosa	1,1		0,9		0,2		0,325		0,000
Graus de Liberdade	8	–	1	=	7	=	2	+	5
Comprimentos ao Quadrado *(NEA)*	10,44	–	9,72	=	0,720	=	0,645	+	0,075
Variância	*(Comprimentos ao Quadrado ÷ Graus de Liberdade)*						0,323		0,015
Razão F	*(Variância do Sinal de Ganho ÷ Variância do Noise)*								21,50
Valor P	*(Probabilidade de obter uma razão F dessa grandeza só por acaso)*								0,004

Depois de acompanhar cuidadosamente alguns vôos, ela notou algo que os outros não tinham percebido. "Vocês notaram que os helicópteros cor de rosa têm pás mais compridas do que os brancos e verdes?"

"O quê?", dispararam Tom e Mary. "Nunca notamos isso antes! Talvez sejam realmente as pás mais compridas que determinam os tempos de vôo mais longos."

"Certamente", acrescentou Dick. "É óbvio que o tempo de vôo deveria depender do comprimento da pá, não da cor." Tom e Mary não disseram nada, mas eles se perguntaram por que Dick não tinha mencionado esse comentário contendo o "óbvio" anteriormente.

"Temos de iniciar novamente, Avona?" perguntaram Tom, Dick e Mary.

"Não totalmente. Porém, estamos perdendo tempo e dinheiro ao analisar somente um fator de cada vez. Gastamos US$ 216 milhões e ainda não sabemos nada sobre as outras propriedades do produto. Quando eu obtive meu PhD, aprendi que o caminho de maximizar a evidência em um experimento é estudar diversos fatores ao mesmo tempo. Vamos fazer um experimento do cubo!"

"Oh, não", Mary sussurrou para Tom. "É muito ruim quando ela fala sobre evidência. Agora são os cubos."

Comparando Oito Modos de Fazer o Trabalho

No entanto, Avona estava correta. O experimento do cubo que eles decidiram executar tinha três fatores: cor, lastro do clipe de papel e comprimento da pá. Conforme mostrado na **Tabela 6**, cada fator tinha dois níveis (fixados ou opcionais).

Tabela 6
A matriz de dados do experimento do cubo executado por Avona, Tom, Dick e Mary.

Experimentos Denominados Séries	Fatores do Processo — Variáveis			Resposta Medida
	x Cor	y Clipe de Papel	z Comprimento da Pá	
1	− 1 = Cor de rosa	− 1 = Não	− 1 = Curta	1,15
2	+ 1 = Verde	− 1 = Não	− 1 = Curta	1,17
3	− 1 = Cor de rosa	+ 1 = Sim	− 1 = Curta	0.89
4	+ 1 = Verde	+ 1 = Sim	− 1 = Curta	0,88
5	− 1 = Cor de rosa	− 1 = Não	+ 1 = Longa	1,53
6	+ 1 = Verde	− 1 = Não	+ 1 = Longa	1,51
7	− 1 = Cor de rosa	+ 1 = Sim	+ 1 = Longa	1,31
8	+ 1= Verde	+ 1 = Sim	+ 1 = Longa	1,33
Soma do + e − 1 Codificados	0	0	0	

Avona tinha perdido a paciência com os outros membros seniores da gerência. Ela tinha finalmente comprado sua própria cópia do software estatístico e instalado-a em seu laptop. Como ponto de comparação, ela primeiramente mostrou a todos a análise vetorial em seu modelo de planilha de trabalho (**Tabela 7**).

"Eu observo que esta tabela é exatamente igual às outras, exceto pelo fato de ela ter uma maior largura."

"Obrigada, Richard. De qualquer forma, parece que temos dois sinais de ganho estatisticamente significativos. Os valores p para o lastro do clipe de papel e comprimento da pá são, respectivamente, 0,047 e 0,028. Analisando o vetor do sinal de ganho para o clipe de papel (Y), podemos verificar que não acrescentar o peso para o helicóptero faz o tempo de vôo médio total subir 0,12 segundos. Ainda, podemos verificar que o acréscimo de peso subtrai 0,12 segundos do tempo de vôo médio total. Em geral, isto indica que não acrescentar o peso ao helicóptero aumenta o tempo de vôo médio de 0,24 segundos quando comparamos com acrescentar o peso. Isso representa US$ 240 mil de lucro extra por helicóptero vendido."

"Analisando o vetor do sinal de ganho para o comprimento da pá, podemos verificar que usar uma pá curta subtrai 0,20 segundos do tempo de vôo médio total. Ainda, podemos verificar que usar uma pá longa acresce 0,20 segundos ao tempo de vôo médio total. Em geral, isto indica que utilizar uma pá longa ao invés de uma curta aumenta o tempo de vôo médio para 0,40 segundos. Isso significa US$ 400 mil de lucro extra por helicóptero vendido.

Tabela 7
Análise vetorial para o experimento do cubo executado por Avona, Tom, Dick e Mary. Os dados primários são tempos de vôo menos o tempo objetivado de nove segundos.

X	Y	Z	Vetor dos Dados Primários	Vetor da Média dos Dados	Vetor da Variação	Vetor do Sinal de Ganho						
						X	Y	Z	XY	XZ	YZ	Noise
−1	−1	−1	0,7	1,0	−0,3	−0,2	−0,2	−0,2	−0,2	−0,2	−0,2	−0,1
+1	−1	−1	0,8	1,0	−0,2	−0,2	−0,2	−0,2	−0,2	−0,2	−0,2	0,0
−1	+1	−1	0,8	1,0	−0,2	−0,2	−0,2	−0,2	−0,2	−0,2	−0,2	0,0
+1	+1	−1	0,9	1,0	−0,1	−0,2	−0,2	−0,2	−0,2	−0,2	−0,2	0,1
−1	−1	+1	1,3	1,0	0,3	0,2	0,2	0,2	0,2	0,2	0,2	0,1
+1	−1	+1	1,3	0,1	0,3	0,2	0,2	0,2	0,2	0,2	0,2	0,1
−1	+1	+1	1,1	1,0	0,1	0,2	0,2	0,2	0,2	0,2	0,2	−0,1
+1	+1	+1	1,1	1,0	0,1	0,2	0,2	0,2	0,2	0,2	0,2	−0,1
Graus de Liberdade			8 =	1 +	7 =	1 +	1 +	1 +	1 +	1 +	1 +	1
Comprimentos ao Quadrado			12,36 =	11,93 +	0,43 =	0,000 +	0,113 +	0,316 +	0,000 +	0,000 +	0,003 +	0,00
Variância						0,000	0,113	0,316	0,000	0,000	0,003	0,001
Razão F						0,020	184,2	515,9	0,020	0,020	4,592	
Valor P						0,910	0,047	0,028	0,910	0,910	0,278	

"O efeito combinado dessas duas mudanças é um acréscimo de 0,64 segundos. Isto representa um total de US$ 640 mil de lucro extra por helicóptero vendido. Ganharemos milhões de dólares."

Tom perguntou: "Eu sei que X, Y e Z são nomes codificados para os três fatores. Mas, qual o significado dos termos XY, XZ e YZ?"

Avona respondeu: "Eles são nomes codificados para os efeitos interativos entre os fatores. Um efeito interativo existe quando o efeito de um fator depende do nível (escolha ou fixação) de um outro fator. Neste caso, não houve interações significativas. Normalmente há."

Mary perguntou: "Esta é a razão pela qual foi correto simplesmente acrescentar juntos os efeitos do clipe de papel e do comprimento da pá?"

"Exatamente!"

Em seguida, Avona abriu seu software estatístico e deu alguns cliques em seu mouse. Surgiu o gráfico de Pareto representado na **Figura 5**.

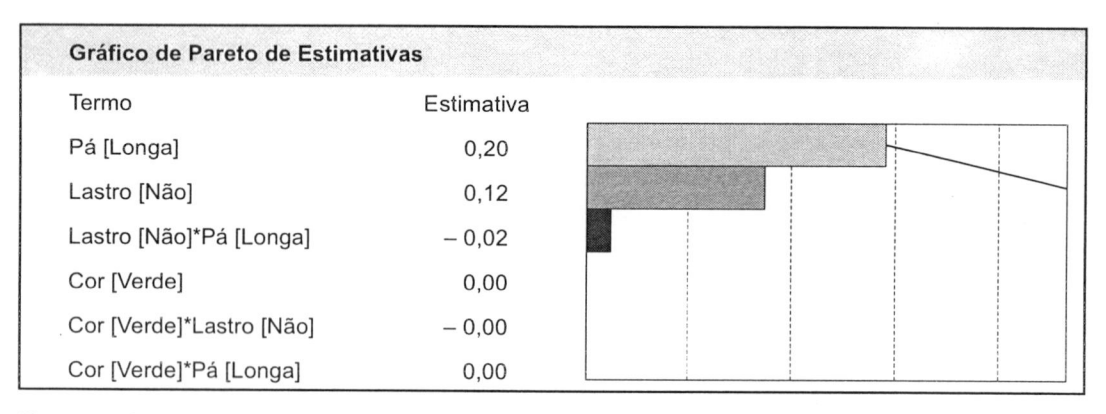

Gráfico de Pareto de Estimativas	
Termo	Estimativa
Pá [Longa]	0,20
Lastro [Não]	0,12
Lastro [Não]*Pá [Longa]	− 0,02
Cor [Verde]	0,00
Cor [Verde]*Lastro [Não]	− 0,00
Cor [Verde]*Pá [Longa]	0,00

Figura 5. Software estatístico moderno apresenta ilustrações como resultados das análises. Todos podem ver só pela observação quais fatores fazem a maior diferença.

Todos foram pegos de surpresa ao verem Avona utilizar um gráfico de barras. "Avona, pelo amor de Deus!" implorou Mary. "Você se tornou uma charlatã de gráficos de barras?"

"Na verdade, não. Simplesmente os fabricantes de software moderno são mais inteligentes do que eram no passado. Eles perceberam que os clientes queriam ter uma análise visual rápida de quais fatores têm os maiores efeitos."

"Prossigamos!" gritaram Tom, Dick e Mary.

Comparando 256 Modos de Fazer o Trabalho

"Rotcev exige que testemos oito variáveis diferentes", reclamou Mary. "Isso representa 2^8, ou 256 combinações. Essa tarefa nos custará US$ 9 milhões multiplicados por 256, ou US$ 2,3 bilhões!"

"Ótimo raciocínio", disse Avona. "Mas, com nosso software de matriz de dados podemos exibir todos os oito fatores com apenas 16 helicópteros. Isso significará uma redução de até 94% nas despesas com Pesquisa e Desenvolvimento."

A equipe construiu 16 helicópteros com configurações diferentes utilizando dois níveis distintos dos oito fatores solicitados por Rotcev: tipo de papel, largura da fuselagem, comprimento da fuselagem, comprimento da pá, clipe de papel, dobra aerodinâmica, fita adesiva na asa e fita adesiva na fuselagem. A **Figura 6** revela a matriz de dados para o experimento, bem como os tempos de vôos obtidos.

O software calculou a análise vetorial em menos tempo do que levou para dar um clique no mouse. A classificação dos oito fatores pela força do sinal determinada pelo gráfico de Pareto é mostrada na **Figura 7**.

		Exibição Categórica Contínua dos Oito Fatores do Helicóptero							
	Papel	Comp. da Fuselagem	Largura da Fuselagem	Comp. da Pá do Rotor	Clipe de Papel	Dobra	Fita na Asa	Fita na Fuselagem	Tempo de Vôo
1	Normal	1,25	4,75	3	Não	Não	Não	Não	1,58
2	Especial	2	3	3	Sim	Não	Não	Não	1,36
3	Normal	2	3	4,75	Não	Sim	Não	Não	1,71
4	Especial	1,25	4,75	4,75	Sim	Sim	Não	Não	1,46
5	Especial	1,25	3	4,75	Não	Não	Sim	Não	1,75
6	Normal	2	4,75	3	Sim	Não	Sim	Não	1,11
7	Especial	2	3	3	Não	Sim	Sim	Não	1,37
8	Normal	1,25	4,75	4,75	Sim	Sim	Sim	Não	1,62
9	Normal	2	4,75	4,75	Não	Não	Não	Sim	1,78
10	Especial	1,25	3	4,75	Sim	Não	Não	Sim	1,64
11	Normal	1,25	3	3	Não	Sim	Não	Sim	1,65
12	Especial	2	4,75	3	Sim	Sim	Não	Sim	1,32
13	Especial	2	4,75	4,75	Não	Não	Sim	Sim	1,72
14	Normal	1,25	3	3	Sim	Não	Sim	Sim	1,11
15	Especial	1,25	4,75	3	Não	Sim	Sim	Sim	1,23
16	Normal	2	3	4,75	Sim	Sim	Sim	Sim	1,73

Figura 6. Software estatístico determina automaticamente a geometria hiperespacial para testar oito variáveis diferentes, utilizando simultaneamente apenas 16 experimentos.

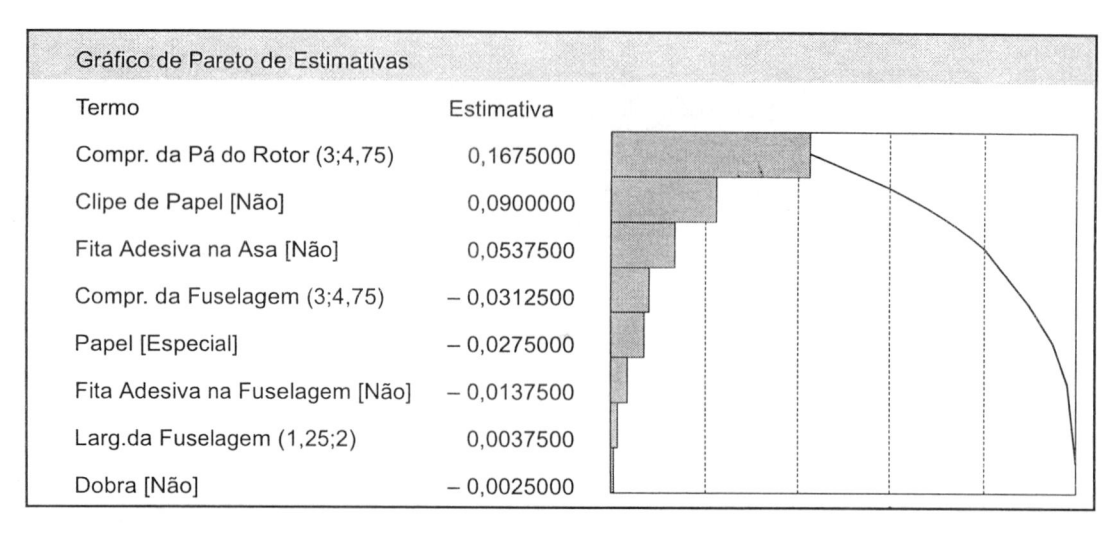

Gráfico de Pareto de Estimativas	
Termo	Estimativa
Compr. da Pá do Rotor (3;4,75)	0,1675000
Clipe de Papel [Não]	0,0900000
Fita Adesiva na Asa [Não]	0,0537500
Compr. da Fuselagem (3;4,75)	− 0,0312500
Papel [Especial]	− 0,0275000
Fita Adesiva na Fuselagem [Não]	− 0,0137500
Larg. da Fuselagem (1,25;2)	0,0037500
Dobra [Não]	− 0,0025000

Figura 7. Software estatístico automaticamente ordena cada fator segundo a dimensão do potencial de seu Sinal de Ganho.

"Se eu interpretei esses resultados corretamente", observou Dick, "aparentemente superdimensionamos nosso produto. Pouquíssimos outros fatores, inclusive o papel mais caro, fazem alguma diferença".

"Brilhante pensamento, Dick!" parabenizou Mary. "Eu creio que você acabou de descobrir alguns bons meios para auferirmos mais lucros."

"Rotcev precisa ter contato com esse time e saber desses resultados em breve", completou Avona.

Tarefa de Casa do Capítulo

Pense nesses dois elementos — sinais de ganho e *noise* — usando seu telefone celular como uma analogia. Sinais fortes são fáceis de entender. *Noise* ou sinais estáticos são impossíveis de decifrar. Os sinais fortes em nossa matriz de dados do exercício são provenientes de dois fatores que influenciaram o resultado.

Noise tem seu próprio vetor. *Noise*, Acaso ou Variação Ocasional, é um fenômeno da natureza. A variação envolve todas as medições e sistemas de medidas. A variação está em todo lugar, sempre.

Por exemplo, se pese em uma balança de banheiro e registre essa medida. Espere alguns minutos e se pese novamente. Repita isso de hora em hora e mantenha um registro corrente durante o dia inteiro. Você descobrirá que seu peso pode variar até a faixa de 2,72 a 4,54 kg por dia. Por quê? Tudo varia, inclusive seu peso e o sistema usado para medi-lo.

Uma matriz de dados e as regras de uma análise vetorial separam os sinais de ganho do *noise*. A evidência estatística é uma razão. Evidência é o comprimento do vetor do sinal de ganho dividido pelo comprimento do vetor médio do *noise*. A evidência, quando usada para tomar decisões nos negócios, conduz a previsões consistentemente confiáveis e lucros no estilo do Seis Sigma.

As ilustrações do vetor do triângulo retângulo deste livro mostram como todas as medições — todos os conjuntos de dados — podem ser decompostas nessas duas parcelas. Desse modo, os fatos podem ser vistos por qualquer um num rápido passar de olhos. Não há necessidade de trabalhar com equações. Contanto que você persista com a inerente disciplina de uma matriz de dados, você e seus colegas serão simplesmente capazes de ver as respostas dos problemas, sejam elas complexas sejam elas fáceis.

A simplicidade enganosa de um arranjo cúbico, de 2^3, possibilita as inferências visuais, intuitivas, corretas e estatisticamente significativas. Ele acelera a análise. Uma velocidade analítica deliberada poupa uma enorme quantidade de tempo.

Argumentos Finais

Orville Wright, um dos irmãos que utilizou a Nova Equação da Administração para criar o avião, comenta sobre o uso de dados:

"Às vezes eu sentia dificuldades de deixar meus ensaios com aeronaves percorrerem a sua trajetória natural, em vez de seguirem para onde eu considerava que eles deveriam ir. Minha conclusão é de que é seguro seguir exatamente as observações."[6]

Notas Finais

[1]Sloan, M. Daniel. *Using Designed Experiments to Shrink Health Care Costs*. Milwaukee. ASQ Quality Press, 1997.

[2]Dilson, Jesse. *The Abacus, The World's First Computing System: Where It Comes From, How It Works, and How to Perform Mathematical Feats Great and Small*. New York, St. Martin's Press, 1968.

[3]*A New Aristotle Reader*, Edited by J. L. Ackrill. Princeton, Princeton University Press, 1987. Page 39.

[4]Sagan, Carl. *Science as a Candle in the Dark, The Demon Haunted World*. New York, Ballantine Books, 1996. Page 328.

[5]Sagan, Carl. *Science as a Candle in the Dark, The Demon Haunted World*. New York, Ballantine Books, 1996. Page 32.

[6]Jakab, Peter L. *Visions of a Flying Machine, The Wrigth Brothers and the Process of Invention*. Washington, Smithsonian Institution Press, 1990. Page 140.

CAPÍTULO 6

Prevendo Ganhos

Fazer previsões acuradas é uma tarefa importante e difícil. Até agora, você talvez não ficou surpreso ao aprender que a análise vetorial é o padrão internacional de fazer previsões e comparações. Esta é uma boa notícia para a Corrugated Copters e para sua empresa. Os métodos de análise vetorial para resolver problemas de previsão são conhecidos como *Modelos de Análise de Regressão*.

Antes de retornarmos para os feitos de nossos heróis Mary, Dick, Tom e Avona, e de Rotcev, nos projetos revolucionários de Seis Sigma, é preciso apresentar uma orientação aos conceitos de correlação e regressão básica.

"A correlação avalia a tendência de uma medida variar de comum acordo com outra", escreveu Stephen Jay Gould na obra *The Mismeasure of Man*. "A suposição inválida de que correlação implica causalidade está provavelmente entre os dois ou três erros mais sérios e comuns do pensamento humano."[1]

Gerentes experientes candidamente reconhecem que a análise da variância da contabilidade de custos é baseada nessa falsa premissa. Não é de surpreender que as previsões de planilhas de trabalho da escola antiga mantêm uma relação tão fraca com as atuais vendas comerciais, receitas brutas, estoques, ganhos, e outras métricas de desempenho.

Que maravilha. Mês após mês, trilhões de dólares em recursos corporativos e governamentais são desperdiçados tentando explicar erros de previsão inevitáveis. Jamais se reconhece que os métodos de "previsão" unidimensionais mecanizados em planilhas de trabalho e institucionalizados por currículos de faculdades de administração e economia se tornaram obsoletos em 1890 pelo primo-irmão de Charles Darwin, de nome Francis Galton. Em seu ensaio de 1890, *Kinship and Correlation*, Galton escreveu:

> *"Poucos prazeres intelectuais são mais intensos do que aqueles apreciados por uma pessoa que, enquanto ocupada em alguma pesquisa, de repente percebe que ela admite uma ampla Generalização, e que seus resultados são válidos em direções anteriormente ignoradas. A Generalização, da qual estou prestes a falar, surgiu desse modo."*[2]

Embora Galton não capitalizasse a palavra Generalização nesse momento, nós leitores pudemos perceber que ele estava falando sobre uma autêntica Lei do Universo.

Evidência da Impressão Digital

Revela-se uma divertida e obscura nota ao pé da página na história das decisões baseadas em evidências o fato de que, em 1893, no mesmo ano em que o avô mencionado em nosso Prefácio — o homem que utilizava sacos de papel e aritmética para calcular as transações comerciais de sua fazenda porque não confiava no modo inovador denominado multiplicação para executar o trabalho —, o gênio Galton atuava como pioneiro no uso de impressões digitais como evidências forenses.[3] Este desenvolvimento logo adentrou nas salas de tribunais de julgamento e justiça em todos os locais do mundo.

Os resultados estatísticos gráficos da análise vetorial aplicada a uma matriz de dados são impressões digitais. Eles são as impressões digitais que todos os processos deixam para trás. Cada conjunto de dados de impressão digital exibe giros, bifurcações e finais únicos, e modelos estatisticamente significativos. Essa tecnologia, esta Generalização, é a sucessora da imaginação de Francis Galton.[4]

Citando um texto no segmento de vendas da Internet: "Biométrica é uma tecnologia que analisa características humanas para fins de segurança. A voz, íris, a mão e a face podem ser empregadas além das impressões digitais, mas entre elas são essas últimas as que apresentam o melhor custo-benefício."[5]

Pense no cinema. Pense em Disney, Spielberg e Lucas. Pense em horário nobre, *reality shows* televisivos. A maioria das evidências forenses apresentadas pela indústria do entretenimento em romances policiais, mistérios em assassinatos, ficção científica, e aventuras de detetives, é baseada na Nova Equação da Administração. Previsões biométricas sérias — quer elas tratem de leucemia linfoblástica aguda, quer elas tratem de pesquisas de vacinas terapêuticas, ou investigações criminais —, usam, sem exceção, o Teorema de Pitágoras.[6] Esta evidência se soma.

Os ganhos têm uma importância tão grande para serem deixados soltos à coincidência ocasional que, às vezes, um convidado paranormal terá razão. Previsões evocadas sem a base da evidência e da Nova Equação da Administração pertencem a uma "lata de lixo" contendo auras, varinhas mágicas, cartas de Tarô, quiromancia, vidas passadas, predições futuristas, leituras de sinais ocultos, e a boa e antiga identificação de um desejo com a realidade.

Este capítulo é muito importante. Dadas as apostas do comércio internacional, o peso da evidência que apresentamos neste capítulo é apropriado. Se a leitura ficar um pouco pesada para você, dê uma espiada nas ilustrações. Procure os triângulos retângulos. Aquelas figuras são a nossa "piscadela" para você. Você está acostumado com o aperto de mãos secreto e a brincadeira confidencial.

Uma análise vetorial aplicada a uma matriz de dados é uma análise correta. Lembre-se de que $c^2 = a^2 + b^2$. ***Você jamais terá de fazer qualquer um desses cálculos. Nunca.*** O software de matriz de dados coleta seus dados e os ordena integralmente para você.

Três Desejos

A análise da variância da contabilidade de custos tem estado presente em nossas vidas num período praticamente tão longo como a Lâmpada de Aladim. Certamente que ela deve ter algum mérito. Se nós a esfregarmos, esfregarmos, e a esfregarmos novamente, com nossos panos de lustrar, o Gênio aparecerá. Não nos serão concedidos nossos três desejos?

Infelizmente não. Nós não os obteremos. O modelo de custo padronizado de G. Charter Harrison constituiu um avanço em 1918. Em 2003, ele é demasiadamente simplista para satisfazer aos padrões internacionais da análise quantitativa. Até pior, ele é a mãe da perda e do retrabalho provocados pelos executivos de colarinhos brancos.

Por exemplo, considere a análise do ponto de equilíbrio tradicional retratada na **Figura 1**. Aqui estão representados os três desejos:

1) eu gostaria que minhas receitas brutas fossem exatamente uma função direta do volume;

2) eu gostaria que minhas despesas fossem exatamente uma função direta do volume;

3) eu gostaria que a relação entre essas linhas nunca mudasse.

Ter esses três desejos concedidos seria equivalente a suspender as leis físicas de nosso Universo. Até mesmo um gênio da indústria do cinema declinaria dessa oportunidade.

Noise, Acaso ou variação aleatória, está presente em todas as medições. O grego mitológico Sisifus tinha uma probabilidade maior de rolar sua rocha até o topo de sua montanha do que um gerente tem de fazer com que seus resultados financeiros finais caiam exatamente sobre uma hipotética linha reta.

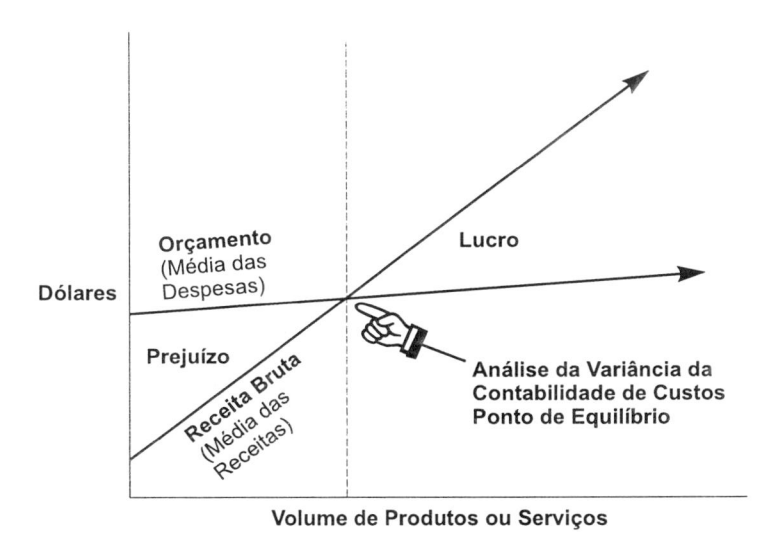

Figura 1. A análise tradicional do ponto de equilíbrio é um bom exemplo de identificação de um desejo com a realidade no local de trabalho de executivos de colarinhos brancos.

A **Tabela 1** compara e contrasta identificação de um desejo com a realidade *versus* a realidade. À medida que os números crescem na primeira coluna, os números da segunda aumentam numa quantia exatamente proporcional. Esta relação linear perfeita gera previsões perfeitas. Elas estão representadas na **Figura 2**, e proporcionam revisões entusiasmadas nas reuniões de gerência. Esta espécie de linha é um sinal seguro de que estão sendo utilizadas "tapeações", e não padrões de evidência.

Tabela 1
Identificação de um desejo com a realidade *versus* realidade. Os "ganhos desejados" são previsões hipotéticas lineares. Os "ganhos reais" são resultados verdadeiros.

Unidades Vendidas	Ganho Desejado	Ganho Real	Unidades Vendidas	Ganho Desejado	Ganho Real
32	678,02	745,64	74	792,41	956,78
33	680,74	666,67	74	792,41	615,43
45	713,43	456,97	74	792,41	783,54
45	713,43	1.101,11	75	795,13	634,86
54	737,94	765,36	75	795,13	1.207,68
54	737,94	837,96	76	797,86	502,12
55	740,66	762,34	76	797,86	1.036,54
56	743,39	769,37	77	800,58	997,68
59	751,56	693,42	78	803,30	826,54
62	759,73	987,56	78	803,30	837,46
63	762,45	559,87	78	803,30	528,97
63	762,45	768,90	79	806,03	926,47
65	767,90	401,72	79	806,03	486,70
65	767,90	945,68	82	814,20	563,89
66	770,62	659,87	82	814,20	913,52
68	776,07	697,86	83	816,92	752,14
68	776,07	703,15	84	819,64	948,36
69	778,79	834,67	84	819,64	858,70
69	778,79	547,68	84	819,64	804,35
70	781,51	983,54	85	822,37	589,93
72	786,96	518,34	85	822,37	554,29
73	789,69	667,77	86	825,09	395,76
73	789,69	875,46	86	825,09	605,80
74	792,41	1.169,99	86	825,09	1.035,46
74	792,41	516,92			

A **Figura 3** exibe os números reais de performance sobre os quais foi baseada a relação linear. Existe, você adivinhou isso, uma grande dose de variação. A previsão de um único valor é inútil sem uma declaração do erro de previsão baseado no grau de variação no processo fonte dos prognósticos. Precisamos utilizar os vetores do sinal de ganho e do *noise*.

Uma persistente liderança sugere, "num discurso que revela uma moral exagerada", que as metas idealizadas "inspirem" desempenho superior. Temos observado o contrário. Mesmo as melhores das intenções não conseguem redimir uma premissa patentemente falsa.

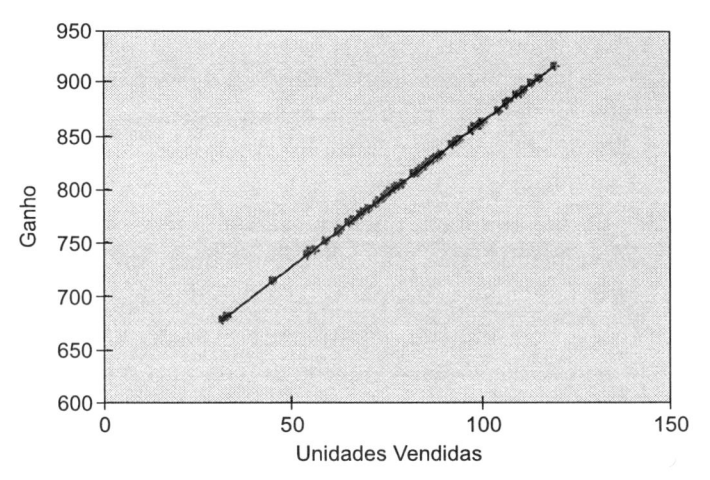

Figura 2. Resultados da identificação de um desejo com a realidade caindo exatamente sobre a previsão linear que recebe revisões entusiasmadas nas reuniões da gerência.

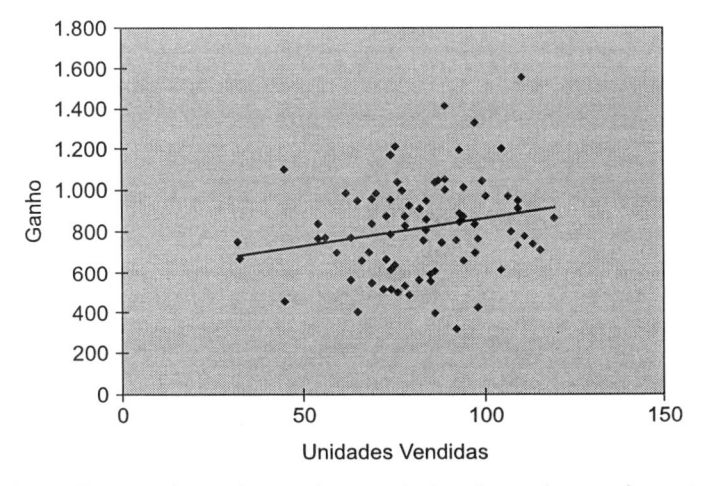

Figura 3. As previsões lineares foram baseadas em dados de ganhos reais contendo uma grande quantidade de variação. A previsão de um único valor é inútil sem uma declaração do erro de previsão baseado no grau de variação no processo fonte dos prognósticos.

Objetivos arbitrários são resultados da identificação de um desejo com a realidade. Eles são exercícios jogados na futilidade, e desmoralizam e enfraquecem as pessoas a quem cabe atingí-los. Eles desperdiçam tempo e dinheiro que poderiam, ao contrário, encontrar seu caminho até a consecução dos resultados financeiros finais.

Prática de Fazer Previsões

"Olhe Avona", Mary falou, "eu tenho uma idéia. Você provavelmente a chamaria de uma hipótese. Primeiramente, observei que há bastante variação em nossos tempos de vôo. Em seguida, notei que há um alto grau de variação em torno do comprimento objetivado de nossa pá de hélice. Nós já sabemos que o comprimento da pá é uma variável de controle-chave. Tom me informou que seria complicado e caro restringir os controles em torno de nossas especificações de tolerância. Finalmente, observei que há também um alto grau de variação em nossa altura de queda".

"Minha hipótese é de que a altura de queda possa ser usada como uma outra variável de controle. Isso seria relativamente fácil de fazer. Eu tenho um palpite que até poderíamos ser capazes de prognosticar o tempo de vôo a partir da altura de queda."

"Você conhece física, portanto seu palpite merece minha atenção", disse Avona. A seguir, com um sorriso conhecido, "Mas, por que você quer prever tempo de vôo partindo da altura de queda"?

"Você sabe perfeitamente bem a razão! Se pudermos prever acuradamente o desempenho é possível antecipar o futuro. Seria como saber como o mercado de ações iria comportar-se amanhã. Poderíamos usar esse conhecimento para obtermos mais ganhos. O que é mais rentável, é o melhor."

"Sim, porém você pode ser um pouco mais específica?" perguntou Avona.

"Bem, se pudermos prever o tempo de vôo partindo da altura de queda, podemos compensar uma variação no comprimento da pá efetuando uma mudança oposta, a fim de contrabalançar, na altura de queda. Desse modo, poderíamos atingir nossos tempos de vôo divulgados com um grau muito menor de variação."

"Essa é uma ótima idéia", disse Avona. "Faça isso sim."

"Espere um momento", disse Mary. "Fazer isso não é o mesmo que as outras coisas que você nos mostrou. Não estamos tentando achar o melhor modo de executar algo. Estamos tentando determinar uma relação. Você pode me fornecer uma prévia de como iremos fazer isso?"

"Com prazer", disse Avona. "Vamos imaginar que seus dados tenham a seguinte formatação (**Tabela 2**). Em problemas envolvendo uma relação entre duas variáveis, temos de conhecer qual é a variável independente e qual é a dependente. A variável dependente é aquela que desejamos prever. A letra Y é utilizada para simbolizar a variável dependente, que em nosso caso é o tempo de vôo."

"A variável independente é aquela que usaremos para fazer a previsão. A letra X é utilizada para simbolizar a variável independente, que em nosso caso é a altura de queda."

Tabela 2
A disposição da matriz de dados para três tempos de vôo combinados com três alturas de queda diferentes.

Altura de Queda Codificada (x)	Tempo de Vôo (y)
– 1	8,5
0	9,5
1	11,0

"Está bem, mas qual o significado dessa 'altura de queda codificada'?" perguntou Mary.

"Os valores –1, 0 e 1 são códigos para alturas baixas, médias e altas de queda. Em – 1 eu estava sentada em minha cadeira; em 0 eu estava de pé; e em 1 eu subi na minha mesa."

"Eu sei que a tabela teria um aspecto melhor se puséssemos as alturas de queda verdadeiras, mas é mais fácil de explicar se utilizarmos os códigos. Ainda é mais fácil representar a figura e lançar o modelo de planilha de trabalho. Certamente que não devemos ficar preocupados com os códigos quando utilizamos nosso software estatístico. Ele tem controle sobre tudo."

"De qualquer forma, eis aqui a análise vetorial extraída de meu modelo de planilha para este problema prático (**Tabela 3**). Estamos modelando o tempo de vôo como uma função linear da altura de queda. Se dispuséssemos de mais dados, poderíamos tentar algo mais elaborado."

"A única diferença entre essa análise vetorial e as feitas anteriormente é o modo como o vetor do sinal de ganho é calculado. A linha reta que melhor se ajusta é mostrada na

Tabela 3
Análise vetorial para ajuste de Y (tempo de vôo) como uma função linear de X (altura de queda).

Vetor dos Dados X Codificados	Vetor dos Dados Primários		Vetor da Média dos Dados Y		Vetor da Variação dos Dados Y		Vetor do Sinal de Ganho		Vetor do Noise
–1	8,5		9,67		– 1,17		– 1,25		0,08
0	9,5	–	9,67	=	0,17	=	0,00	+	– 0,17
1	11,0		9,67		1,33		1,25		0,08
Graus de Liberdade	3	–	1	=	2	=	1	+	1
Comprimentos ao Quadrado	*(Nova Equação da Administração)*				3,167	=	3,125	+	0,042
Variância	*(Comprim. ao Quadrado ÷ Graus de Liberdade)*				1.583		3.125		0,042
Razão F	*(Variância do Sinal de Ganho ÷ Variância do Noise)*								75,0
Valor P	*(Probabilidade de obter uma razão F dessa grandeza só por acaso)*								0,073
Desvio-padrão	*(Raiz quadrada da Variância do Noise)*				1.258				0,204

Figura 4. Observe com atenção que é possível ver grosseiramente que a inclinação da linha prevista neste caso é de 1,25. Para nossos tempos de vôo reais de 8,5, 9,5 e 11,0, as previsões da linha reta são 8,42, 9,67 e 10,92. Note que 8,42 somado a 1,25 dá 9,67 e que 9,67 somado a 1,25 dá 10,92."

"Isso significa que a previsão sobe 1,25 unidades de Y para cada unidade de X codificada. Obtemos o vetor do sinal de ganho multiplicando esta inclinação pelo vetor dos dados X codificados."

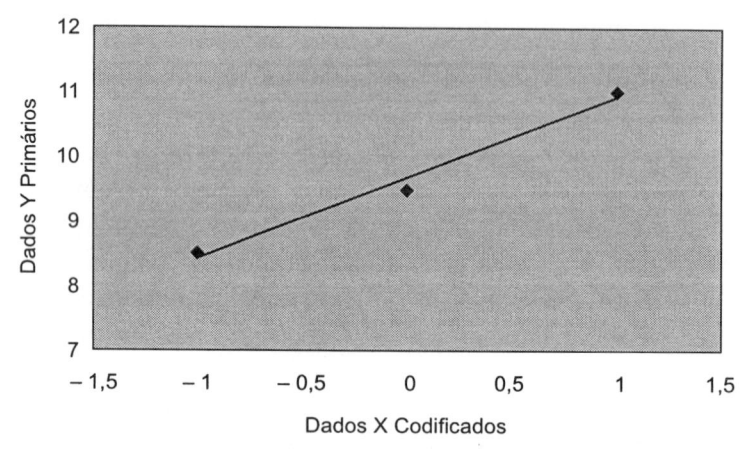

Figura 4. A linha reta de melhor ajuste para Y como uma função do X codificado.

"Você pode me informar se esta inclinação é ou não estatisticamente significativa?"

Mary refletiu por um momento, e disse em seguida: "Ela não atinge o padrão 'claro e convincente' de evidência porque o valor p é maior que 0,05. Ela realmente atinge a 'preponderância do padrão de evidência' porque o valor p é menor que 0,15."

"Exatamente!", exclamou Avona. "Bom trabalho. Eis aqui a representação dessa análise vetorial (**Figura 5**)."

"Observe que o vetor do sinal de ganho é paralelo ao vetor dos dados X codificados na parte inferior esquerda. Isto sempre é verdade porque o vetor do sinal de ganho é sempre igual ao vetor dos dados X codificados multiplicado pela inclinação da linha de melhor ajuste; neste caso, 1,25."

"Se a inclinação for maior, a relação entre X e Y é mais forte, e o vetor do sinal de ganho é mais longo. Se a inclinação for menor, a relação entre X e Y é mais fraca, e o vetor do sinal de ganho é mais curto."

Nesse ponto, Mary tinha uma pergunta: "Está certo, mas como eu utilizo todas essas informações para fazer uma previsão?"

Avona respondeu: "Graficamente, o que fazemos é iniciar com um valor X codificado da **Figura 4**, subir para a linha ajustada, e em seguida sobre o eixo dos dados Y primários. O

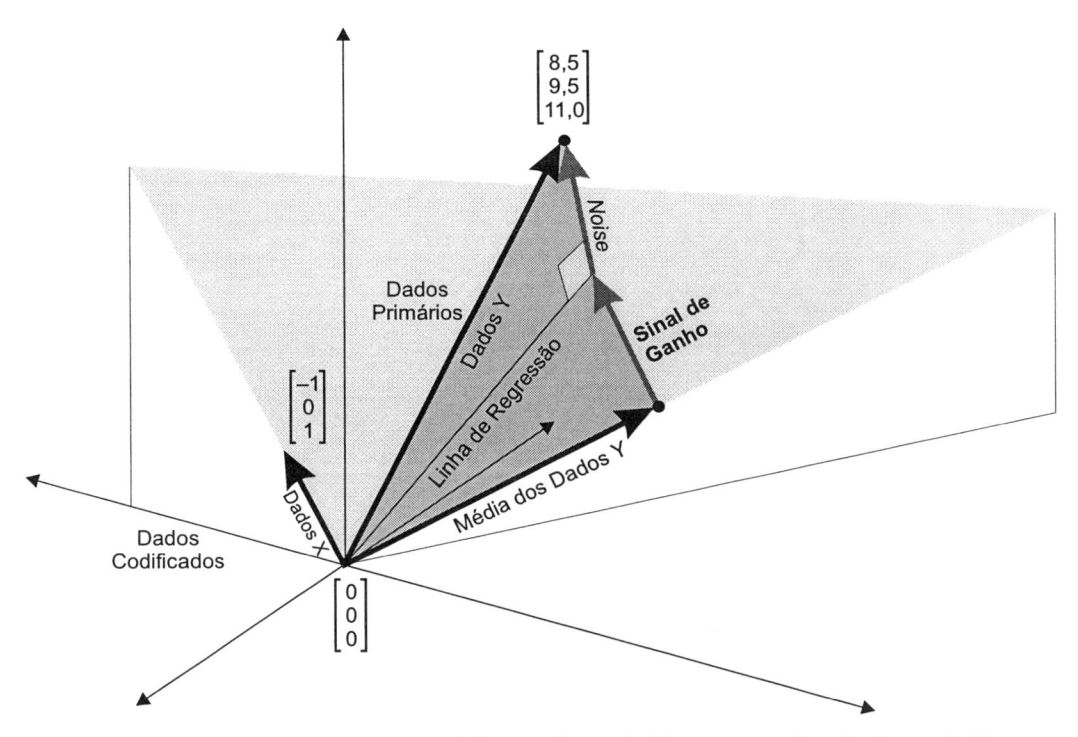

Figura 5. Representação da análise vetorial para ajuste de Y como uma função linear de X.

número sobre esse eixo é a previsão. Por exemplo, se tivermos um valor X de 0,5, o valor Y previsto ficaria compreendido entre 10,0 e 10,5.

Podemos ser mais exatos se desejarmos lidar com a equação efetiva da linha:

Tempo de vôo previsto = 9,67 + 1,25 x (Altura de queda codificada)

"9,67 é o tempo de vôo médio em nosso conjunto prático de dados, e 1,25 é a inclinação. "Se a altura de queda codificada for 0,5, obtemos portanto:

$$\begin{aligned}\text{Tempo de vôo previsto} &= 9{,}67 + 1{,}25 \times (0{,}5) \\ &= 9{,}67 + 0{,}67 \\ &= 10{,}34\end{aligned}$$

"Aplicando essa equação aos valores X codificados – 1, 0 e 1 é o mesmo que somarmos o vetor da média dos dados Y com o vetor do sinal de ganho. O resultado dessa equação é denominado de vetor do Y previsto (**Tabela 4**).

Se você representar graficamente os valores Y previstos *versus* os valores X codificados, eles cairão exatamente na linha reta da **Figura 4**."

"O vetor do Y previsto está visível na **Figura 5**?" perguntou Mary.

Tabela 4
Vetor do Y previsto partindo do ajuste de Y como uma função linear de X.

Vetor dos Dados X Codificados	Vetor do Y Previsto		Vetor da Média dos Dados Y		Vetor do Sinal de Ganho
−1	8,42		9,67		−1,25
0	9,67	=	9,67	+	0,00
1	10,92		9,67		1,25
Graus de Liberdade	2	=	1	+	1
Comprimentos ao Quadrado *(NEA)*	283,46	=	280,33	+	3,13

"Sim", respondeu Avona. "Ele é o vetor no plano sombreado denominado de 'Linha de Regressão'. Ele parte do ponto (0, 0, 0) até o ponto em que há a intersecção entre os vetores do sinal de ganho e do *noise*."

Mary tinha uma pergunta final: "Se fizermos uma previsão, não temos de estabelecer o erro de previsão baseado na variação de nossos dados?"

"Certo novamente", disse Avona. "Mas vamos deixar isso para quando obtivermos nossos dados reais. O software estatístico automaticamente lhe mostrará o erro de previsão."

Prevendo Tempos Reais de Vôo

"Está certo, Avona, agora eu disponho de meus dados", anunciou Mary ao entrar abruptamente na "sala da superior".

"Percebo que você também trouxe sua própria cópia do software estatístico", observou Avona. "Bom trabalho."

"Sim. Eu consegui quadruplicar o trabalho feito em um quarto do tempo que despenderia com uma planilha de trabalho. Estou fornecendo à Corrugated Copters informações muito melhores e disponibilizando mais tempo para ficar junto de minha família."

"Bem, sobre meu estudo. Fizemos cinco testes com cada uma das alturas de queda. Eu inseri meu dados em um modelo de planilha de trabalho que você tinha-me fornecido (**Tabela 5**). Utilizei os valores codificados −1, 0 e 1 para as alturas de queda baixas, médias e altas. O valor p é 0,000, de modo que há, sem nenhuma sombra de dúvida, um real relacionamento nesse ponto."

"O desvio-padrão total dos tempos de vôo é 0,288 segundos. O desvio-padrão do *noise* (ou erro) é 0,056 segundos. Isto é espantoso. Podemos eliminar 81% da variação de nosso tempo de vôo pelo controle da altura de queda."

"Nossa, como você conseguiu chegar a 81%?"

"Foi uma tarefa difícil. Eu tive um ótimo palpite. Utilizei a última linha na **Tabela 5** para desvendá-lo. Repare que o desvio-padrão do vetor da variação é 0,288. O desvio-padrão do vetor do *noise* é 0,056. Bem, 0,056 é 19,4% de 0,288. Tudo isso se somou, de modo

Tabela 5.
Análise vetorial para ajuste do tempo de vôo (Y) como uma função linear da altura de queda codificada (X). Os dados primários são os tempos reais de vôo obtidos por Mary menos o objetivo de 9 segundos.

Vetor dos Dados X Codificados	Vetor dos Dados Y Primários		Vetor da Média dos Dados Y		Vetor da Variação dos Dados Y		Vetor do Sinal de Ganho		Vetor do *Noise*
− 1	1,2		1,60		− 0,39		− 0,34		− 0,056
− 1	1,16		1,60		− 0,44		− 0,34		− 0,106
− 1	1,27		1,60		− 0,33		− 0,34		0,004
− 1	1,31		1,60		− 0,29		− 0,34		0,044
− 1	1,36		1,60		− 0,24		− 0,34		0,094
0	1,57		1,60		− 0,03		0,00		− 0,031
0	1,58	−	1,60	=	− 0,02	=	0,00	+	− 0,021
0	1,63		1,60		0,03		0,00		0,029
0	1,65		1,60		0,05		0,00		0,049
0	1,62		1,60		0,02		0,00		0,019
1	1,85		1,60		0,25		0,34		− 0,086
1	1,92		1,60		0,32		0,34		− 0,016
1	1,99		1,60		0,39		0,34		0,054
1	1,94		1,60		0,34		0,34		0,004
1	1,96		1,60		0,36		0,34		0,024
Graus de Liberdade	15	−	1	=	14	=	1	+	13
Comprim. ao Quadrado *(NEA)*					1,164	=	1,122	+	0,041
Variância	*(Comprim. ao Quadrado ÷ Graus de Liberd.)*				0,083		1,122		0,003
Razão F	*(Variância do Sinal de Ganho ÷ Variância do Noise)*								353,1
Valor P	*(Probabilidade de obter uma razão F dessa grandeza só por acaso)*								0,000
Desvio-padrão	*(Raiz quadrada da Variância)*				0,288				0,056

que eu pude concluir que esta é a razão pela qual você colocou a última linha no seu modelo de planilha de trabalho."

"Impressionante", admitiu Avona. "Ótimo trabalho, Mary!"

"Obrigada. Agora me revise este novo item. Eu acredito que a equação de previsão seja esta:

Tempo de vôo previsto = 1,60 + 0,34 x (Altura de queda codificada).

"Isso está correto?"

"Uau", disse Avona. "Hoje você está o máximo, Mary. A média total de seus dados Y é 1,60, e 0,34 é a inclinação da linha de melhor ajuste utilizando-se os dados X codificados. Sua equação é adequada para se ganhar dinheiro. E, dada a redução na variação que você demonstrou, eu quero dizer 'dinheiro' no sentido literal."

"Ontem, eu disse que iria mostrar-lhe como utilizar o software estatístico para obter uma ilustração com previsões e limites de previsões. Vamos fazer isso agora."

"Avona deu dois ou três cliques no mouse para gerar o gráfico da **Figura 6**. Ele revela os dados, a linha de melhor ajuste, e os limites de previsão de 95%. Quando estes limites são

Ajuste Bivariado do Tempo de Vôo pela Altura de Queda

— Ajuste Linear

Ajuste Linear

Tempo de Vôo = 1,60 + 0,34 x (Altura de Queda)

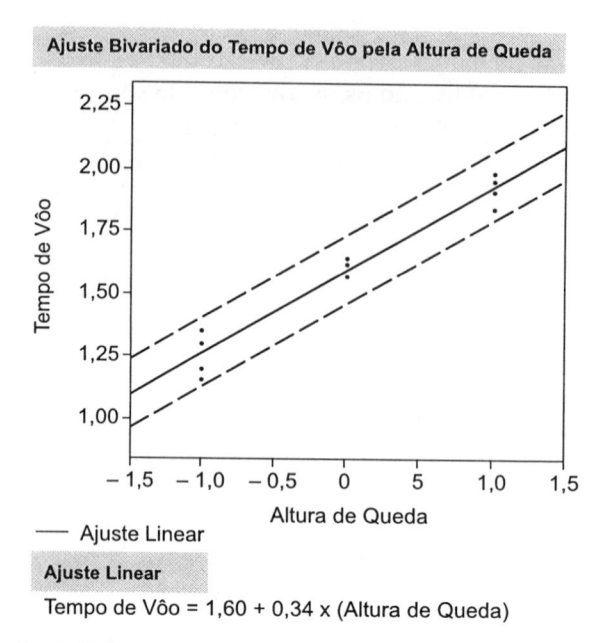

Figura 6. Representação da linha reta de melhor ajuste para prever o tempo de vôo (Y) como uma função linear da altura de queda codificada (X). Os limites de previsão de 95% estão cerca de dois desvios padrões acima e abaixo da linha.

menores, suas previsões são mais acuradas. Quando eles são maiores, suas previsões perdem em precisão."

"Há alguma maneira fácil de calcular os limites?" perguntou Mary.

"Sim", respondeu Avona. "O limite superior é aproximadamente dois desvios-padrão do *noise* acima do valor previsto, e o limite inferior é cerca de dois desvios-padrão do *noise* abaixo do valor previsto. O seu desvio-padrão do *noise* é 0,056 segundos. Multiplicado por dois dá 0,112. Portanto, com um grau de 95% de confiança, as previsões oriundas de sua equação serão acuradas a cerca de mais ou menos um décimo de um segundo. Nada mau."

Argumentos Finais

Peter L. Bernstein, economista renomado, consultor econômico de nações e empresas multinacionais, e autor do livro *Against the Gods, The Remarkable Story of Risk*, um dos *best-sellers* recomendados pela Business Week, New York Times and USA Today, comenta sobre o valor da previsão e da regressão:[7]

"Fazer previsões — há longo tempo e na melhor das hipóteses denegrido como uma perda de tempo, e na pior como um pecado —, tornou-se uma necessidade absoluta no decorrer do século XVII para empreendedores de risco que estavam desejosos de arriscar o formato do futuro em concordância com seus próprios projetos."

"Prática comum, como é vista nos dias de hoje, o desenvolvimento das previsões nos negócios no final do século XVII foi uma inovação de grande importância."

"Se a natureza às vezes não consegue regressar à média, atividades humanas, como a colheita de peras doces, certamente experimentarão descontinuidades, e nenhum sistema de gerenciamento de risco funcionará muito bem. Galton reconheceu essa possibilidade e advertiu: 'Uma média não passa de um fato solitário, embora, se for acrescentado outro fato — um Esquema Normal —, que corresponde aproximadamente ao que foi observado, inicia potencialmente na existência.'"[8]

Notas Finais

[1] Gould, Jay Stephen. *The Mismeasure of Man*. New York: W.W. Norton & Company, 1996. Page 272.

[2] Todas as obras completas de Galton estão disponíveis em várias bibliotecas e fontes da Internet. Esta citação foi encontrada no http://www.mugu.com/galton/essays/1890-1899/galton-1890-nareviewkinship-and-correlation.html. A fonte dessa página Web é a mais abrangente http://www.mugu.com/galton/start.html.

[3] http://www.mugu.com/galton/pg.192

[4] http://www.fme.fujitsu.com/products/biometric/pdf/FindFPS.pdf

[5] http://www.fme.fujitsu.com/products/biometric/pdf/FindFPS.pdf

[6] http://www.wvu.edu/~bknc/BiometricResearchAgenda.pdf

[7] Bernstein, Peter L. *Against the Gods, The Remarkable Story of Risk*. New York, John Wiley & Sons, 1966. Page 95.

[8] Bernstein, Peter L. *Against the Gods, The Remarkable Story of Risk*. New York, John Wiley & Sons, 1966. Page 182.

CAPÍTULO 7

Mantendo Resultados

"A intendência em negócios envolve o comportamento respeitável no gerenciamento das propriedades de outras pessoas. No entanto, ela é mais ampla do que esse conceito, pois, também, inclui o respeito pelas responsabilidades morais das pessoas. Essas responsabilidades requerem uma constante demonstração de honestidade na conduta econômica e pessoal"[1], observaram William G. Scott e David K. Hart, na obra *Organizational Values in America*.

Os privilégios da liderança corporativa executiva competem com responsabilidades. Todos os diretores corporativos e executivos seniores vivem no mundo da incerteza. Estão em jogo muito mais do que lucros quando um gerente inicia seu dia de trabalho. Empregos e o bem-estar de uma comunidade estão alinhados com qualquer decisão significativa.

Os produtos e serviços Seis Sigma são estimulados por decisões baseadas em evidências. Estas reduzem a incerteza, e quantificam o risco financeiro e humano de modo que eles possam ser validados e replicados. As decisões baseadas em evidências geram desempenho praticamente perfeito, no estilo do Seis Sigma. Próximo da perfeição, o desempenho Seis Sigma propaga confiança. Os clientes apostam confiantemente suas vidas, e as vidas de seus entes queridos, na performance Seis Sigma.

Más decisões de gerenciamento podem promover, e promovem, danos para o mundo em que vivemos. Os casos de Three Mile Island e Chernobyl constituem erros crassos da administração governamental. Os exemplos do Dispositivo Intra-Uterino (DIU) Copper-7 e da Talidomida são erros colossais do gerenciamento médico.[2] Os efeitos posteriores da devastação provocada pelo Valdez, da Exon, no Alasca; a explosão da usina da Union Carbide, em Bhopal, na Índia; o desastre do Love Canal, da Hooker Chemical, em Niagara Falls; o naufrágio da plataforma da Petrobrás no Brasil e seu resultante derramamento de milhões de litros de petróleo representam em conjunto testemunhos dos resultados de longo alcance provocados por decisões de péssima qualidade.

As decisões baseadas em evidências provêm uma rede de segurança que pode ajudar a nos proteger dos juízos de péssima qualidade. Há 17 anos, Richard Feynman, agraciado com o Premio Nobel, utilizou um modelo "Avona" para demonstrar em termos que não deixavam dúvidas de que os cientistas da Nasa não entendiam o conceito de correlação.[3,4] Agora é amplamente reconhecido que a Challenger poderia ainda estar voando se os gerentes da Nasa tivessem aplicado análise vetorial a uma matriz de dados em 1986. Estas ferramentas poderosas eram amplamente disponíveis à época. Infelizmente, em 2003, fica claro que os gerentes da Nasa ainda estão tomando decisões importantes com base em cálculos de planilhas de trabalho.

O Seis Sigma diminuiu, e está encolhendo, nosso globo. Conforme um executivo nos contou recentemente: "Nosso escritório central é na Terra. As reuniões de nossos quadros de funcionários se parecem com as Nações Unidas. Enfatizamos a diplomacia tanto dentro como fora da empresa. Nossos relacionamentos internacionais criam o trabalho de equipe de que necessitamos para competir."

Este novo nível de raciocínio é uma coisa ótima. Os gerentes no mundo inteiro agora entendem, em dólares e seus centavos, que a maneira como tratam um operário que costura uma bola de futebol no Paquistão afeta não somente o resultado da Copa do Mundo desse esporte, mas também a estabilidade política das nações em que eles conduzem negócios.

Estas são coisas em que devemos pensar quando reingressamos no mundo da Corrugated Copters. Tom, Dick, Mary e Avona estabilizaram seus tempos de vôo. Eles sabem qual é o melhor modo. O desafio que eles agora devem enfrentar é manter os resultados e ganhar participação no mercado. Eles têm que sustentar suas melhores práticas e ganhos.

Avaliando Práticas e Ganhos

"Avona", disse Mary, "nossos clientes estão insistindo que fabriquemos helicópteros com, virtualmente, nenhuma variação no tempo de vôo. Eles me informaram que nós temos de ter um C_{pk} de 1,5 ou superior, ou seremos desconsiderados como principal fornecedor. Que diabos é um C_{pk}? Isso é uma abreviatura de algo?"

"Não, é apenas outro símbolo tolo do Seis Sigma", disse Avona.

"O quê?"

"Estou brincando. Falando seriamente, C_{pk} é um índice numérico que quantifica a capabilidade de um processo de gerar produtos de qualidade virtualmente perfeita. Um C_{pk} de 1,5 implica não mais de três ou quatro produtos ou serviços defeituosos por milhão de vendidos ou prestados."

"Esse nível de qualidade é impossível", disse Dick, que tinha acabado de adentrar na sala em que se encontravam com um copo de leite quente.

"Absolutamente que não", repreendeu Avona. "Um C_{pk} de 1,5 é um padrão internacional aceito, ao menos para componentes e subprocessos. Na verdade, as empresas que não conseguem ou não produzem esse nível de qualidade estão ficando à margem ou até mesmo sendo eliminadas do mercado."

"Você está brincando?"

"Não, não estou. Isto não é novidade. O Seis Sigma não é apenas uma moda passageira. Ele é um meio extremamente disciplinado de competir pela participação no mercado. Deixe-me exibir-lhes como calcular um valor de C_{pk} partindo de seus dados."

"O quê? C_{pk} não é somente a mesma antiga Nova Equação da Administração?"

"Semelhantemente à maioria das outras coisas em Seis Sigma, o C_{pk} é baseado na Nova Equação da Administração. Ele é uma função da média e do desvio-padrão. Ele promove neles um giro extra combinando-os com os Limites Superior e Inferior de Especificação." Avona puxou uma folha de papel e escreveu as seguintes expressões:

$$C_{pl} = \frac{(\text{Média}) - (\text{Limite Inferior de Especificação})}{3 \times (\text{Desvio-padrão})}$$

$$C_{pu} = \frac{(\text{Limite Superior de Especificação}) - (\text{Média})}{3 \times (\text{Desvio-padrão})}$$

"C_{pk} é definido como sendo o menor dos dois números denominados C_{pl} e C_{pu}. C_{pl} é o número de desvios-padrão do processo entre a média do processo e o Limite Inferior de Especificação, dividido por três. Entendeu? Processo? Inferior? Capabilidade? C_{pl}? Você simplesmente não odeia o modo como os acrônimos são até dispostos em ordem? C_{pu} é o número de desvios-padrão do processo entre a média do processo e o Limite Superior de Especificação, dividido por três."

"Por que eles são divididos por três?" perguntou Mary.

"É uma convenção arbitrária. Todos a usam. Estamos adotando-a. De qualquer forma, queremos que o C_{pk} seja o maior possível. Isto indica que queremos que tanto o C_{pl} como o C_{pu} sejam os maiores possíveis."

"Talvez você possa esquematizar um gráfico para nós", sugeriu Dick. "Você poderia até inserir um triângulo retângulo nele."

"Boa idéia, Dick. O triângulo retângulo nos fornece na realidade um local conveniente para se colocar o desvio-padrão. Vamos dizer que temos um Limite Inferior de Especificação (LSL) de 7,2 e um Limite Superior de Especificação (USL) de 10,8. Eu utilizarei uma curva sob a forma de sino para representar a variação do processo. Temos agora um processo com uma média de 8,4 e um desvio-padrão de 0,6 (**Figura 1**). A média é dois desvios-padrão acima do LSL e quatro desvios-padrão abaixo do USL. Portanto,

$$C_{pl} = 2/3 = 0{,}67$$

e

$$C_{pu} = 4/3 = 1{,}33$$

C_{pk} é o menor desses dois números, ou seja 0,67. Isto implica que, grosseiramente, 2,5% dos resultados desse processo cairão abaixo do LSL."

"Esse resultado não é bom", observou Mary.

```
                        LSL                                    USL
                         |                                      |
                         |          /\                          |
                         |         /  \                         |
                         |        /    \                        |
                         |       /  |   \                       |
                         |      /   | 0,6 \                     |
                         |     /    |------\                    |
                         |    /     |       \                   |
                         |   /      |        \                  |
                         |  /       |         \                 |
                         | /        |          \                |
                    ____/_|_____|_____|
                    6,6   7,2  7,8  8,4   9    9,6   10,2  10,8
```

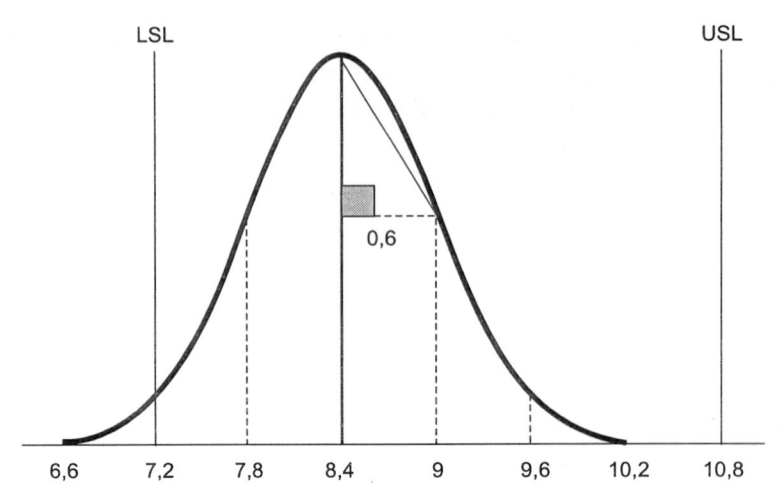

Figura 1. Um processo com C_{pk} = 0,67. A média é dois desvios-padrão acima do Limite Inferior de Especificação (LSL) e quatro desvios-padrão abaixo do Limite Superior de Especificação (USL). O C_{pl} é 2/3 = 0,67 e o C_{pu} é 4/3 = 1,33. Grosseiramente 2,5% dos resultados desse processo cairão abaixo do Limite Inferior de Especificação.

Avona representou outro gráfico. "Apresentamos agora um processo com uma média de 9,0 e um desvio-padrão de 0,6 (**Figura 2**). A média é três desvios-padrão acima do LSL e três desvios-padrão abaixo do USL. Portanto,

$$C_{pl} = 3/3 = 1,00$$

e

$$C_{pu} = 3/3 = 1,00$$

C_{pk} é o menor desses dois números, mas, neste caso, visto que o processo é perfeitamente centrado, estes números são iguais. Portanto, C_{pk} é igual a 1,00. Isto implica que, grosseiramente, 0,3% dos resultados desse processo cairão abaixo do LSL ou acima do USL."

"Esse resultado é melhor", observou Mary.

"Mas ainda não é suficientemente bom para o Seis Sigma", disse Avona. Ela representou o terceiro gráfico. "Apresentamos agora um processo com C_{pk} = 1,33. A média é 9,6 e o desvio-padrão é 0,3 (**Figura 3**). A média é oito desvios-padrão acima do LSL e quatro desvios-padrão abaixo do USL. Portanto,

$$C_{pl} = 8/3 = 2,67$$

e

$$C_{pu} = 4/3 = 1,33$$

Isto implica que, grosseiramente, 32 resultados por milhão cairão acima do USL."

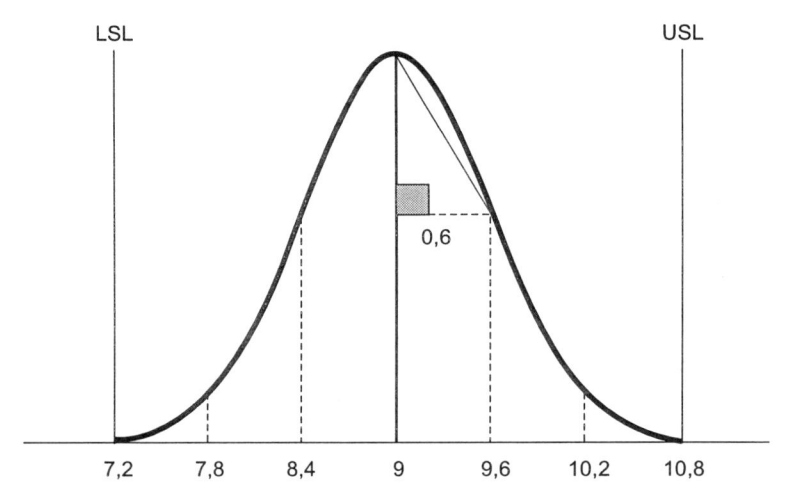

Figura 2. Um processo com C_{pk} = 1,00. A média é três desvios-padrão acima do Limite Inferior de Especificação (LSL) e três desvios-padrão abaixo do Limite Superior de Especificação (USL). O C_{pl} é 3/3 = 1,00 e o C_{pu} é 3/3 = 1,00. Grosseiramente, 0,3% dos resultados desse processo cairão abaixo do Limite Inferior de Especificação ou acima do Limite Superior de Especificação.

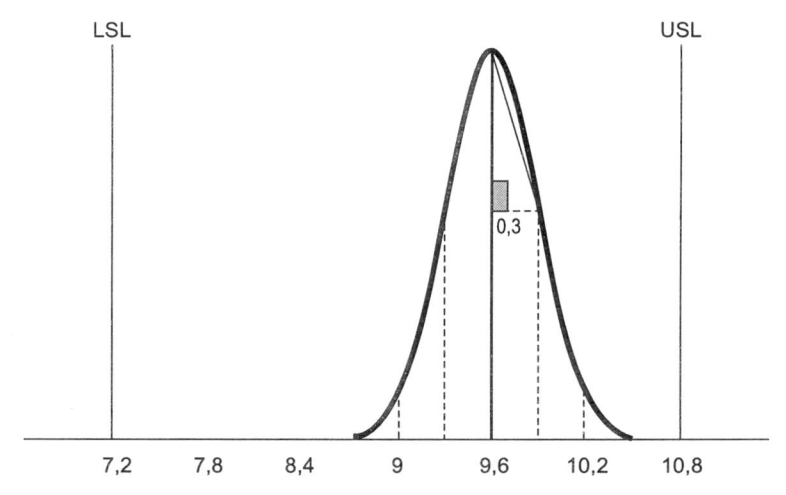

Figura 3. Um processo com C_{pk} = 1,33. A média é oito desvios-padrão acima do Limite Inferior de Especificação (LSL) e quatro desvios-padrão abaixo do Limite Superior de Especificação (USL). O C_{pl} é 8/3 = 2,67 e o C_{pu} é 4/3 = 1,33. Grosseiramente, 32 resultados por milhão cairão acima do Limite Superior de Especificação.

Avona esquematizou o quarto gráfico. "Apresentamos agora um processo com C_{pk} = 1,67. A média é 9,3 e o desvio-padrão é 0,3 (**Figura 4**). A média é sete desvios-padrão acima do LSL e cinco desvios-padrão abaixo do USL. Portanto,

158 Sinais de Ganho™

e

$$C_{pl} = 7/3 = 2,33$$

$$C_{pu} = 5/3 = 1,67$$

Isto implica que, grosseiramente, 287 resultados por bilhão cairão acima do USL."

"Está certo, agora para testá-la", Mary e Dick resmungaram. "Qual seria o C_{pk} se movêssemos a média para nove, diretamente no centro da faixa de especificação?"

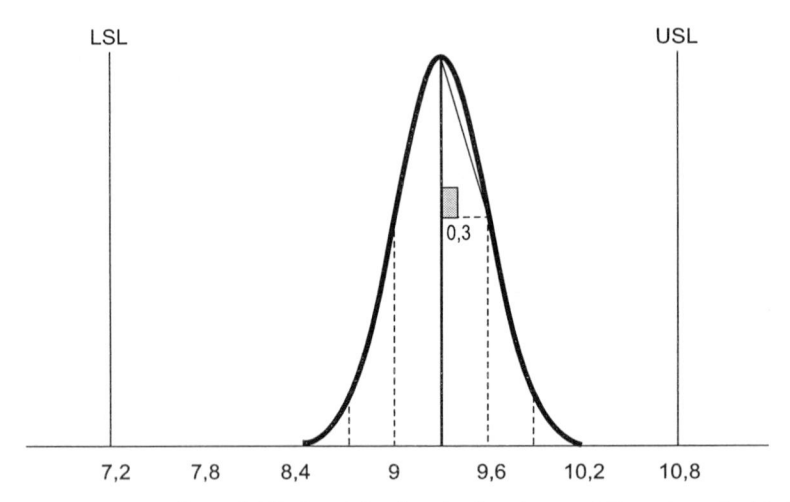

Figura 4. Um processo com C_{pk} = 1,67. A média é sete desvios-padrão acima do Limite Inferior de Especificação (LSL) e cinco desvios-padrão abaixo do Limite Superior de Especificação (USL). O C_{pl} é 7/3 = 2,33 e o C_{pu} é 5/3 = 1,67. Grosseiramente, 287 resultados por bilhão cairão acima do Limite Superior de Especificação.

Mary foi a primeira a responder. "Então a média seria seis desvios-padrão acima do LSL e seis desvios-padrão abaixo do USL. C_{pl} e C_{pu} seriam iguais a 6/3, ou 2, de modo que C_{pk} seria igual a 2."

"Correto novamente", disse Avona. "E danem-se, um processo com esse nível de capabilidade produziria não mais do que cerca de dois resultados defeituosos por bilhão."

Após um momento de silêncio, Dick disse: "Agora, esse resultado é algo que devemos aspirar."

Simulação de Melhoria de Processo

"Apenas como brincadeira, vamos lançar alguns dados", sugeriu Avona. "Eu registro os resultados enquanto vocês jogam. Viva Las Vegas!"

Após algumas jogadas, Mary disse: "Que grande surpresa! Eu estou obtendo números entre 2 e 12. Uhm, parece que a maioria dos resultados está no meio da faixa e não nos extremos."

Ela entrou com esses números em sua calculadora. "A média é cerca de sete e o desvio-padrão é um pouco superior a dois."

"Algo deve estar errado com meus dados", observou Dick. "Tudo que eu consigo é o número onze. O que está acontecendo com eles? Oh, espere um minuto. Um de meus dados tem um cinco estampado em todas as faces e o outro tem um seis em todas as faces. Avona, onde você os conseguiu?"

"Magos da Costa", respondeu Avona. "Eles têm diversos jogos baseados em probabilidades e raciocínio tridimensional. Ao fixar o dado de modo que você sempre consegue o mesmo resultado, você está brincando com um processo Seis Sigma. Onzes perfeitos em todas as jogadas. A única forma de poder obter uma resposta diferente é anotar o número errado."

"Deixe-me calcular quantos meios existem de obter cada resultado possível com dois dados normais", disse Dick (**Figura 5**).

Valores	1	2	3	4	5	6
1	2	3	4	5	6	7
2	3	4	5	6	7	8
3	4	5	6	7	8	9
4	5	6	7	8	9	10
5	6	7	8	9	10	11
6	7	8	9	10	11	12

Figura 5. Sete é o resultado mais provável quando dois dados são lançados. Seis diferentes combinações gerarão um sete, enquanto somente uma combinação irá gerar um dois ou um 12.

Tom interrompeu a conversa: "Eu conheço um melhor modo de apresentar os resultados (**Figura 6**)."

"Você sempre sabe?"

"Veja, este modo se parece com uma curva sob a forma de um sino. Eu aposto que deixa Avona satisfeita."

"Realmente", disse Avona. "Na verdade, é uma ótima direção na qual eu queria mostrar-lhes. Podemos usar o lançamento de dois ou mais dados para simular a evolução da capabilidade do processo ao longo dos projetos de desenvolvimento do Seis Sigma. Cada

2	3	4	5	6	7	8	9	10	11	12
					6/1					
				5/1	5/2	6/2				
			4/1	4/2	4/3	5/3	6/3			
		3/1	3/2	3/3	3/4	4/4	5/4	6/4		
	2/1	2/2	2/3	2/4	2/5	3/5	4/5	5/5	6/5	
1/1	1/2	1/3	1/4	1/5	1/6	2/6	3/6	4/6	5/6	6/6

Figura 6. A distribuição da freqüência dos resultados no lançamento dos dados.

dado representará uma causa de defeitos. A soma dos dados representa o número de defeitos por helicóptero.

"O tempo de vôo médio para nosso projeto atual é 11 segundos. Isso significa que nossa margem de lucro média é US$ 2 milhões. Digamos que estes defeitos tenham um custo individual de reparação de US$ 100 mil. Se um helicóptero apresenta 20 defeitos, atingimos o ponto de equilíbrio. Se ele tiver mais do que 20 defeitos, perdemos dinheiro. Portanto, nosso Limite Superior de Especificação é 20 defeitos."

"20 parece ser um número exagerado de defeitos", disse Dick. "Podemos conseguir números menores?"

"Pense comigo, Dick. Isso é só uma simulação. Está certo, vamos iniciá-la. Nosso processo inicial envolve quatro dados."

Para cada simulação, uma das pessoas lança os quatro dados, uma 'canta' o resultado e a outra o insere no programa estatístico de matriz de dados. Há uma troca de funções de vez em quando. Após completarem 100 simulações, eles decidiram que tinham um número suficiente. Avona mostrou-lhes como efetuar uma análise de capabilidade de processo com dois cliques no mouse (**Figura 7**).

"Nessa análise obtemos apenas C_{pu} porque há somente um limite superior de especificação. Em situações como essa, C_{pu} e C_{pk} representam a mesma coisa. Utilizando-se a curva com o formato em sino, com 'Média' marcada nela, minha visão calibrada me informa que o número médio de defeitos por unidade é cerca de 14. O desvio-padrão é 3,4. C_{pk} é 0,56. Conforme vocês podem ver, o número de defeitos em 4,7 dos helicópteros ficará 'Acima do USL'. Em outras palavras, 4,7% deles terão mais do que 20 defeitos, e nós perderemos dinheiro."

"Nós também poderemos perder participação no mercado", disse Mary. "Não há garantia de que somos capazes de detectar todos os defeitos antes de um helicóptero chegar em algum cliente. Em primeiro lugar, seria melhor evitar que isso ocorresse."

Quatro Dados

Análise de Capabilidade

Especificação	Valor	Porção	%Real
Lim. Inf. de Especif.		Abaixo do LSL	
Lim. Sup. de Especif.	20	Acima do USL	3,0000
Meta Especificada		Externa Total	

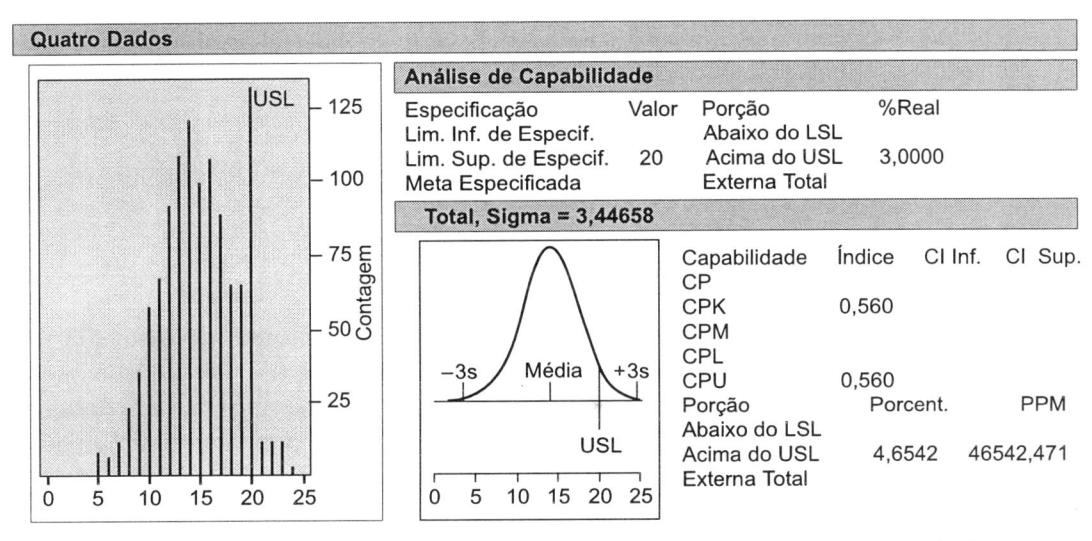

Total, Sigma = 3,44658

Capabilidade	Índice	CI Inf.	CI Sup.
CP			
CPK	0,560		
CPM			
CPL			
CPU	0,560		
Porção		Porcent.	PPM
Abaixo do LSL			
Acima do USL		4,6542	46542,471
Externa Total			

Figura 7. Análise de capabilidade de processo para o processo inicial dos "quatro dados".

"Você entendeu o sentido, garota", disse Avona. "Agora, vamos assumir que fizemos uma análise de dados na base de dados de nosso processo, utilizando análise vetorial naturalmente, priorizado as causas dos defeitos, e eliminado com êxito uma das causas principais. Nosso processo melhorado envolve somente três dados."

Depois de completar mais 1.000 simulações, Avona exibiu-lhes a análise de capabilidade de processo para o processo melhorado (**Figura 8**).

Três Dados

Análise de Capabilidade

Especificação	Valor	Porção	%Real
Lim. Inf. de Especif.		Abaixo do LSL	
Lim. Sup. de Especif.	20	Acima do USL	0,0000
Meta Especificada		Externa Total	

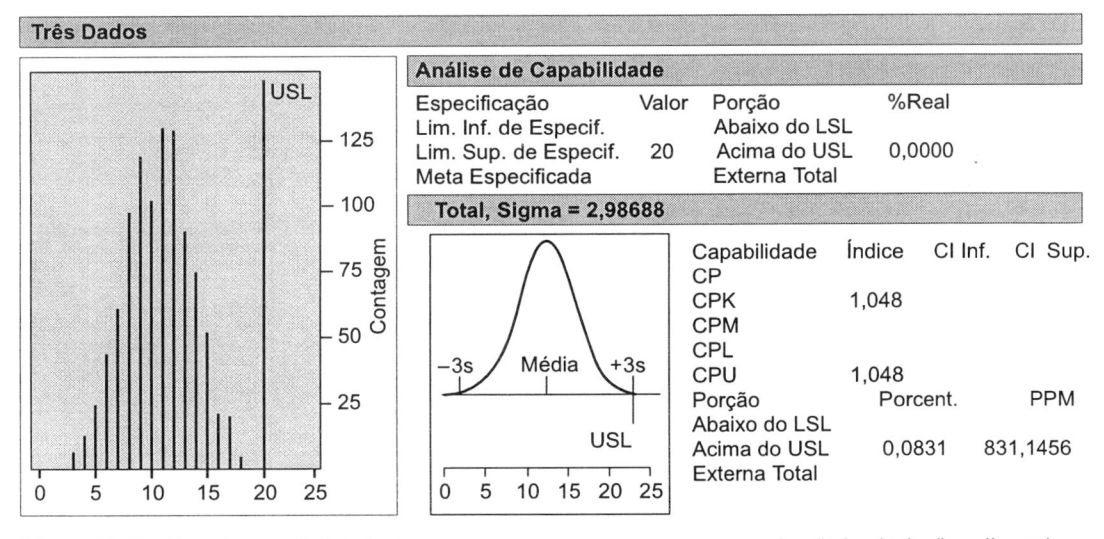

Total, Sigma = 2,98688

Capabilidade	Índice	CI Inf.	CI Sup.
CP			
CPK	1,048		
CPM			
CPL			
CPU	1,048		
Porção		Porcent.	PPM
Abaixo do LSL			
Acima do USL		0,0831	831,1456
Externa Total			

Figura 8. Análise de capabilidade de processo para o novo processo dos "três dados" melhorado.

"Os defeitos médios por unidade — utilizando-se o método da visão calibrada, a média marcada sobre a pequena curva de distribuição e a escala de 0-25 um pouco abaixo dela na **Figura 8** —, caíram de 14 para cerca de 10. Esta é uma economia média de US$ 400 mil por helicóptero. O desvio-padrão é cerca de 3. C_{pk} é 1,05. O número de defeitos de 831 partes por milhão (PPM) ficará 'Acima do USL'. Em outras palavras, em 1.000 helicópteros nós teremos lucro em 999 unidades."

"Este parece ser um resultado muito melhor do que com o antigo processo", disse Tom. "Mas, o que ocorreria se a média flutuasse para cima no decorrer do tempo?"

"Essa é uma questão muito boa", disse Avona. "É exatamente por isso que não podemos dar-nos por satisfeitos com um C_{pk} que mal é superior a um. Devemos eliminar outras causas de defeitos de modo que as flutuações para cima não resultem em perda de rendimento. Vamos dizer que conseguimos fazer isso, e nosso processo agora envolve somente dois dados."

Depois de completarem mais 1.000 simulações, Avona exibiu-lhes a análise de capabilidade de processo para o novo processo (**Figura 9**).

"Os defeitos médios por unidade caíram de dez para cerca de sete. Esta é uma economia média de US$ 300 mil por helicóptero. O desvio-padrão é cerca de 2,5. C_{pk} é 1,75. O número de defeitos de 78 partes por milhão (0,078 PPM) ficará 'Acima do USL'. Em outras palavras, em dez milhões de helicópteros nós teremos lucro em 999.999.999 unidades."

"Isso não é tudo", acrescentou Tom. "Com um limite de três sigma superior de cerca de 14 operando como limite de controle, podemos detectar flutuações para cima antes de elas provocarem perda de rendimento."

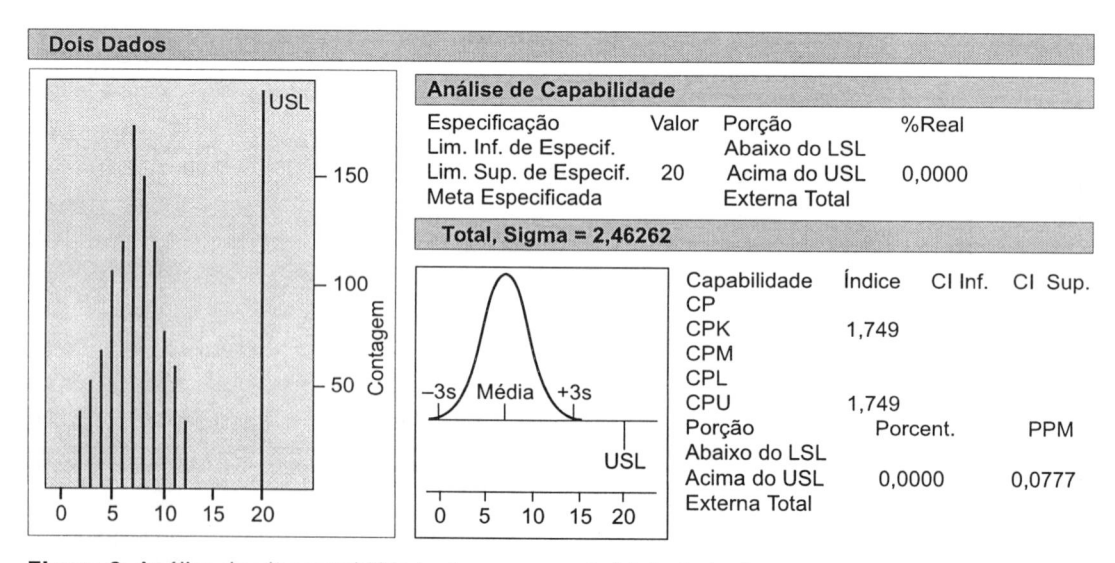

Figura 9. Análise da ultracapabilidade do processo de "dois dados".

"Ótima observação", apontou Avona. Ela fez uma outra simulação — uma pequena dessa vez. Ela gerou um diagrama de controle mostrando o que ocorreria se as causas dos defeitos no processo dos "três dados" retornassem (**Figura 10**).

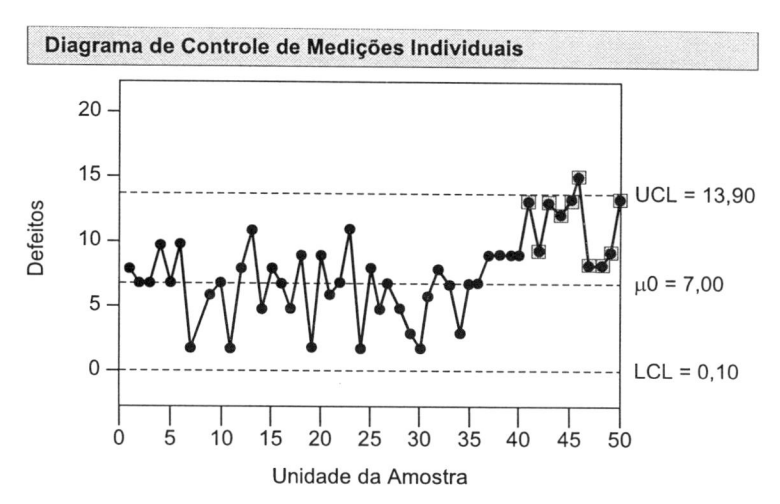

Figura 10. As 40 unidades iniciais são oriundas do processo dos "dois dados", as dez finais são provenientes do processo dos "três dados". Os Limites Superior e Inferior de Controle (UCL e LCL) são os limites de três sigma para o processo dos "dois dados".

"Um diagrama de controle utiliza a média e os limites de três sigma para monitorar um processo no decorrer do tempo", explicou Avona. "Em minha simulação, as primeiras 40 unidades são oriundas de nosso processo dos 'dois dados'. As dez finais são provenientes do processo dos 'três dados'. Vocês conseguem perceber o que ocorreu no diagrama?"

"Sim", disse Dick. "Os pontos ficaram muito maiores."

"Obrigada, Dick. De fato, eu fiz o mesmo para distinguir as unidades dos três dados das dos dois dados. E sobre os dados em relação à média e ao limite superior do três sigma?"

"Bem", disse Mary, "as unidades dos dois dados estavam distribuídas uniformemente em torno da média, e nenhuma delas estava acima do limite superior do três sigma. As unidades dos três dados estavam todos acima da média, e uma delas estava acima do limite superior do três sigma".

"Isso está correto", disse Avona. "Essas são as duas regras mais importantes para interpretação de um gráfico de controle. Eles são sinais de que algo mudou. Assim, o que você comentou anteriormente está totalmente certo, Tom. Podemos usar a média e os limites do três sigma do processo dos dois dados para perceber uma flutuação para cima antes de ela provocar qualquer perda de rendimento."

"E mais, essas regras nos fornecem definições operacionais de quando iniciarmos o *troubleshooting*", disse Tom. "Do contrário, cada pessoa poderia ter uma interpretação diferente partindo dos mesmos dados. Uhm, Avona, isto me faz recordar dos 'padrões de evidência' a que você sempre está se referindo. Os gráficos de controle guardam algum tipo de relação com eles?"

"Acertou!" exclamou Avona. "Permita-me explicar."

"Tudo bem", disse Mary, "mas antes podemos fazer um intervalo?"

Monitorando Práticas e Ganhos

Após o intervalo, Avona mostrou ao time uma tabela dos resultados financeiros (**Tabela 1**).

"Em diversas empresas, o Comitê Executivo esforça-se desesperadamente sobre números como estes relatórios trimestrais. Eles elaboram gráficos de barras (**Figura 11**), e tentam descobrir o que deu errado no Trimestre 5, e a quem culpar. Eles tentam receber elogios pelo Trimestre 13, e se saem com explicações imaginativas."

"Nós não fazemos a mesma coisa?", perguntou Mary.

Tabela 1
Relatório financeiro trimestral (milhares de dólares).

Trimestre	Totais Mensais			Total
1	498,55	515,35	489,77	1.503,67
2	477,90	527,33	490,43	1.495,66
3	535,68	464,88	504,44	1.505,00
4	527,12	498,00	509,45	1.534,57
5	452,25	483,54	450,00	1.385,79
6	542,19	482,31	514,22	1.538,72
7	460,33	501,33	496,89	1.458,55
8	489,34	505,70	535,89	1.530,93
9	542,33	497,23	450,33	1.489,89
10	450,23	497,00	555,80	1.503,03
11	476,90	544,99	483,44	1.505,33
12	525,89	483,78	501,45	1.511,12
13	498,88	540,99	509,00	1.548,87
14	461,11	490,32	494,56	1.445,99
15	470,85	520,12	527,03	1.518,00

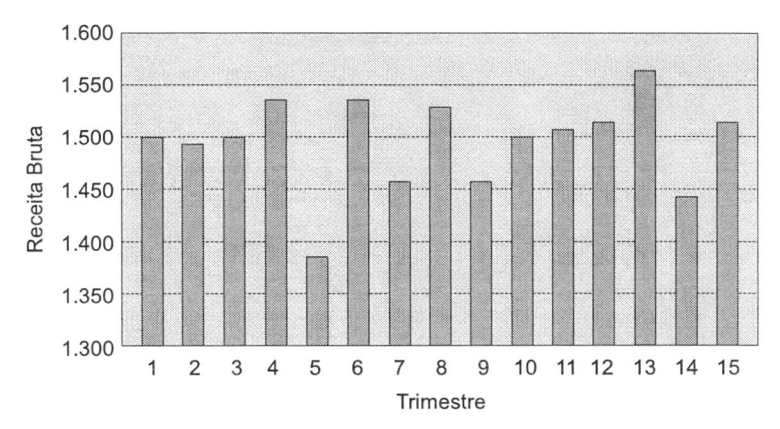

Figura 11. Resultados financeiros trimestrais (milhares de dólares).

"Antigamente sim", respondeu Avona, "mas agora não fazemos mais. Não desde que Rotcev tomou o comando. Ele, imediatamente, insistiu que aplicássemos padrões de evidência em todos os setores, não apenas no de manufatura".

"Rotcev tem praticamente o mesmo entusiasmo sobre essa matéria do que você, Avona." comentou Dick. "Mas, eu não tinha percebido que vocês poderiam utilizá-la em dados financeiros. Eu pensei que os contadores tinham seus modos especiais de fazer o serviço."

"Eles tinham", respondeu Avona. "Esse era o problema. Eles conseguiam maquiar bem os números sempre que nossos ex-CEOs assim o exigissem."

"Para fazer isso corretamente", continuou Avona, "precisamos inserir os dados em uma matriz de dados (**Tabela 2**). A seguir, podemos aplicar uma análise vetorial".

"Considerar somente os valores totais é um grande problema da análise da variância da contabilidade de custos tradicional. Por exemplo, se examinarmos apenas os valores totais do trimestre, perdemos todas as informações contidas nos valores mensais."

"Se tivéssemos dados semanais, iniciaríamos com eles. Examinar apenas os valores totais do mês ou do trimestre perderia todas as informações contidas nas variações existentes de semana a semana."

"Com a análise vetorial, utilizamos todas as informações em quaisquer dados que tivermos. A análise na **Tabela 2** é exatamente a mesma como se estivéssemos comparando 15 modos de fazer algo. O vetor do sinal de ganho contém todas as informações sobre as diferenças entre os 15 trimestres. O vetor do *noise* contém todas as informações sobre as variações ocorridas de mês a mês."

"Agora, apresento a base da evidência para esta análise vetorial (**Figura 12**). Ela fornece os comprimentos de todos os vetores."

"Quem pode-me dizer se há diferenças significativas entre os 15 trimestres?"

"Não há nenhuma", Mary respondeu rapidamente. "O valor *p* é 0,792. Ele não satisfaz nenhum padrão de evidência. As mudanças aparentes de trimestre a trimestre são apenas *noise*, não sinais."

Tabela 2
Matriz de dados e análise vetorial para uma revisão trimestral de dados financeiros mensais.

Trimestre	Vetor dos Dados Primários		Vetor da Média dos Dados		Vetor da Variação		Vetor do Sinal de Ganho		Vetor do Erro
1	498,55		499,45		− 0,90		1,78		− 2,67
1	515,35		499,45		15,90		1,78		14,13
1	489,77		499,45		− 9,68		1,78		− 11,45
2	477,90		499,45		− 21,55		− 0,89		− 20,65
2	527,33		499,45		27,88		− 0,89		28,78
2	490,43		499,45		− 9,02		− 0,89		− 8,12
3	535,68		499,45		36,23		2,22		34,01
3	464,88		499,45		− 34,57		2,22		− 36,79
3	504,44		499,45		4,99		2,22		2,77
4	527,12		499,45		27,67		12,08		15,60
4	498,00		499,45		− 1,45		12,08		− 13,52
4	509,45		499,45		10,00		12,08		− 2,07
5	452,25		499,45		− 47,20		− 37,52		− 9,68
5	483,54		499,45		− 15,91		− 37,52		21,61
5	450,00		499,45		− 49,45		− 37,52		− 11,93
6	542,19		499,45		42,74		13,46		29,28
6	482,31		499,45		− 17,14		13,46		− 30,60
6	514,22		499,45		14,77		13,46		1,31
7	460,33		499,45		− 39,12		− 13,26		− 25,85
7	501,33		499,45		1,88		− 13,26		15,15
7	496,89		499,45		− 2,56		− 13,26		10,71
8	489,34		499,45		− 10,11		10,86		− 20,97
8	505,70		499,45		6,25		10,86		− 4,61
8	535,89		499,45		36,44		10,86		25,85
9	542,33	−	499,45	=	42,88	=	− 2,82		45,70
9	497,23		499,45		− 2,22		− 2,82		0,60
9	450,33		499,45		− 49,12		− 2,82		− 46,30
10	450,23		499,45		− 49,22		1,56		− 50,78
10	497,00		499,45		− 2,45		1,56		− 4,01
10	555,80		499,45		56,35		1,56		54,79
11	476,90		499,45		− 22,55		2,33		− 24,88
11	544,99		499,45		45,54		2,33		43,21
11	483,44		499,45		− 16,01		2,33		− 18,34
12	525,89		499,45		26,44		4,26		22,18
12	483,78		499,45		− 15,67		4,26		− 19,93
12	501,45		499,45		2,00		4,26		− 2,26
13	498,88		499,45		− 0,57		16,84		− 17,41
13	540,99		499,45		41,54		16,84		24,70
13	509,00		499,45		9,55		16,84		− 7,29
14	461,11		499,45		− 38,34		− 17,45		− 20,89
14	490,32		499,45		− 9,13		− 17,45		8,32
14	494,56		499,45		− 4,89		− 17,45		12,56
15	470,85		499,45		− 28,60		6,55		− 35,15
15	520,12		499,45		20,67		6,55		14,12
15	527,03		499,45		27,58		6,55		21,03
Graus de Liberdade	45	−	1	=	44	=	14	+	30
Comprim. ao Quadrado	(NEA)				34.393	=	8107	+	26.286
Variâncias	(Comprimentos ao Quadrado/Graus de Liberdade)						579		876
Razão F	(Variância do Sinal de Ganho/Variância do Erro)								0,661
Valor P	(Probabilidade de obter um razão F dessa grandeza só por acaso)								0,792

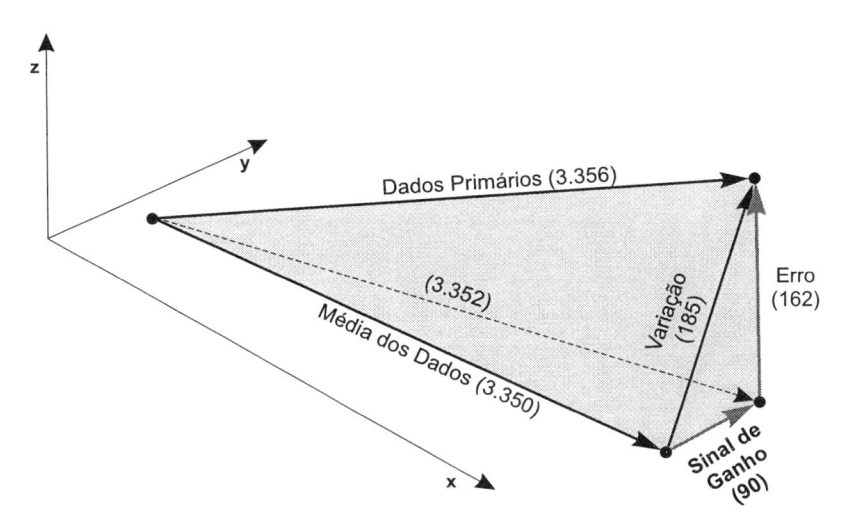

Figura 12. A base da evidência para a análise vetorial da Tabela 2. Os números em parênteses são os comprimentos dos vetores. Os três vetores longos não são desenhados em escala.

"Isso está correto", disse Avona. "Agora, a razão F basicamente compara o grau de variabilidade no vetor do sinal de ganho com o grau de variabilidade no vetor do erro. Chegamos a nossa conclusão porque a razão F não era suficientemente alta para atingir um padrão de evidência. Em outras palavras, a variação do sinal de ganho não era suficientemente ampla comparada com a variação do erro."

"Podemos confirmar esse fato visualmente ao representar os vetores do sinal de ganho e do *noise* juntos em um único gráfico (**Figura 13**).

"A linha contínua é o vetor do sinal de ganho e a linha pontilhada é o vetor do *noise*. Elas são representadas na seqüência do tempo. Os graus totais de variabilidade são praticamente idênticos."

"Criar uma comparação gráfica como essa é um pouco mais complicado do que parece. Para tornar a comparação estatisticamente válida, tive de dividir os valores no vetor do *noise* pela raiz quadrada de três. Isto porque cada valor no vetor do sinal de ganho é uma média de três valores no vetor da variação. Eu sei que isto é confuso, mas é uma Lei do Universo."

"De qualquer forma, em 1924, um homem de nome Walter Shewhart estava tentando implantar um bom método gráfico para análise de dados no decorrer do tempo quanto a um modo lógico ou natural de agrupá-los. Por exemplo, agrupamos nosso dados mensais primários pelos trimestres do calendário. Isso fazia sentido porque o Comitê Executivo revisava-os numa base trimestral. Shewhart chamou-os de subgrupos racionais."[5]

"Em lugar de esquematizar o vetor do sinal de ganho e ajustar o vetor do *noise* no topo de cada um deles, Shewhart decidiu que seria melhor representar somente os valores do sinal de ganho, e utilizar linhas horizontais para representar os limites de três sigma superior e inferior dos valores ajustados do vetor do erro. Ele percebeu que essa forma seria mais fácil de ser interpretada."

"Em outras palavras, ele inventou o que agora denominamos de gráfico de controle $\overline{X}$ (**Figura 14**).

"Este diagrama de controle nos informa a mesma coisa que a razão F: as mudanças de trimestre a trimestre são apenas erro."

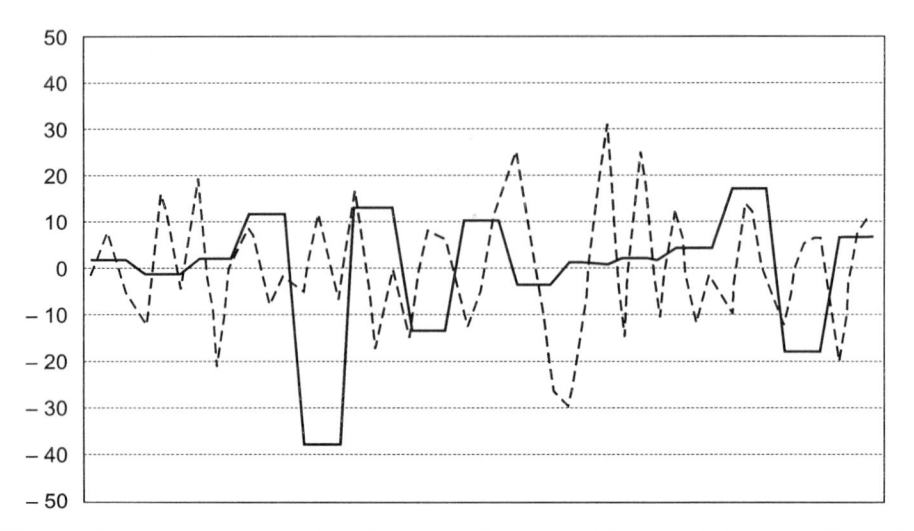

Figura 13. Os números no vetor do sinal de ganho são representados pela linha contínua. Cada um deles é uma média dos três números no vetor da variação. Para fazer uma comparação visual estatisticamente válida, os números no vetor do *noise* foram previamente divididos pela raiz quadrada de três. Não nos culpe, esta é uma Lei do Universo. Os valores ajustados do erro são representados pela linha pontilhada.

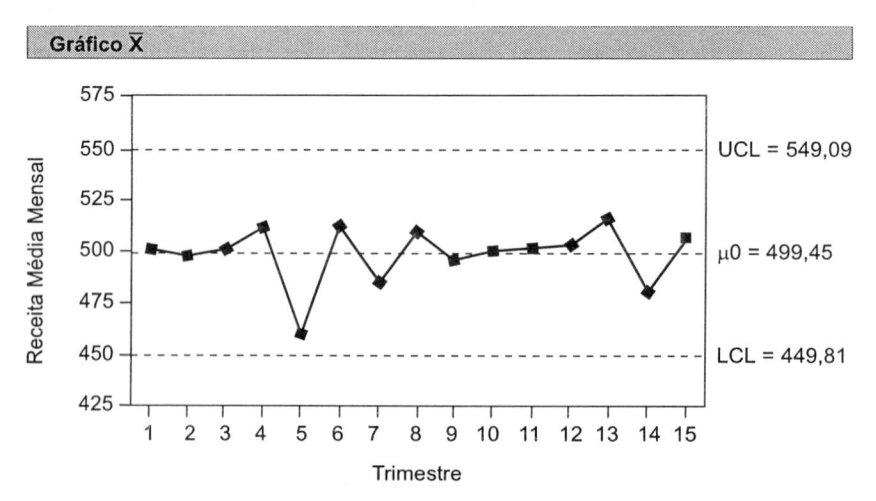

Figura 14. Os pontos são as médias das receitas mensais em cada trimestre, não os totais. A linha central é a média total de todos os valores mensais. O Limite de Controle Superior (UCL) é três desvios-padrão do erro acima da média. O Limite de Controle Inferior (LCL) é três desvios-padrão do erro abaixo da média.

"Eu tenho uma pergunta", disse Dick. "Temos que repetir a análise vetorial para cada trimestre?"

"Essa é uma boa pergunta", respondeu Avona. "Felizmente, a resposta é não." "Quando temos uma boa linha de base, tal como neste exemplo, mantemos os limites de controle constantes e simplesmente representamos os novos números à medida que o tempo passa."

"Eu creio que os elementos fundamentais que você nos ensinou realmente são aplicados", disse Dick.

"Está bem, aqui está o seu teste. Quais são os dois 'eventos' neste gráfico que indicariam uma mudança real de alguma espécie?"

"Um ponto fora dos limites de controle", disse Tom.

"Um grupo de pontos em uma fila acima da linha central", rebateu Mary.

"Certo nos dois sentidos", disse Avona. "Lembre-se, Mary, de que poderia ser um grupo de pontos abaixo da linha central. E, a propósito, o requisito normal é de oito pontos em uma fila para fins de um sinal estatístico."[6]

"Isto é uma grande descoberta", disse Mary. "No entanto, eu estive me perguntando: ainda não estamos perdendo um pouco de informações nas mudanças ocorridas de mês a mês?"

"Excelente ponto", disse Avona. "Shewhart estava consciente deste problema. Sua solução foi esquematizar os desvios-padrão dos subgrupos em seu próprio diagrama de controle (**Figura 15**). Os dois diagramas em conjunto nos fornecem um panorama completo do que está ocorrendo do decorrer do tempo."

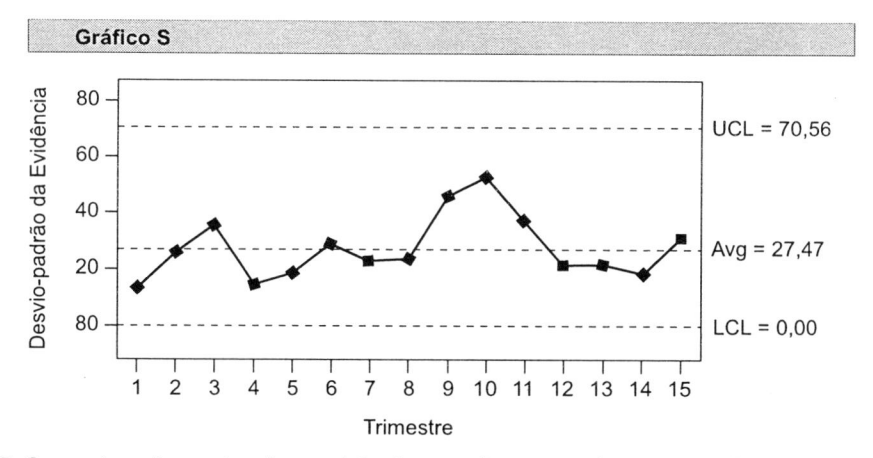

Figura 15. Os pontos são os desvios-padrão das receitas mensais em cada trimestre. A linha central é a média dos desvios-padrão. Os Limites de Controle Superior e Inferior (UCL e LCL) são limites do três sigma baseados no desvio-padrão entre os desvios-padrão. Estranho, mas verdadeiro.

Empreendendo Ação

Depois que os outros saíram, Avona concluiu que havia um outro fato básico sobre gráficos de controle que ela necessitava ensinar para eles. Não era sobre como iniciar os gráficos, ou como interpretá-los. Ela percebeu que esse método era muito fácil.

Ela conhecia da experiência que todos os gráficos de controle eram freqüentemente utilizados como "apresentação enganosa". Talvez "papel de parede" fosse uma melhor analogia. Ao menos no setor de manufatura, ela sabia que os gráficos de controle agregavam valor real somente quando eram utilizados como uma base para ações.

Ela ainda sabia que reagir aos sinais dos gráficos de controle era um processo semelhante a qualquer outra atividade empresarial. A fim de agregar valor, o processo de reação deve ser definido e documentado. Ele deve ser aprimorado no decorrer do tempo.

Ela descobriu que os recursos do Mapeamento de Processos eram ideais para estes tipos de tarefas. Em sua experiência, apresentava melhores resultados contar com equipes de operadores, supervisores, técnicos de manutenção, engenheiros e gerentes desenvolvendo em conjunto planos de reação. Ela tinha um "esboço" de plano de reação que sempre utilizava para fazê-los iniciar o processo (**Figura 16**).

A questão "Sinal?" se refere a um ou mais sinais predefinidos em um ou mais gráficos de controle. Os gráficos e sinais são definidos pela equipe de desenvolvimento do plano. O termo "intensificar" significa aumentar o nível de pesquisa trazendo alguém com maior conhecimento. O ideal seria que o processo no setor de produção ou de serviços ficasse parado até a fase de "Continuar" ser atingida. A **Figura 17** exibe um exemplo real de um plano de reação para um processo industrial baseado em lotes.

Neste exemplo, o time decidiu confirmar um sinal de gráfico de controle extraindo imediatamente uma segunda amostra do mesmo lote. Se a segunda amostra não revelar um sinal, a ocorrência é documentada e o lote avança para a próxima operação.

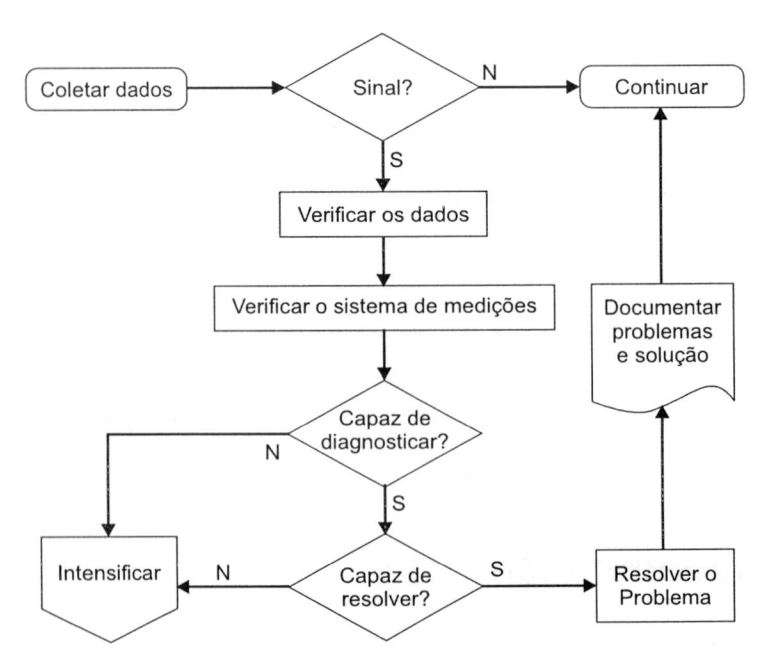

Figura 16. "Esboço" genérico de plano de reação para um processo no setor de produção ou de serviços.

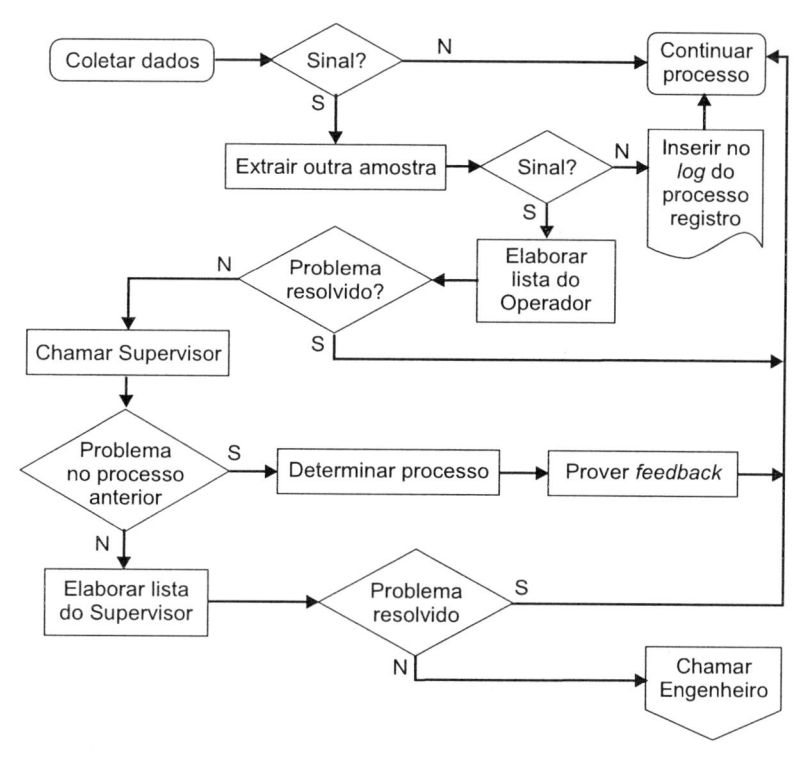

Figura 17. Exemplo de um plano de reação para um processo no setor de produção.

Se a segunda amostra revela um sinal de gráfico de controle, o processo de manufatura é mantido enquanto o Operador analisa uma lista predeterminada. As listagens em um plano de reação são determinadas pela equipe que desenvolve o plano. Esta é a razão pela qual é tão importante que todas as profissões sejam representadas na equipe: operador, supervisor, técnico de manutenção, engenheiro e gerentes.

Se o operador resolver o problema, a ocorrência é documentada e o lote avança para a próxima operação. Do contrário, é convocado o supervisor. Pode haver necessidade de chamar o engenheiro, ou o técnico em manutenção, ou mesmo o gerente. O ponto importante é que o processo de manufatura permaneça sustentável até que aconteça uma das duas coisas:

1) o problema é resolvido;

2) alguém de autoridade suficientemente alta toma a decisão de retomar a produção enquanto se trabalha para resolver o problema.

As chaves do sucesso para os planos de reação são:

a) respostas baseadas em evidência ordenadas e consistentes para problemas assim que eles ocorrerem;

b) visibilidade de problemas ao longo da organização, apropriada ao seu nível de severidade;

c) decisões baseadas em evidências tomadas nos níveis apropriados de responsabilidade pela organização.

Primeiramente, uma abordagem disciplinada como essa funciona como uma pílula amarga. Supervisores e gerentes se contrapõem à perda no tempo de produção. Depois de algumas semanas, ou meses, os mesmos supervisores e gerentes estão encantados com os resultados de seus planos de reação. Invariavelmente, eles têm presenciado a queda das paradas não planejadas. Os problemas estão sendo solucionados imediatamente, em vez de serem ignorados até tornarem-se catastróficos.

Estes benefícios econômicos no curto prazo são ofuscados pelas melhoras na capabilidade do processo no longo prazo. O antigo processo dos "quatro dados" cede passagem ao processo dos "três dados". Nós pensamos: "Isso é ótimo, mas não passa daí. É impossível conseguir algo melhor." No entanto, continuamos seguindo nosso plano de reação e refinando-o à medida que aprendemos novas coisas. Um dia acordamos e, para nosso grande espanto, o impossível aconteceu. Nós nos encontramos com um processo dos "dois dados", de ultracapabilidade, e percebemos que nossos concorrentes estão utilizando nosso processo como *benchmark* (ponto de referência).

Você deve estar se perguntando se isto é realmente possível?

Pitágoras estava certo sobre os triângulos retângulos? A Terra é esférica e ela dá voltas em torno do Sol? A multiplicação funciona? A gravidade e a eletricidade existem? Os aviões voam? Você pode comprar mercadorias pelo computador e recebê-las em sua casa? Os vetores e o hiperespaço são reais?

Toda a evidência que temos diz que "sim".

Argumentos Finais

"A idéia de controle envolve ação com o propósito de atingir um resultado desejado." Walter A. Shewhart. *Statistical Method from the Viewpoint of Quality Control*, 1939.[7]

Notas Finais

[1]Scott, William G. and, Hart, David K. *Organizational Values in America*. New Brunswick, Transaction Publishers, 1991. Page 139.

[2]Committee on Quality of Healthcare in America. Kohn, Linda T., Corrigan, Janet M., Donaldson, Molla S. Editors. *To Err is Human, Building a Safer Health System*. Washington, D. C. National Academy Press, 2001.

[3]http://www.student.math.uwaterloo.ca/~stat231/stat231 01 02/w02/section3/fi4.4.pdf e http://www.ralentz.com/old/space/feynman-report.html.

[4] http://www.uri.edu/artsci/ecn/mead/306a/Tuftegifs/Tufte3.html.

[5] Shewhart, Walter A. *Economic Control of Quality of Manufactured Product*, New York, D. Van Nostrand Company, Inc. 1931. Publicado novamente em 1980 pela Sociedade Americana de Controle de Qualidade.

[6] AT&T Technologies. *Statistical Quality Control Handbook*, copyright 1956 by Western Electric. Direitos autorais renovados pela AT&T Technologies, Inc., 1984.

[7] Shewhart, Walter A. *Statistical Method from the Viewpoint of Quality Control*. New York, Dover Publications, Inc., 1986.

CAPÍTULO 8

Os Três Rs

Ensino e treinamento são as primeiras etapas ao criarmos uma organização fundamentada em decisões baseadas em evidências e na Nova Equação da Administração. Conhecimento e técnica necessariamente mudam a natureza da autoridade.[1] Confiança, decência e respeito substituem medo e favor como adesivos sociais.[2]

A história norte-americana provê um excelente guia para redefinir os 3 Rs — *Reading* (LeituRa), *wRiting* (escRita) e *aRithmetic* (aRitmética) —, para *Reading* (LeituRa), *wRiting* (escRita) e *vectoR analysis* (análise vetoRial).

John Adams lutou contra a evidência como todos nós fazemos. "Fatos são coisas difíceis de resolver, e, independentemente de quais possam ser nossos desejos, inclinações, ou os preceitos de nossas paixões, eles não podem alterar o estado dos fatos e evidências."[3] "Adams e seus colegas eram tão apaixonados por liberdade intelectual como eram sobre liberdade. "A liberdade não pode ser preservada sem um conhecimento geral entre as pessoas."

Thomas Jefferson não escreveu apenas para Adams, mas sim para todos nós, em sua autobiografia de 1821. "Nós pensamos aquilo sobre tal disciplina, que um plano sistemático de ensino geral devia ser proposto, e me foi solicitado para empreendê-lo. Eu, portanto, preparei três notas para a Revisão, propondo três graus distintos de ensino para lecionar em todas as classes."[4]

O amigo e *ghostwriter* de Jefferson, entendeu caracteristicamente a idéia. "O ensino deve estar no centro de atenções; e o melhor método... Eu reivindico o ensino de um milhão e trinta mil crianças." Esta era uma proposta arrojada. Aqueles entre nós que apreciam o privilégio combinado raro entre uma cidadania e um ensino público norte-americano podem agradecer a Thomas Paine. O esquema de investimento estranhamente nada prático de Paine tornou-se o negócio do milênio.

Prevemos que, no novo milênio, a boa nova proposta por Paine poderá gerar resultados financeiros finais até melhores.

Fábrica Oculta do Seis Sigma

"Avona, eu estive pensando sobre o que você nos ensinou", disse Dick. "Obviamente eu passei por dificuldades tentando entender aquelas tabelas de planilhas de trabalho. Quando você me mostrou o gráfico de Pareto, que ordenava os fatores em graduações, finalmente consegui ver alguma luz no túnel."

Roctev — o CEO —, Avona, Tom e Mary ouviam com atenção. Eles estavam sorrindo.

"Obrigado por não brincarem comigo quando estava meio apagado", disse Dick. "Os números me deixam nervoso. Depois eu fico constrangido, e em seguida digo coisas tolas que desejaria não ter falado."

"De qualquer forma, eu esquematizei um diagrama de fluxo ontem. Essa maldita representação me manteve acordado durante toda a madrugada. Eu estava deixando minha esposa louca de tanto que ela virava de um lado para outro na cama. Então, eu levantei às 3 horas da manhã e fui para o trabalho."

Roctev, Avona, Tom e Mary analisaram o mapa de Dick (**Figura 1**).

"Você é um rapaz de fibra", parabenizou Roctev. "A última vez em que um funcionário me disse que eu estava com muita 'conversa fiada' foi quando eu era vice-presidente de Marketing."

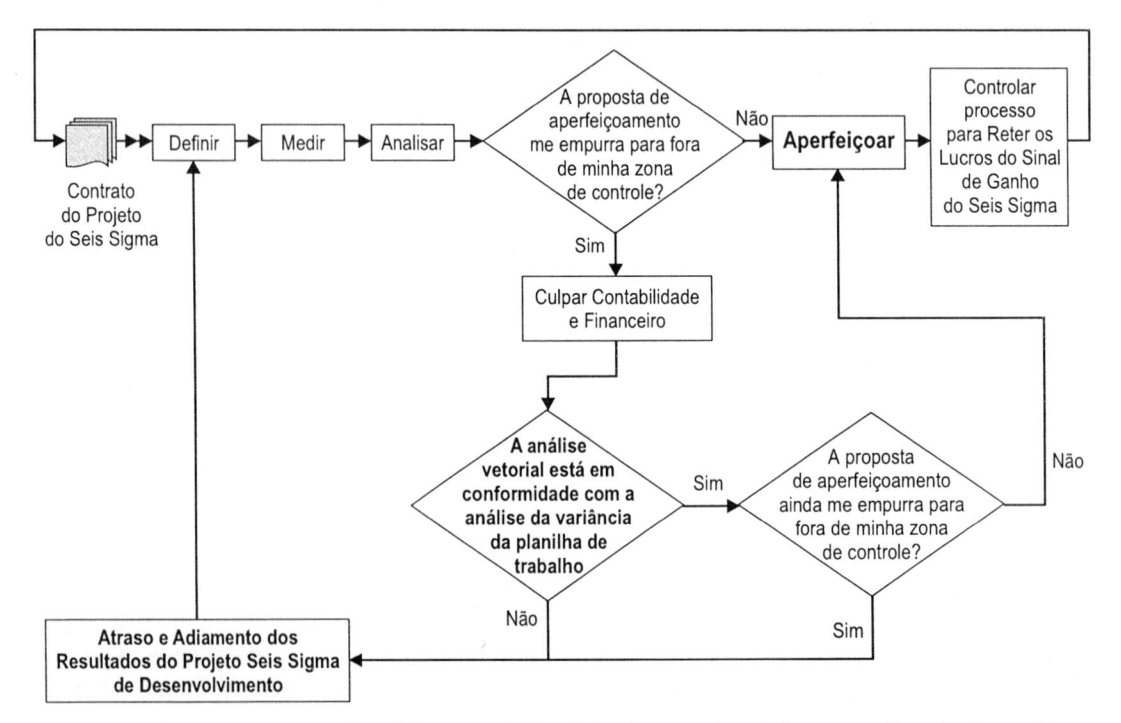

Figura 1. A fábrica oculta do Seis Sigma tradicional. Projetos sofrem atrasos e são adiados, não por causa da contabilidade de custos, do financeiro ou dos dados. Propostas vazias podem deixar as pessoas tão desconfortáveis que elas prefeririam perder dinheiro a perturbar a situação dominante.

Todos olharam fixamente para Roctev.

"Eu posso perceber exatamente o que você quer dizer com minha zona de conforto. Eu comecei a ficar incomodado com isso em 1986. Antes dessa data, eu tinha tudo de que precisava. Escritório espaçoso, uma grande mesa, quatro linhas telefônicas, duas secretárias e uma verba para propaganda superior a US$ 1 milhão. É, se eu não tivesse atingido melhores resultados do que qualquer outra pessoa na revisão anual, eu teria tido um problema verdadeiro.

"Um dia eu fui trabalhar no período noturno para 'me aproximar de meus funcionários'. Eu me sentei ao lado de uma empregada da firma. Eu creio que ela tinha 19 anos. Eu ainda me lembro de que ela cursava o segundo ano na USC. Recordo disso porque USC significa University of Southern Colorado e não a University of Southern California. Ela não estava muito contente por eu ter feito essa visita social e estar na presença dela."

"Assim, passados cerca de 30 minutos de bate-papo, e uma vez que o setor estava vazio a 1 hora da manhã, ela me disse que tinha de fazer sua tarefa de casa. Eu tentei manter a conversa expressando interesse. Ela fechou seu livro de matemática e olhou diretamente para mim."

"Você sabe, vocês da gerência sênior não têm a mínima idéia, não é mesmo?" disse ela.

"Uhm. O que você quer dizer exatamente com isso?"

"Bem, eu li aquele memorando sem sentido sobre sua recente decisão de gerenciamento. Você sabe, aquele com todos os números?"

"Sim. Eu sei."

"Bem, qualquer pessoa que tenha cursado Estatística 101 na USC pode distinguir que você nem mesmo sabe como efetuar uma Análise da Variância."

"Eu tinha feito Estatística 101 como aluno estrangeiro de intercâmbio no Baldwin-Wallace College, em 1969. Eu nunca realmente aprendi o significado da Análise da Variância", de tal modo que eu disse: "Bem, na verdade, eu realmente fiz esse curso, mas tirei uma nota C e isso foi como um presente. Queira, por favor, me mostrar o que ela significa."

"Eis aqui, eu lhe mostrarei."

"Ela puxou um pedaço de papel de gráfico, uma calculadora, uma régua e um lápis. Ela me desenhou uma ilustração. Nosso plano de demissões para economizar dinheiro e a análise de dados de nossa gerência sênior de US$ 11 milhões sobre a suposta necessidade de um programa de construção grandioso só recebeu uma nota F. A exposição completa da moça demorou cerca de cinco minutos. Eu a agradeci e me desculpei."

"Eu calculei que se uma adolescente de 19 anos não se deixava enganar pela argumentação imprecisa que existia por trás das minhas decisões — e de nossos CEO, Responsável pelo Setor Financeiro, Responsável pelo Setor de Produção —, provavelmente os outros 1.000 funcionários procederiam da mesma forma. Eu não dormi bem. No entanto, decidi firmemente confrontar minha fobia por matemática. Eu aprendi como desenhar gráficos de controle. Meus colegas optaram em continuar logrando. Muitos deles ainda procedem dessa forma. Todos eles foram promovidos."

"Uma coisa levou a outra. Agora eu sou um CEO. Em vez de uma adolescente de 19 anos revelando irritação, eu tenho um time de alta qualidade. Vocês."

"Uau!", disse Mary.

"Ufa!", exclamou Dick. "Eu pensei que você ficaria seriamente abalado se achasse que eu estivesse dizendo que você culpa a contabilidade e o financeiro em vez de progredir sem se esforçar e somente expressa que 'essa mudança lhe assusta enormemente'".

Roctev olhou para Dick: "Então, você afirma que temos esta fábrica oculta gigantesca de retrabalho do Seis Sigma. Somente pelo bem do argumento que você pensou que nós teríamos, vamos assumir que seu mapa é verdadeiro. Minha zona de conforto é o problema que detém projetos. Na qualidade de CEO, eu sou a razão para o retrabalho do projeto Seis Sigma. O que eu devo fazer? O que você faria?"

"Eu iniciaria eliminando a burocracia do Seis Sigma."

"O quê!", lastimaram Tom e Mary que tinham acabado de organizar e esquematizar seus certificados de *Black Belt*. Avona riu silenciosamente e olhou para os cordões de seu sapato. Roctev balançou negativamente a cabeça.

"Dick, você acabou de obter o certificado de *Black Belt* de Seis Sigma da American Society for Quality (Sociedade Americana de Qualidade). Você está querendo me dizer que está propondo desistir disso tudo em benefício da empresa?" perguntou Roctev.

"Deixe-me entender isso claramente, Dick", disse Tom com um olhar severo em sua face. "Você está dizendo que os *Black Belts* não são necessários?"

"Não. Não." Replicou Dick. "Você é um especialista. Você é um professor. Precisamos de especialistas e bons professores. Mas as pessoas lhe respeitam e a Mary em razão do que vocês sabem e fazem, não por causa de seus diplomas."

"Tudo que estou dizendo é que creio que necessitamos de todos. Todas as pessoas têm cérebros. Todas as pessoas com as quais trabalhamos têm imaginação. Avona, seus modelos, simulações e o software tornaram o Seis Sigma tão simples; todos podem dar sua contribuição."

"Seis Sigma é simplesmente o uso de decisões baseadas em evidências. Essa idéia é tão antiga como Aristóteles. Toda essa coisa de *Black Belt* e *Green Belt* é elevada. Seria menos dispendioso, e mais efetivo, se denominássemos nosso programa de **Seis Sigma de Três Rs.**"

"Uh?" exclamou Mary.

"Você sabe. Poderíamos ter algo divertido com isso. LeituRa, escRita, e análise vetoRial", sugeriu Dick. "Talvez pudesse ser LeituRa, escRita, e Refração. Qualquer coisa. Poderíamos apenas denominar de 'instrução' Seis Sigma. Vamos contratar pessoas que são instruídas, ou que desejam serem instruídas. Eu até utilizei um cubo para delinear a interação entre os três fatores." (Veja **Figura 2**.)

"Instrução?"

"Sim. Vamos chamar o modo como trabalhamos de instrução e finalizar isso."

"Vamos tomar um pouco de leite, chá e comer biscoitos", disse Avona. "Eu estou pagando."

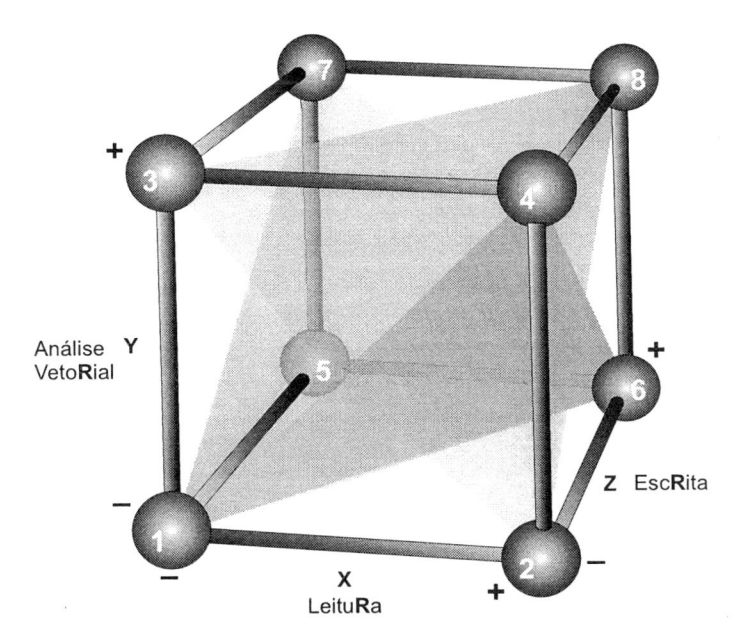

Figura 2. Instrução atualmente refere-se a pessoas que saibam ler, escrever e efetuar análise vetorial em números.

Nossa Proposta

Uma força de trabalho global instruída nos Três Rs da Nova Equação da Administração é um excelente valor. Ela é de longe menos dispendiosa do que as outras alternativas. No entanto, existe um custo.

"Novas técnicas destroem as antigas. Veja os investimentos de capital em aquedutos inutilizados pela hidráulica; fortificações pela pólvora; estradas e canais pelas vias expressas; veleiros pelos barcos a vapor; vapor pela eletricidade", escreveu Ralph Waldo Emerson.[6]

Suas observações soam verdadeiras à medida que observamos tubos de vácuo praticamente inutilizados por transistores, transistores por chips de silício; apalpação por Imagens da Ressonância Magnética; auscultação por ultra-som; remédios de semente de dedaleira roxa venenosa por *digitalis* controlados quanto à qualidade; telegramas por comunicações sem fio; máquinas de escrever por teclas de computador; a análise da variância da contabilidade de custos pela Análise da Variância; planilhas de trabalho pelo software de matriz de dados.

Em 1992, enquanto se engalfinhava com cálculos à mão, réguas, canetas e modelos de gráficos xerocados requeridos para gerar um diagrama de controle estatístico do processo, o CEO do Northwest Hospital em Seattle à época criticava a contabilidade de custos citando Emerson. Sua observação ousada sobre o Gerenciamento de Qualidade Total (*Total Quality Management* — TQM) soa intrépida nos dias de hoje.[7]

"Uma consistência tola é o espectro de pessoas que pensam pequeno, adoradas pelos estadistas, filósofos e divindades de menor conceito."

Embora nenhum de nós fosse capaz de articular uma proposta para aperfeiçoar a análise da variância da contabilidade de custos naquela época — nesse caso uma análise vetorial aplicada a uma matriz de dados —, viemos a descobrir que o restante da citação de Emerson foi profética. Às vezes, ocorre simplesmente de você ter sorte.

> *"Com consistência uma grande alma não tem nada a fazer. Ela bem pode se preocupar com ela própria com uma sombra na parede. Fale o que você pensa em palavras ásperas e amanhã expresse o que o amanhã pensa em palavras ásperas novamente, embora isso contraponha tudo o que você disse hoje — 'Ah, então você tem a certeza de ser mal-interpretado' — É tão ruim assim ser mal-interpretado? Pitágoras foi mal-interpretado, assim como Sócrates, e Jesus, e Lutero, e Copérnico, e Galileu, e Newton, e todos os espíritos puros e sábios que um dia viveram corporalmente na Terra. Ser grande é ser mal-interpretado."*[8]

Cada época, conforme apontado por Emerson, deve escrever seus próprios livros. Os livros de uma geração mais antiga não se enquadrarão à nossa. A iniciativa empresarial Seis Sigma da Motorola foi delineada em uma época em que um computador IBM com unidade de disquetes duplos de 5,25 pol. dotado de tela âmbar era um luxo exclusivo de executivos. Os gráficos de barras em uma impressora matricial de impacto da Harvard Graphics eram tecnologias revolucionárias.

Quando a General Electric implantou o Seis Sigma, a Internet e o Windows 95 eram novidades. A 9600 Baud era uma conexão rápida. O tempo voa.

É possível que nossos próprios colegas da faculdade fossem bebês nos anos 80? Fantasma do Grande César! Nós somos pessoas de idade. Como isso pode ter acontecido? Temos cabelos grisalhos. Há áreas calvas na parte posterior de nossas cabeças. Estamos usando óculos com lentes progressivas. Nossas guitarras Our Les Paul, Stratoscaster e PRS, e nossos pedais Cry Baby Wah-Wah, são antiguidades para serem vendidas na Ebay. Quando isso ocorreu? Nós parecemos tão covardes como um gigante do judô e tão velhos como um acrônimo do Seis Sigma?

Sim. Nós parecemos.

Devemos trabalhar, e trabalhar muito, para permanecermos jovens. Devemos mudar com o tempo. Precisamos aprender, desaprender e reaprender como fazer as coisas, e tentar envelhecer elegantemente.

Precisamos negociar, e nós — todos nós — precisamos chegar a um acordo em conjunto.[9]

Notas Finais

[1] Wood, Gordon S. *The Radicalism of the American Revolution*. New York, Alfred A. Knoph, 1992. Page 189.

[2] Wood, Gordon S. *The Radicalism of the American Revolution*. New York, Alfred A. Knoph, 1992. Page 189.

[3] http://www.dropbears.com/b/broughsbooks/history/articles/john adams quotations.htm.

[4] Jefferson, Thomas. *The Life and Selected Writings of Thomas Jefferson*, editado por Adrienne Kock e William Peden. New York, Random House, 1944. Page 48.

[5] Paine, Thomas. *Collected Writings*. New York. Library of America. Pages 630-633.

[6] Emerson, Ralph Waldo. *Circles from The Portable Emerson*, editado por Carl Bode em colaboração com Malcolm Cowley. New York. Penguin Books. Page 229.

[7] Sloan, M. Daniel and Torpey, Jodi B. *Success Stories in Lowering Health Care Costs by Improving Health Care Quality*. Milwaukee, ASQ Quality Press, 1995. Pages 87-97.

[8] Emerson, Ralph Waldo. *Self-Reliance*.

[9] Fisher, Roger, and Ury, William, *Getting to Yes, Negotiating Agreement Without Giving In:* New York, Penguin Books, 1981.

Anexos

I. Glossário de Termos: Matriz de Dados, Análise Vetorial e Decisões Baseadas em Evidências

Análise vetorial — O processo de decompor um vetor dos dados primários em componentes vetoriais de variação perpendiculares.

ANOVA — Acrônimo para Análise da Variância, termo geral de Fisher para as diversas formas de análise vetorial desenvolvidas por ele.

Base da Evidência — Ela é um tetraedro generalizado representando uma análise vetorial. Cada uma das quatro faces é um triângulo retângulo generalizado. Os seis lados ou vértices representam o vetor dos dados e os cinco componentes vetoriais possíveis da variação, que podem ser decompostos em qualquer conjunto de dados.

DMAIC — Este é um acrônimo para *Design, Measure, Analyse, Improve and Control* (Definir, Medir, Analisar, Aperfeiçoar e Controlar), que representa o ciclo do projeto Seis Sigma.

Fator — Uma variável controlada em um experimento delineado.

Matriz de dados — Um arranjo de números ou marcações em linhas e colunas. Cada linha é um objeto, entidade ou evento para o qual coletamos dados. Cada coluna é uma das variáveis que medimos ou observamos.

Nível de confiança — Ele é obtido subtraindo-se o valor p do número 1 e, em seguida, multiplicando-o por 100. Esta é uma medida da força da evidência nos dados, contra a hipótese nula.

Nova Equação da Administração — Nosso nome para o Teorema de Pitágoras.

Razão *F* — Uma medida do potencial da evidência nos dados em relação à hipótese nula. Um elemento estatístico proporcional à razão do comprimento ao quadrado do vetor do sinal de ganho com o comprimento ao quadrado do vetor do noise.

Ruído ou erro — A variação ocasional, normal, comum, aleatória e estatística encontrada em toda a Natureza. Ele é uma Lei do Universo.

Sinal de Ganho® — Quantifica e classifica as ordens com as quais os fatores impactam em qualquer processo empresarial, industrial ou de serviço. Ele é o vetor no vértice dianteiro direito da parte inferior do tetraedro. A razão do comprimento deste vetor com o comprimento do vetor do erro, em uma análise adequada, gera a razão *F* que mede o potencial da evidência.

Teorema de Pitágoras — O quadrado do lado mais longo de um triângulo retângulo é igual à soma dos quadrados dos outros dois lados: $a^2 = b^2 + c^2$.

Tetraedro — Uma figura tridimensional com quatro lados triangulares e seis vértices.

Valor *P* — A probabilidade de obter, somente por acaso, uma razão F tão grande como aquela que obtemos. Um valor *p* menor do que 0,15 indica uma "preponderância da evidência" contra a hipótese nula. Um valor *p* menor do que 0,05 indica uma evidência "clara e convincente" em relação à hipótese nula. Um valor *p* menor do que 0,01 indica que "sem dúvida", há evidência em relação à hipótese nula.

Vetor — Uma seta que define magnitude e direção, conectando um ponto a outro no espaço.

Vetor de dados — Uma pilha de números ou marcações tratados como uma única entidade. Uma coluna em uma matriz de dados é um vetor. Ele é um ponto no espaço n-dimensional, em que *n* é o número de linhas na matriz de dados.

Vetor do sinal de ganho — O mesmo que sinal de ganho.

II. Lista Recomendada de Livros de Negócios

1. As obras de Aristóteles sobre *Logic, Eudemian Ethics, and Politics* (Lógica, Ética Eudemiana e Política) são essenciais. Estes textos delineiam o ciclo Indutivo/Dedutivo seqüencial do método científico: Hipótese, Experimento e Teste da Hipótese. O ciclo de Aristóteles é a base para toda a Ciência; para o Plano Original de Walter Shewhart: ciclo do Executar, Pesquisar e Atuar; e do Ciclo de Idéia de M. Daniel Sloan: Indução, Dedução, Avaliação e Ação.

A obra *Posterior Analytics* sugere que o triângulo significa verdade. *Eudemian Ethics* detalha os laços entre o respeito pelo indivíduo, conhecimento, a busca da felicidade, virtude, e uma boa ordem social.

2. *A Treatise of Human Understanding*, de David Hume, 1739, enfatiza a importância das percepções seqüenciais. As idéias, a escrita e o pensamento de Hume refletem a personalidade britânica nas Ciências Aplicadas. Bacon, Nightingale, Newton, Darwin, Fisher e Box são personalidades que podem ser vinculadas culturalmente ao trabalho de Hume.

3. *The Declaration of Independence*, 1776. Este documento clássico trata da vida, liberdade, busca da felicidade, justiça, e uma boa ordem social. Jefferson, Franklin, Washington, Adams e outros americanos revolucionários foram contemporâneos de Hume. Eles passaram suas mensagens. Os estudos da filosofia, das ciências e da matemática foram partes integrais de suas vidas.

4. *Critique of Pure Reason*, de Immanuel Kant, 1781, cuida da complexidade da qualidade. A lógica circular do saber, a qualidade dos julgamentos, relações, e da modalidade são tratadas em um texto difícil e desafiador. Einstein citou especificamente este livro como uma força inspiracional para seu trabalho.

5. O pequeno livro *Relativity*, de Albert Einstein, 1917. Einstein introduz a idéia de que "a evolução de uma ciência empírica é um processo contínuo de indução". As noções do Dr. Einstein sobre o tempo, a ordem seqüencial de percepções, medições e sua análise são pontos de referência. Ele especificamente descreve seu uso da probabilidade, do Teorema de Pitágoras e do sistema cartesiano de coordenadas. Ele prové uma listagem completa de líderes da escola das Ciências Aplicadas: Euclides, Galileu, Kepler, Descartes, Gauss, Hume e Kant.

6. Trabalhos de Ronald A. Fisher, 1913-1935. (Uma boa fonte para encontrá-los é em *Collected Papers, Volumes 1-5*. J. H. Bennet, Ed. The University of Adelaide, 1971-1974.)

Fisher, aos 25 anos, em um artigo de seu jornal intitulado Biometrika, n° 10, de 1915, com o título *"Frequency Distribution of the Values of the Correlation Coefficient in Samples from an Indefinitely Large Population"*, apresentou a idéia de utilizar geometria a fim de representar amostras estatísticas. O Teorema de Pitágoras, ou a Nova Equação da Administração, é uma Generalização. Aplica-se a amostras de qualquer tamanho.

O artigo *"On the Probable Error of a Coefficient of Correlation Deduced from a Small Sample"* de Fisher em seu jornal Metron, em 1921, explica a transformação logarítmica do coeficiente de correlação r que provoca uma distribuição próxima da normal. Ele apresentou uma tabela que tabulava a transformação para cada valor de r.

Statistical Methods for Research Workers, 1924. Este livro detalha a aplicação prática de um ciclo lógico indutivo e dedutivo circular. A 13ª edição credita à W. Edwards Deming a extensão da Tabela z para o nível de acuidade de 0,1.

The Design of Experiments, de 1935, é um trabalho seminal maravilhoso. "A inferência indutiva é o único processo que conhecemos através do qual o conhecimento essencialmente novo surge no mundo." A importância das observações experimentais deve ser conectada ao "raciocínio dedutivo, preciso" da geometria Euclidiana.

7. *Mind and the World Order, Outline of a Theory of Knowledge*, de Clarence Irving Lewis, 1929. Este livro inspirou Walter Shewhart. A filosofia do pragmatismo conceitual originou o desenvolvimento na área de aperfeiçoamento da qualidade Seis Sigma.

8. *Economic Control of Quality of Manufactured Product*, de Walter A. Shewhart, 1931. Este livro inclui ilustrações e idéias do trabalho de Fisher e sua própria perspectiva singular da importância da análise de dados seqüencial. Indução precede dedução.

O artigo *"The Nature and Origin of Standards of Quality"* foi escrito em 1935 e publicado na edição de janeiro de 1958 do Bell System Technical Journal. Ele descreve o caráter do ciclo de aperfeiçoamento contínuo como legislativo, executivo e judiciário.

O *Statistical Method from the Viewpoint of Quality Control*, de 1939, se baseia numa série de palestras do Ministério de Agricultura dos EUA ministradas a convite de W. Edwards Deming. As páginas 44 e 45 contêm a ilustração gráfica de um ciclo de aperfeiçoamento contínuo: Hipótese (Legislativo em natureza), Experimento (Executivo em caráter), Teste de Hipóteses (Judiciário). Indução precede dedução.

9. *Some Theory on Sampling*, de W. Edwards Deming, 1950, é um livro histórico, digno de nota. Ele foi diretamente afetado pelos trabalhos de Fisher e Shewhart. O primeiro capítulo aborda a importância primordial de um planejamento de experimentos. Deming detalha a geometria de variâncias amostrais na pág. 62.

O artigo *"Distinction between Enumerative and Analytic Surveys"*, do *The American Statistical Association Journal*, de junho de 1953, provém diretamente do livro *Some Theory on Sampling*. Este artigo mostra a futilidade de se utilizar amostras aleatórias na análise de um processo dinâmico.

O artigo *"On a Classification of the Problems of Statistical Inference"*, de junho de 1942, nº 218, Vol. 37, fornece a visão de Deming de um sistema de atendimento à saúde regido por controle de qualidade.

Out of Crisis, 1986. Eis aqui quatorze pontos a serem ponderados para uma adequada ordem social no local de trabalho. Seu ciclo de aperfeiçoamento PDCA remonta a Aristóteles. Deming cita a influência de Shewhart, Clarence Irving Lewis e Fisher. É curioso notar que o entendimento de Deming em 1951 da importância de um experimento delineado e da relação entre economia e geometria da amostra está ausente nesse trabalho.

10. *General System Theory*, de Ludwig von Bertalanffy, 1968. Este é um livro clássico sobre pensamento sistêmico.

11. *An Introduction to Design, Data Analysis, and Model Building*, de George Box, William G. Hunter e J. Stuart Hunter, 1978. Esta é uma obra-prima das Ciências Aplicadas. As ilustrações imaginadas por R. A. Fisher são representadas graficamente.

Muitas das importantes expressões algébricas que Fisher escreveu são traduzidas. De alguma forma, as idéias de Fisher são simplificadas. Indução precede dedução.

Um dos pontos essenciais do livro — o ponto de vista principal de Fisher —, não é revelado. O Teorema de Pitágoras provê uma teoria perfeita para a teoria estatística padrão.

12. *Clues: Investigating Solutions in Brief Therapy*, de Steve deShazer, 1988. É o único modelo terapêutico e/ou teoria psicológica que conhecemos que foi desenvolvida utilizando a teoria da probabilidade, raciocínio indutivo e diagramas de fluxo. Este modelo para aperfeiçoamentos rápidos opera bem em sistemas de qualquer tamanho. DeShazer formalmente opõe um foco em defeitos, erros e problemas. Contrariamente, pode-se focar em soluções e fazer mais com o que realmente funciona.

13. *How to Lie With Statistics*, de Darrell Huff. Este é o trabalho mais completo sobre o Grande Logro do século XX.

14. *Getting to Yes, Negotiating Agreement without Giving In*, de Roger Fisher e William Ury. Este é o manual didático para ensinar pessoas como conseguir obter desenvolvimentos Seis Sigma.

III. Decisões Baseadas em Evidências, Corp. Linhas Gerais do Currículo — 16 Módulos *Black Belt*/Especialista em Seis Sigma

Obras Essenciais de Pesquisa recomendadas a *Black Belts* e Livro On-line de Recursos disponibilizado gratuitamente na Internet:

1. *Profit Signals, How Evidence-based Decisions Power Six Sigma Breakthroughs*, M. Daniel Sloan e Russell A. Boyles, PhD — Evidence-based Decisions, Inc., Sloan Consulting e Westview Analytics, 2003.

2. *Getting to Yes, Negotiating Agreement Without Giving In*, Roger Fisher e William Ury. (1991) ISBN 0-14-015735-2.

3. *Getting Ready to Negotiate, The Getting to Yes Workbook*, Roger Fisher e Danny Ertel. (1995) ISBN 0-14-023531-0.

4. *How to Lie With Statistics*, Darrell Huff (1954) ISBN 0-393-31072.

5. *Learning to See Lean Value Stream Mapping* – livro de exercícios. http://www.lean.org/Lean/Bookstore/ProductDetails.cfm?SelectedProductID=9.

6. *Engineering Statistics Handbook*, recurso on-line grátis na Internet disponibilizando *download* de arquivo desse livro no formato PDF. http://www.itl.nist.gov/div898/handbook/index.htm.

7. *Optional Show Stopper: Paper Flight*. Completo, e fácil de seguir as instruções, para confeccionar 48 modelos diferentes de aviões que voam. Jack Botermans (1984) ISBN 0-8050-0500-5.

Obras Clássicas Básicas de Leitura Essencial para *Master Black Belts*:

1. *Economic Control of Quality of Manufactured Product*, W. A. Shewhart (1932) ASQ Quality Press, Milwaukee, Wisconsin.

2. *Statistics for Experimenters*, Box, Hunter and Hunter (1978) ISBN 0-471-09315-7

Recomendações de Software: Software de qualidade superior é essencial para atingir avanços revolucionários e bons resultados finais nos balanços financeiros. Nosso curso é publicado para os alunos utilizarem o Adobe Acrobat 5.0. Dessa forma, o Portable Document Format (PDF) — padrão dessa ferramenta — é um requisito para imprimir, ler, tomar notas e fazer a inclusão de arquivos eletrônicos.

JMP 5.0., http://www.jmpdiscovery.com/index.html, setembro de 2003. Acreditamos que este programa de análise vetorial é o melhor desse segmento. Ele é capaz de tratar virtualmente todo o trabalho de análise requerido em projetos de desenvolvimento de Seis

Sigma. Uma outra aplicação, Minitab, também está disponível, em http://www.minitab.com/ Nós acomodamos satisfatoriamente clientes que optam por este excelente programa.

Microsoft Excel. Os líderes de Seis Sigma devem saber como empregar o Excel e seus programas complementares.

Crystal Ball by Decisioneering, http://decisioneering.com. Esta ferramenta de simulação financeira multivariada é ótima para envolver e reter suporte do responsável pela área financeira. Ela pode ser um excelente guia na seleção de projetos.

Software complementar SPC-IV, desenhado para Excel, da Quality America, em http://qualityamerica.com/ A facilidade de uso e uma breve curva de aprendizado torna este programa um dos favoritos na visão de alguns executivos e *champions*.

Nosso curso se distingue pela velocidade com que os candidatos a *Black Belt* geram resultados financeiros finais nos negócios. O rigor e a relevância do conteúdo do curso são estruturados em torno do comprovado ciclo DMAIC do Seis Sigma: Definir, Medir, Analisar, Aperfeiçoar e Controlar.

O conteúdo do curso cobre a Área de Conhecimento do Seis Sigma da Sociedade Americana de Qualidade (American Society for Quality – ASQ) e utiliza a taxonomia do conhecimento de Bloom.

Conhecimento

Os *Black Belts* Especialistas devem ser capazes de reconhecer a terminologia, definições, idéias, princípios e métodos.

Compreensão

Eles devem ser capazes de entender tabelas, relatórios, diagramas e orientações.

Aplicação

Eles devem ser capazes de aplicar princípios, métodos e conceitos no trabalho.

Análise

Eles devem ser capazes de decompor dados e informações. Raciocínio estatístico, análise e formação em computação são chaves.

Síntese

Eles devem ser capazes de expor modelos informativos e ocultos.

Avaliação

Eles devem ser capazes de fazer julgamentos em relação ao valor de idéias propostas e soluções.

Linhas Gerais do Curso de Formação de *Black Belts*

1. **Definindo:** Seis Sigma: Introdução, Panorama Geral e História — Uma Estrutura Seis Sigma.
    1.1. Objetivos do Aprendizado: Teoria e prática.
    1.2. Introduções.
    1.3. O PhD de Cinco Minutos: Análise vetorial aplicada a uma matriz de dados.
    1.4. ***O Kit Completo de Ferramentas Seis Sigma:*** Experimento Categórico da Catapulta: Experimento Delineado (DOE) 2^3, a ANOVA, Diagramas de Dispersão, Regressão, Correlação, Histogramas, Gráficos de Pareto, Gráficos de Controle, Raciocínio Indutivo e Dedutivo.
    1.5. Quatro Pontos Essenciais em uma Análise Completa Seis Sigma. São introduzidas as navegações pelos softwares JMP 5.0 (ou Minitab 13).
        1.5.1. Calcular a Média — Reconhecer a existência da moda e mediana.
        1.5.2. Calcular o Desvio-padrão: s e sigma, σ.
        1.5.3. Calcular a Improbabilidade — a razão F.
        1.5.4. Dados Gráficos em formas representativas que ilustrem a média, o desvio-padrão e as informações de probabilidade.
    1.6. Seis Sigma: História, filosofia, objetivos e modelos.
        1.6.1. O método científico: Hipótese, Experimento, Teste da Hipótese.
        1.6.2. PDSA ou PDCA: Planejar, Executar, Pesquisar, Atuar ou Planejar, Executar, Verificar, Atuar.
        1.6.3. O ciclo da ***IDÉIA***: Indução, Dedução, Avaliação e Ação.
        1.6.4. **DMAIC**: Definir, Medir, Analisar, Aperfeiçoar e Controlar.
    1.7. Padrões de Evidência: Princípios da Rentabilidade baseada em Evidência. Análise Vetorial aplicada a uma Matriz de Dados.
        1.7.1. Analogia (1931-2003): Decisões de Sistemas Legais.
        1.7.2. Analogia: Decisões de Sistemas de Gerenciamento.
        1.7.3. Diálogo Interativo: Avaliando evidência em sua cultura corporativa.
            1.7.3.1. Onde você está hoje?
            1.7.3.2. Onde você quer estar no futuro?
    1.8. Uma Visão Empresarial: Fornecedores, Entradas, Processo, Saídas e Clientes. $Y = f(X_1, X_2...X_n)$.
    1.9. O Mapa de Resultados de Projetos Lucrativos do Seis Sigma.
    1.10. Seleção de Projetos Lucrativos.
        1.10.1. Calculando os Projetos Prioritários Utilizando uma Matriz do Excel.
        1.10.2. Selecionando e Alavancando Projetos.
        1.10.3. *Brainstorming*.
        1.10.4. Projetos S.M.A.R.T.

1.10.5. Específicos, Mensuráveis, Atingíveis, Relevantes e Vinculados ao Tempo.

1.10.6. Contrato de Projetos e Ferramentas de Planejamento Gantt e PERT (*Performance Evalution and Review Technique*).

1.11. Tarefa de Casa de Experimento Delineado. Cada um dos participantes das aulas completará seu primeiro projeto de desenvolvimento neste final de tarde. Os resultados serão registrados e analisados utilizando-se JMP ou Minitab com a finalidade de serem apresentados na classe durante o segundo módulo. As exposições dos trabalhos durante as aulas são obrigatórias.

2. ***Definindo:*** Responsabilidades Organizacionais e Seis Sigma Financeiro.

2.1. Apresentações dos Experimentos da Tarefa de Casa utilizando o software.

2.1.1. Demonstrações de experimentos delineados criados em casa. Normalmente estas demonstrações se estendem pelo dia inteiro. No final do dia, as pessoas memorizaram os pontos-chave dos softwares, tanto do Minitab como do JMP. Ambos são fáceis de dominar e fornecem respostas idênticas. Eles são confiáveis como o nascer e o pôr-do-sol.

2.1.2. Relatórios sobre o livro de exercícios *Getting to Yes*.

2.1.3. Trabalhos de leitura e discussão do livro *How to Lie with Statistics*.

2.2. Objetivos do Aprendizado.

2.3. O Experimento Contínuo da Catapulta: Experimento Delineado (DOE) 2^3.

2.3.1. Acuidade e Precisão.

2.3.2. Prevendo o Futuro com o Traçador de Perfis.

2.4. Linguagem Seis Sigma, Liderança e Descrições de Funções. "Eliminando a maléfica variação"; promovendo a metáfora das artes marciais.

2.4.1. *Executivos*.

2.4.2. *Champions*.

2.4.3. *Master Black Belts*.

2.4.4. *Black Belts*.

2.4.5. *Green Belts*.

2.5. Vinculando Objetivos Organizacionais e Objetivos ao Seis Sigma.

2.5.1. Qual é a diferença entre o Seis Sigma e as outras ferramentas para solução de problemas?

2.5.2. Sistemas de *Feedback* de *Loop* Fechado e Aberto.

2.5.3. Análise SWOT de Sistemas de Subotimização. Diálogo em classe sobre as normas culturais e questões relacionadas a esse tópico.

2.5.3.1. Pontos Fortes.

2.5.3.2. Pontos Fracos.

2.5.3.3. Oportunidades.

2.5.3.4. Ameaças.

2.6. A Nova Equação da Administração — Comparação com a Equação Antiga.

2.7. Aula Prática de Sinais de Ganho para incluir os Responsáveis pelo Setor Financeiro e/ou Controladores.
    2.7.1. Revisão do Tutorial da *Decisioneering* sobre Estimativas Orçamentárias efetuadas pelo modelo de Bola de Cristal.
    2.7.2. Tutorial da Futura *Apartments*.
    2.7.3. Tutorial da *Vision Research*.
    2.7.4. Aplicações práticas com exemplos e demonstrações no segmento corporativo.
2.8. Documentação do Projeto: Dados, análises e evidências não falam por si próprios. Visualize e planeje sua apresentação do projeto revolucionário.
    2.8.1. Planilhas de Trabalho.
    2.8.2. Pranchetas de Exemplos.
    2.8.3. Revisões Acordadas.
    2.8.4. Revisões da Gerência.
    2.8.5. Apresentações da Equipe de Executivos.
    2.8.6. Trabalho de Casa. Desenhar, construir e fazer com que aviões de papel voem de acordo com nosso arranjo experimental acordado com a equipe de trabalho. Comece construindo um modelo de Bola de Cristal relacionado a potenciais projetos Seis Sigma.

3. ***Definindo:*** Seleção de Projetos Seis Sigma e *Benchmarking*.
    3.1. Apresentações dos Aviões de Papel da Tarefa de Casa.
        3.1.1. *Um Projeto Piloto Seis Sigma Completo — Experimento Cinestético do Vôo do Avião de Papel; Completo, instruções de fácil acompanhamento para confeccionar 48 modelos diferentes que voam*, Jack Botermans (1984) ISBN 0-8050-05005.
        3.1.2. Perguntas, Analogias e Análise.
            3.1.2.1. Soluções intuitivas e contra-intuitivas.
            3.1.2.2. Aprendizado interativo e diversão.
        3.1.3. Tempos Hábeis do Projeto.
        3.1.4. Prática de Aplicação do Software Estatístico.
    3.2. Objetivos do Aprendizado.
        3.2.1. Experimento DMAIC da Catapulta de 2^5.
        3.2.2. Prevendo o Futuro com variáveis categóricas e contínuas.
        3.2.3. Traçador de Perfis: Otimização e Preferências.
    3.3. Os 5 Por quês?
    3.4. O Seis Sigma é uma Iniciativa de Negócios, NÃO uma iniciativa de qualidade. O teste para *Black Belt* da American Society for Quality é discutido. No ano de 2003, não havia qualquer questão referente à análise vetorial ou à matriz de dados. Conseqüentemente, cobrimos todo o espectro de ferramentas recomendadas.
    3.5. Técnicas de Negociação para Obter Sucesso: *Getting to Yes*.

3.5.1. Aplicações Práticas.
3.5.2. Construção Prudente e Eficiente de Relacionamentos, e BATNA.
3.5.3. Dez Princípios do *Getting to Yes*.
3.5.4. Discussão dos diálogos.
3.6. Diagramas SIPOC (Fornecedor, Entradas, Processo, Saídas e Cliente).
3.6.1. *Brainstorming* e esquematizar um diagrama SIPOC.
3.6.2. Projetos S.M.A.R.T. e o Diagrama SIPOC.
3.6.3. Específico, Mensurável, Atingível, Relevante e Vinculado ao Tempo.
3.7. Estruturas do Projeto e Documentação.
3.7.1. Caracterização do Processo e Otimização.
3.7.2. *Brainstorming* Crítica aos Padrões de Qualidade de Vôo.
3.7.2.1. Voz do Cliente (VOC).
3.7.2.2. Regras-padrão para Técnica de Grupo Nominal.
3.8. *Benchmarking* — Elementos do Processo e Limites. DMAIC é o que seus clientes esperam ver. Esquematize seus relatórios em conformidade.
3.8.1. Definição — Projeto para Seis Sigma.
3.8.2. Medição — Métrica de Desempenho e Documentação.
3.8.3. Análise: Média, Desvio-padrão, Probabilidade, Gráfico.
3.8.4. Aperfeiçoamento.
3.8.5. Controle.
3.8.6. Melhores Práticas Internas utilizando o Kit Completo das Ferramentas Seis Sigma.
3.8.7. Comparar Máquinas, Linhas de Produção, Fábricas e Turnos.
3.8.8. Visitas ao Local e entrevistas.
3.8.9. Pesquisas na Literatura: Internet e Empresa.
3.8.10. Avaliações Independentes e Relatórios Financeiros feitos por Auditores Públicos.
3.8.11. "Destaques do Produto" e livros publicados.
3.9. Livro didático apresentando Estudo de Caso de Desenvolvimento DMAIC.
3.10. Tarefa de casa do projeto e conjunto de trabalhos envolvendo leitura.

4. **Definindo:** Processo e Capabilidades do Sistema.
    4.1. Revisão da Tarefa de Casa e Leitura.
    4.2. Objetivos do Aprendizado.
    4.3. O Kit Completo de Ferramentas Seis Sigma: Análise Vetorial Aplicada a uma Matriz de Dados. Repetição para domínio da matéria utilizando Amostragem, Seleção e Análise de confeitos da M&M. Definir Método de "Mão-na-Massa", Medir e Analisar Experimentos. Prática com o Software JMP 5.0.
        4.3.1. População *versus* Amostras.

4.3.2. Definições Operacionais — Características Críticas à Qualidade.
4.3.3. Traçados de Diagramas de Fluxos voltados ao Processo de Produção.
4.3.4. Amostrando nossa população de confeitos.
4.3.5. Histogramas.
4.3.6. Gráficos de Pareto.
4.3.7. Gráficos de Controle.
4.3.8. Diagramas de Dispersão e Coeficientes de Correlação.
4.3.9. Experimento Delineado 2^3: Comparar o valor da observação sistemática com contas aritméticas simples.
Entender o contexto de variáveis múltiplas é o segredo dos projetos revolucionários.
4.4. O Diagrama de Desenvolvimento DMAIC.
4.4.1. Trilogia de Juran.
4.4.2. Diagrama-P de Shewhart.
4.5. Defeitos por Unidade.
4.5.1. Calculando Oportunidades de Defeitos por Milhão (DPU).
4.5.2. Exemplo de leitura comprovada e clássica da Motorola.
4.6. Valores Seis Sigma.
4.7. C_p e C_{pk}.
4.7.1. Aplicações Práticas usando Dados.
4.7.2. Prática de Cálculos no JMP 5.0 ou Minitab.
4.7.3. Introdução de Intervalo de Confiança.
4.8. Experimento Delineado 2^8 do Helicóptero.
4.8.1. Ênfase no conceito-chave. Compare Amostragem Enumerativa de confeitos M&M com amostragem analítica de DOE de dois níveis e oito fatores.
4.9. Tarefa de Casa Focada em Capabilidade do Processo sobre Seleção de Projetos.
4.9.1. Calcular e esquematizar graficamente o C_{pk} para todos os 16 helicópteros.
4.9.2. Calcular e esquematizar graficamente o C_{pk} para helicópteros individuais selecionados.
4.10. Ler informes oficiais sobre Implementação da Função de Qualidade para elaboração de relatórios.
4.10.1. Atualizações da seleção de projetos incluindo o modelo de Bola de Cristal.
4.10.2. Apresentar resultados de ferramentas aplicadas no trabalho diário.

5. *Definir*: Negociação, Implementação da Função de Qualidade e Treinamento em Coleta de Dados.
    5.1. Relatórios da tarefa de casa, apresentações e diálogos.

5.2. Objetivos do Aprendizado: Análise Vetorial aplicada a uma Matriz de Dados e Decisões baseadas em Evidências.
5.3. Observar Demonstrações DMAIC de Experimentos Delineados dadas pelos Alunos.
    5.3.1. Média, Desvio-padrão, Probabilidade e Resultados sob a forma gráfica.
5.4. Confirmação do Experimento 2^3 do Helicóptero.
    5.4.1. Iterações e aprendizado eficiente.
    5.4.2. Como essa analogia é aplicada em seu trabalho?
5.5. Agentes de Mudança e Liderança de Equipes: de Pitágoras, Aristóteles, a Frederick Douglas e Harriett Tubman em 2004.
    5.5.1. Influências Culturais.
    5.5.2. Modelo de Adoção de Inovações.
    5.5.3. Difusão de Inovações.
    5.5.4. Processo de Adoção.
    5.5.5. Análise do Campo de Força — Pressões Resistindo às Mudanças.
    5.5.6. Métodos dos Agentes de Mudanças.
    5.5.7. Entendendo e Superando Obstáculos.
    5.5.8. Negociação — *Getting to Yes* (Chegando a um Acordo).
    5.5.9. Motivação.
    5.5.10. Comunicação.
5.6. Construindo uma Casa de Qualidade — Um método comprovado Único de estimular engenharia concorrente.
    5.6.1. Usando um Modelo de Excel.
    5.6.2. Requisitos Funcionais e Projeto Robusto.
    5.6.3. Projeto para X (DFX): Limitações do Projeto, projeto de manufaturabilidade, projeto de testes, projeto de manutenibilidade.
    5.6.4. Os O Quês?
    5.6.5. Os Comos?
    5.6.6. Compensações da "Matriz de Correlação".
    5.6.7. As Quatro Fases da Qualidade.
    5.6.8. Modelo KANO de Qualidade.
5.7. Função de Seleção de Dados no Excel — uma breve história da coleta de dados.
    5.7.1. Arranjos Ortogonais.
    5.7.2. Campos Homogêneos e Registros, Colunas e Linhas.
    5.7.3. Demonstração e prática de Extração de Dados de DOE de 2^3.
    5.7.4. Uma análise vetorial completa: Análise Seis Sigma Completa: A média, desvio-padrão, probabilidade e gráfico analítico.
5.8. Tarefa de casa: Delinear seleções de projetos para apresentações na classe.
    5.8.1. Apresentar dados em planilhas formatadas para prática de extração (seleção) de dados.

6. **Medindo Valor:** Métricas do Rendimento Acumulado do Produto de um Processo, Custos de Qualidade
   6.1. Apresentações da tarefa de casa e revisão da estratégia da seleção de dados.
   6.2. Objetivos do Aprendizado.
   6.3. O Experimento 2^4 da Máquina de Quincux depara a prática do JMP ou Minitab.
      6.3.1. Observar a máquina.
      6.3.2. Processo de definição abrangente do DMAIC para determinação de variáveis e resultados.
      6.3.3. Simulações do Teorema Central do Limite utilizando a máquina e o modelo de demonstração computadorizado da *Decisioneering*.
      6.3.4. Revelando a "Fábrica Oculta".
   6.4. Desenhando o Fluxo de Valor — Fundamentos dos Gráficos de Fluxo de Tendência.
      6.4.1. Jogo da Amostragem de Miçangas Vermelhas para Redução de Custos — Redução de Custos.
      6.4.2. Modelo interativo utilizando um jogo de significância histórica.
   6.5. Rendimento Acumulado do Produto de um Processo (*Rolled Throughput Yeld — RTY*).
      6.5.1. Simulação Computadoriza de Poisson aplicada a Defeitos por Unidade.
   6.6. Mapeamento do Processo de Pensamento.
      6.6.1. Pensamento Categórico.
      6.6.2. Padrões Universais de Medidas.
   6.7. Crítico à Árvore da Qualidade.
      6.7.1. Identificando elementos Críticos às Características de Qualidade (CTQ).
      6.7.2. Necessidades dos Clientes, Impulsionadores, CTQs Quantificados.
      6.7.3. Relevante aos negócios em termos financeiros, de qualidade e de produtividade.
   6.8. Coletar, Selecionar, Desenvolver e Traduzir Informações dos Clientes.
      6.8.1. Pesquisas: Via telefone, correio, entrevistas.
   6.9. *Brainstorming*.
   6.10. Diagramas de Causa e Efeito.
   6.11. Experimento do Diagrama de Afinidade.
   6.12. Custos da Qualidade.
      6.12.1. Falhas Internas.
      6.12.2. Falhas Externas.
      6.12.3. Custos de Avaliação.
      6.12.4. Custos de Prevenção.
         6.12.4.1. Caminho detalhado através de um relatório corporativo exemplar de Custos da Qualidade. Modelo da Planilha no Excel disponível.
      6.12.5. Padronização do Custo da Qualidade por Linha de Produto.

6.12.6. Exemplo da Função de Perda de Taguchi.
6.12.7. Regra de 3 de Phillip Crosby.
6.12.8. Foco da Tarefa de Casa em Resultados de Projetos de Custos de Qualidade.

7. *Medir:* Mapeamento do Processo
   7.1. Introdução.
       7.1.1. Objetivo da Aula Prática e Agenda.
       7.1.2. Objetivos do Aprendizado.
       7.1.3. Relatórios da Tarefa de Casa.
   7.2. Conceitos de Processo e Sistema.
       7.2.1. Modelo de Processo (SIPOC).
       7.2.2. Por que utilizar um modelo de processo?
       7.2.3. Sistemas e Processos.
       7.2.4. Pensamento Sistêmico.
       7.2.5. Definições.
       7.2.6. Categorias de Processo.
       7.2.7. Objetivos do Planejamento do Processo.
       7.2.8. Um Objetivo Primário.
       7.2.9. O que torna um processo confiável?
       7.2.10. Requisitos Globais do Processo.
   7.3. Processos de Documentação.
       7.3.1. Por que ficar interessado em informações?
       7.3.2. O que significa este processo normal?
       7.3.3. Por que documentar um processo?
       7.3.4. Estruturar sua informação.
       7.3.5. Equilibrar as necessidades documentais.
       7.3.6. Regras de desenho de documentos.
       7.3.7. Uma ferramenta de pesquisa de documentação.
   7.4. Técnicas de mapeamento do processo.
       7.4.1. O que significa mapeamento do processo.
       7.4.2. Por que usar mapas de processo (diagramas de fluxo)?
       7.4.3. O método de mapeamento.
       7.4.4. Definir o processo.
       7.4.5. Modelo de processo revisitado.
       7.4.6. Uma Ferramenta de Definição de Processo.
       7.4.7. Definir o Processo.
       7.4.8. Qual é seu objetivo?
       7.4.9. Clientes do Processo.

- 7.4.10. Limites do Processo.
- 7.4.11. Linhas gerais para definição do processo.
- 7.4.12. Exercício sobre definição do processo.
- 7.4.13. Representar diagramas de fluxo para o processo primário.
- 7.4.14. O que é um processo paralelo?
- 7.4.15. Adotar e usar símbolos-padrão.
- 7.4.16. Outros símbolos úteis.
- 7.4.17. Exemplo.
- 7.4.18. Escrever uma boa narrativa.
- 7.4.19. Exercício: Processo Primário.
- 7.4.20. Trajetórias alternativas dos diagramas de fluxo.
- 7.4.21. Exemplo.
- 7.4.22. Exercício: Trajetórias alternativas.
- 7.4.23. Acrescentar pontos de controle.
- 7.4.24. Exemplo.
- 7.4.25. A questão da decisão.
- 7.4.26. Controles: Algumas considerações.
- 7.4.27. Exercício: Pontos de Controle.
- 7.4.28. Matriz de responsabilidade.
- 7.4.29. Exercício: Definir responsabilidades.
- 7.5. Utilizando formatos alternados para mapeamento do processo.
  - 7.5.1. Tipos de mapas.
  - 7.5.2. Diagrama de fluxo simples.
  - 7.5.3. Diagrama de fluxo descendente.
  - 7.5.4. Diagrama de fluxo de funções recíprocas.
  - 7.5.6. Gráfico de PERT.
  - 7.5.7. Árvore de decisão.
  - 7.5.8. Diagrama de fluxo de dados.
  - 7.5.9. Diagrama de fluxo geográfico.
  - 7.5.10. Diagrama de Processo Padronizado.
  - 7.5.11. Exercício: Remapear.
  - 7.5.12. Concluir o diagrama de fluxo.
  - 7.5.13. Características de um bom diagrama de fluxo.
  - 7.5.14. Pontos-chave de implementação.
- 7.6. Utilizando mapas para processos de aperfeiçoamento e racionalização.
  - 7.6.1. Objetivos da análise do processo.
  - 7.6.2. Metas de eliminação: perdas, retrabalho, atrasos, *loops* reversos e complexidade desnecessária.

7.6.3. Técnica Nº 1: Avaliação do Valor.
7.6.4. Técnica Nº 2: Padronizar.
7.6.5. Técnica Nº 3: Utilizar o mapa.
7.6.6. Técnica Nº 4: Controle prévio.
7.6.7. Técnica Nº 5: Prevenção.
7.6.8. Técnica Nº 6: Analisar contribuições.
7.6.9. Uma ferramenta de análise do processo.
7.7.10. Tarefa de casa.

8. **Medir:** O Membro da Equipe Produtiva.
    8.1. Introdução.
        8.1.1. Propósito da Aula Prática e Agenda.
        8.1.2. Objetivos do Aprendizado.
        8.1.3. Relatório da Tarefa de Casa (Progresso do Projeto Seis Sigma).
    8.2. Características de Equipes Eficazes.
        8.2.1. Exercício da Caixa de Material (*Box Of Stuff*).
        8.2.2. Equipes *versus* Grupos.
        8.2.3. O que a Equipe deve Administrar?
        8.2.4. Contribuições para Equipes de Sucesso.
        8.2.5. Senso de Urgência — Bom ou Ruim?
        8.2.6. Resultados das Equipes de Sucesso.
        8.2.7. Estágios de Desenvolvimento de Equipes.
        8.2.8. Exercício do Mistério no Assassinato.
        8.2.9. Quatro Estágios no Desenvolvimento de Equipes.
            8.2.9.1. Normas e Desenvolvimento de Equipes.
            8.2.9.2. Um "Código de Cooperação" Amostral.
            8.2.9.3. Superando Obstáculos para o Desempenho da Equipe.
            8.2.9.4. Exercício do "Círculo no Quadrado".
            8.2.9.5. Competição *versus* Cooperação.
            8.2.9.6. Sinais de Problemas na Equipe.
            8.2.9.7. Pensamento do Grupo.
            8.2.9.8. Regras Básicas para Consenso.
            8.2.9.9. Cinco Abordagens para não Ficar Preso.
            8.2.9.10. Funções e Responsabilidades da Equipe.
                     Satisfazer habilidades dos Líderes e da Gerência
            8.2.9.11. Funções e Responsabilidades dos Membros.
            8.2.9.12. Melhorando Comunicação.
            8.2.9.13. A Janela de Johari.

8.2.9.14. Modelo de Comunicação.
8.2.9.15. Tipos de *Feedback* (Retorno de Informações).
8.2.9.16. Praticando Feedback.
8.2.9.17. Elaborando "Informes-I".
8.2.9.18. Quebra de Comunicação.
8.2.9.19. Como Corrigir Maus Hábitos de Escuta.
8.2.9.20. Barreiras para uma Escuta Adequada.
8.2.9.21. Relação de Estilos de Aprendizagem.
8.2.9.22. Estratégias para Administrar Mudanças.
8.2.9.23. Princípios de Amplas Mudanças em Sistemas.
8.2.9.24. Mudança *versus* Transição.
8.2.9.25. Forças Externas para Mudanças.
8.2.9.26. Forças Internas para Mudanças.
8.2.9.27. O Apartamento de Quatro Quartos.
8.2.9.28. Aperfeiçoando Desenvolvimento de Equipes.
8.2.9.29. Auto-avaliação de Equipes.
8.2.9.30. Fechamento.
8.2.10. Realizar Tarefa de Casa (Progresso do Projeto Seis Sigma utilizando ferramentas apropriadas). Visite http://www.fmeca.com/ Leia o máximo que puder antes do próximo módulo.

9. *Medindo o Processo:* Aula Prática de Análise do Modo e Efeito da Falha (Failure Mode Effects Analysis — FMEA). A criticalidade é incluída e enfatizada.
   9.1. História.
   9.2. Definições e Acrônimos.
   9.3. Uma passada por todo o processo da FMEA incluirá ferramentas e métodos de trabalho em grupo introduzidos em aulas com membros de equipes eficazes.
   9.4. Rever resultado do produto.
   9.5. Tarefa de Casa: Apresentar progresso do projeto e economias estimadas em dólares, utilizando ferramental.

10. *Analisar:* Explorando, Resumindo e Prevendo usando dados.
    10.1. Revisão da Tarefa de Casa — Foco nos Resultados Financeiros do Projeto.
    10.2. Objetivos do Aprendizado.
       10.2.1. Ser capaz de dar exemplos de dados contínuos, categóricos, de contagem, de passa/não-passa e dados reais.
       10.2.2. Utilizar gráficos adequados para resumir os dados de medições.
       10.2.3. Utilizar software para explorar bancos de dados.
       10.2.4. Explicar o teorema central do limite utilizando lançamentos de moedas.

10.2.5. Ajustar uma distribuição normal para os dados medidos e avaliar a adequabilidade do ajuste.

10.2.6. Rever os conceitos de capabilidade de processo através de exercícios.

10.3. Revisão: Tipos de Dados.

    10.3.1. Taxonomia tradicional.

        10.3.1.1. Nominal, ordinal, intervalo, razão.

    10.3.2. Taxonomia moderna de maior utilidade.

        10.3.2.1. Atributo =categórico = discreto = nominal.

        10.3.2.2. Ordinal.

        10.3.2.3. Contínua = medição = parâmetro = variável.

        10.3.2.4. Tempo de falha = dados de vida.

10.4. Coletar, Registrar e Analisar Dados de Medições.

    10.4.1. Exemplos do mundo real.

10.5. Revisão de gráficos para medições de dados.

    10.5.1. Diagrama de ramo e folhas.

    10.5.2. Histograma de Freqüências e Função de Distribuição Cumulativa (*Cumulative Distribution Function* — CDF).

    10.5.3. Gráficos Boxplots.

10.6. Revisão da estatística descritiva para medições de dados.

    10.6.1. Mínimo, máximo amplitude.

    10.6.2. Média e desvio-padrão.

    10.6.3. Mais e Menos três desvios-padrão.

    10.6.4. Teorema Central do Limite, lançamentos de moedas e Capabilidade do Processo.

10.7. Exercícios de Exploração de Dados no JMP.

    10.7.1. Inserção de dados em linhas e colunas.

    10.7.2. Gerando estatística descritiva e gráficos.

    10.7.3. Gerando relatório: Integrando com o Word, Excel e PowerPoint da Microsoft.

10.8. Aula Prática: Bastões de madeira, equipamentos de medição, entrada de dados e variação dos trabalhadores.

    10.8.1. Cálculos de rendimento para especificações unilaterais.

    10.8.2. Cálculos de rendimento para especificações bilaterais.

    10.8.3. Rendimento acumulado ou "*rolled throughput*".

    10.8.4. Estudos e Prática de Reprodutibilidade e Repetibilidade de Medidores.

10.9. Tarefa de Casa Focada em Resultados do Projeto.

11. **Analisar:** Raciocínio Indutivo — Parte I — Quantificar incerteza em sistemas de medições (Conhecido anteriormente como Testes de Hipóteses).
    11.1. Tarefa de Casa Focada em Resultados do Projeto.
    11.2. Objetivos do Aprendizado.
        11.2.1. Explicar relacionamentos entre processos e populações.
        11.2.2. Identificar modelos-padrão estatísticos para dados de medições, de passa/não-passa, de contagem e de vida.
        11.2.3. Expressar problemas reais em termos de modelos estatísticos e parâmetros populacionais.
        11.2.4. Utilizar Intervalos de Confiança para caracterizar ou testar um processo em termos da média, desvio-padrão, limites de três-sigma, índices de capabilidade, fração defeituosa ou confiabilidade.
    11.3. Sistemas de Medições.
        11.3.1. Definição de um sistema de medições.
        11.3.2. Amostragem da população.
        11.3.3. Amostragem do processo.
        11.3.4. Objetivos das medições.
    11.4. Incerteza das Medições.
        11.4.1. Os modelos de distribuição Normal, Binomial, Hipergeométrico, de Poisson, e de Weibull.
        11.4.2. Acuidade e precisão (Revisão e Reforço).
        11.4.3. O papel dos procedimentos de calibração.
        11.4.4. Repetibilidade e Reprodutibilidade (R&R).
            11.4.4.1. Repetibilidade: dependência do aparelho de medição.
            11.4.4.2. Reprodutibilidade: dependência dos operadores do aparelho de medição e do meio ambiente.
        11.4.5. Exemplos e exercícios: Calibração e Controle de Calibração: Um Centavo por suas Idéias (exercício prático).
    11.5. Os Sete Hábitos de Pessoas com Alto Tino Estatístico: Quantificando Incertezas.
        11.5.1. Inferência Estatística.
        11.5.2. A lei e função da probabilidade.
        11.5.3. Estimativa de Intervalos.
        11.5.4. Confiança e Evidência.
    11.6. Exercícios de Caracterização e Testes.
        11.6.1. A falácia de "unilateral".
        11.6.2. Passa/não-passa.
        11.6.3. Interpretando Pesquisas de Opinião.
        11.6.4. Cálculos do Tamanho de Amostra.

11.7. Qui-Quadrado e distribuições *t*.
11.8. Tarefa de Casa Focada em Resultados do Projeto.

12. *Analisar:* Raciocínio Indutivo — Parte II.
    12.1. Revisão da Tarefa de Casa Focada em Resultados do Projeto.
    12.2. Objetivos do Aprendizado.
        12.2.1. Reconhecer problemas estatísticos na sua ocorrência, e ser capaz de classificá-los quando testarem um objetivo, compararem processos, ou variáveis correlatas.
        12.2.2. Identificar hipóteses nulas apropriadas quando testarem um objetivo, compararem processos, ou variáveis correlatas.
        12.2.3. Selecionar procedimentos de testes apropriados baseados no tipo de problema e tipo de dados.
        12.2.4. Utilizar valores *p* para interpretar os resultados de testes estatísticos.
        12.2.5. Explicar a diferença entre correlação e regressão.
    12.3. Hipóteses Estatísticas e de Processo.
        12.3.1. A hipótese nula.
        12.3.2. Lançamentos imparciais de moeda.
        12.3.3. Valores *P*.
        12.3.4. Estatística e transformação Z.
        12.3.5. Valores *P* da estatística Z.
        12.3.6. Valores *P* de distribuições *z* ou de Qui-Quadrado.
    12.4. ANOVA A geometria da análise.
        12.4.1. Índice de probabilidade.
        12.4.2. Graus de Liberdade.
        12.4.3. Valores *P* da estatística *F*.
    12.5. Variáveis correlatas.

13. *Analisar:* Construção de Modelo, Extração de Dados e Regressão Linear.
    13.1. Tarefa de Casa e Revisão do Progresso do Projeto Seis Sigma.
    13.2. Quantificar o Potencial da Evidência.
        13.2.1. Testes de hipóteses revisitados.
        13.2.2. Lei da probabilidade em problemas de comparação.
        13.2.3. Intervalo de confiança para uma diferença.
        13.2.4. Valores *P*.
            13.2.4.1. Definição matemática.
            13.2.4.2. Interpretação operacional.
    13.3. Cálculos do Tamanho de Amostra.
        13.3.1. Menor diferença de significância prática.

13.3.2. Poder de detecção.
13.3.3. Exemplo: comparar duas pesquisas de opinião.
13.4. Dados de Passa/Não-passa.
13.4.1. Teste da razão de probabilidade para igualdade para duas ou mais proporções binomiais.
13.4.2. Teste de igualdade para duas ou mais proporções binomiais (válido somente para tamanhos grandes de amostras).
13.4.3. Teste z de igualdade de duas ou mais proporções binomiais (válido somente para tamanhos grandes de amostras).
13.5. Número de Defeitos.
13.5.1. Teste da razão de probabilidade para igualdade para duas ou mais médias de uma distribuição de Poisson.
13.5.2. Teste de igualdade para duas ou mais médias de uma distribuição de Poisson (válido somente para tamanhos grandes de amostras).
13.5.3. Teste z de igualdade para duas ou mais médias de uma distribuição de Poisson (válido somente para tamanhos grandes de amostras).
13.6. Medições Contínuas.
13.6.1. Teste F para igualdade de dois desvios-padrão de uma distribuição Normal.
13.6.2. Teste t para igualdade de duas médias de uma distribuição Normal.
13.6.3. Teste F para igualdade de duas ou mais médias de uma distribuição Normal (Análise da Variância) (válido somente se todos os desvios-padrão forem os mesmos).
13.7. Dados reais (Tempo de Falha).
13.7.1. Teste da razão de probabilidade para igualdade de duas ou mais distribuições de Weibull.
13.8. Testes de Qui-Quadrado.
13.8.1. Interpretando a tabela da distribuição de Qui-Quadrado.
13.8.2. Testes de associação em tabelas de contingência.
13.9. Aula Prática: Centavos por suas Idéias.
13.10. Análise de Regressão.
13.10.1. Diagramas de Dispersão (Revisão e Reforço).
13.10.2. Correlação não é causalidade.
13.10.3. Modelos de Regressão Linear.
13.10.3.1. "Todos os modelos são errados, alguns são proveitosos."
13.10.3.2. Regressão de linha reta.
13.10.3.3. Regressão múltipla.
13.10.3.4. Regressão polinomial.
13.10.4. Ajustando Modelos de Regressão.
13.10.4.1. Estimativas dos mínimos quadrados.

13.10.4.2. O erro RMS.
13.10.4.3. Testes de significância de variáveis de previsão.
13.10.4.4. Valores médios previstos.
13.10.4.5. Intervalos de confiança para valores médios previstos.
13.10.4.6. Intervalos de confiança para valores individuais previstos.
13.10.5. Diagnóstico de Regressão.
13.10.6. Os riscos do R^2.
13.10.6.1. Testes de falta de ajuste.
13.10.6.2. Gráficos de resíduos.
13.10.6.3. Exercícios no JMP.
13.10.7. Aula Prática: Centavos por suas Idéias.
13.10.8. Tarefa de Casa Focada no Projeto.

14. *Aprimorar:* Análise e Planejamento de Experimentos.
    14.1. Objetivos do Aprendizado.
        14.1.1. Ser capaz de explicar a diferença entre experimentos de otimização e seleção.
        14.1.2. Calcular tamanhos de amostra para experimentos de otimização.
        14.1.3. Criar matrizes para experimentos de otimização.
        14.1.4. Analisar dados a partir de experimentos de otimização.
        14.1.5. Interpretar e aplicar resultados a partir de experimentos de otimização.
    14.2. Revisão da Tarefa de Casa Focada no Projeto.
    14.3. Introdução à Experimentação.
        14.3.1. Por que eu devo conduzir experimentos?
        14.3.2. Quando eu devo conduzir experimentos?
    14.4. Conceitos e Definições.
        14.4.1. Terminologia do DOE.
        14.4.2. Unidade Experimental.
        14.4.3. Tamanho da Amostra.
        14.4.4. Resposta.
        14.4.5. Fator.
        14.4.6. Nível.
        14.4.7. Ponto do Planejamento.
        14.4.8. Matriz do Planejamento.
    14.5. Tipos de fatores.
        14.5.1. Contínuos.
        14.5.2. Categóricos.
        14.5.3. De Controle.

14.5.4. De *Noise*.
14.6. Não conduzir experimento com um fator de cada vez! (Revisão e Reforço do OFAT).
14.7. Princípios do Desenho.
    14.7.1. Estratégia Vazia.
    14.7.2. Estrutura Fatorial.
    14.7.3. Grupo de Controle.
    14.7.4. Replicação.
    14.7.5. Aleatorização.
    14.7.6. Bloqueamento.
14.8. Experimentos com Todos os Fatores em Dois Níveis.
    14.8.1. Exemplos.
    14.8.2. Etapas no JMP.
    14.8.3. Exercícios.
14.9. Processo Básico do Planejamento.
    14.9.1. Etapas no JMP.
    14.9.2. Exercícios.
14.10. Experimentos de Seleção.
    14.10.1. Exemplos, Planejamento do processo modificado.
14.11. Aula Prática: O Processo do Funil.

15. *Aprimorar:* Otimização do Processo e Controle.
    15.1. Objetivos do Aprendizado.
        15.1.1. Descrever estratégia interativa para experimentação.
        15.1.2. Efetuar análise de resposta múltipla.
        15.1.3. Calcular tamanhos de amostra para experimentos de otimização robusta.
        15.1.4. Criar matrizes para experimentos de otimização robusta.
        15.1.5. Analisar dados de experimentos de otimização robusta.
        15.1.6. Entender causa comum e causa especial de variação.
        15.1.7. Descrever um Plano de Reação para condições fora de controle.
    15.2. Revisão da Tarefa de Casa de Experimentos Delineados.
    15.3. O Processo de Experimentação.
        15.3.1. O ciclo experimental.
        15.3.2. Tipos de experimentos.
        15.3.3. Estratégias para experimentação.
    15.4. Modelagem Estatística.
        15.4.1. Hipóteses-padrão.
        15.4.2. O método dos mínimos quadrados.

15.4.3. Modelos de fatores contínuos.
15.4.4. Modelos de fatores categóricos.
15.5. Testes Estatísticos.
15.5.1. Testes de coeficientes modelos.
15.5.2. Testes de falta de ajuste.
15.5.3. Exercícios.
15.5.4. Valores previstos e resíduos.
15.5.5. Exercícios.
15.6. Experimentos de Otimização Multinível.
15.7. Análise Superficial de Resposta.
15.7.1. Modelos quadráticos de fatores contínuos.
15.7.2. Interações contínuas x categóricas.
15.7.3. Exemplo e exercícios no JMP.
15.8. Processo do Planejamento.
15.8.1. Modelos quadráticos de fatores contínuos.
15.8.2. Interações contínuas x categóricas.
15.8.3. Cálculos dos tamanhos de amostras.
15.8.4. Exemplo e exercícios no JMP.
15.9. Aula Prática: o Processo do Funil utilizando otimização robusta e controle de qualidade; aprimoramento dos processos.
15.10. Tarefa de Casa: Foco do Projeto no Desenho de Experimentos: Reportar resultados do projeto em formato DMAIC para o módulo final.

16. *Controlar:* Experimentos de Otimização e Controle Estatístico de Processo.
    16.1. Objetivos do Aprendizado.
        16.1.1. Análise de resposta múltipla.
        16.1.2. Subgrupamento racional.
        16.1.3. Estabelecendo linhas diretrizes.
        16.1.4. Monitorando baixos índices de falhas.
        16.1.5. Controle estatístico de processo multivariado.
        16.1.6. *Short Run* SPC (Controle Estatístico de Processo de Vida Curta).
    16.2. Revisão da Tarefa de Casa de Experimentos Delineados.
    16.3. Otimização de Resposta Múltipla.
        16.3.1. Exemplo.
        16.3.2. "Respostas múltiplas" é a regra, não a exceção.
        16.3.3. Otimizar uma resposta de cada vez não dará certo.
    16.4. Funções de conveniência.
        16.4.1. Os três tipos de objetivo de resposta.

16.4.2. Criando uma função de conveniência para cada resposta.
16.4.3. Criando a conveniência total.
16.4.4. Maximizando a conveniência total.
16.4.5. Otimizando os subconjuntos da região do projeto.
16.4.6. Exercícios no JMP.
16.5. Experimentos de Otimização Robusta.
    16.5.1. O conceito de otimização robusta.
        16.5.1.1. Otimizar a média.
        16.5.1.2. Minimizar a variância.
        16.5.1.3. Exemplos.
    16.5.2. Estratégia para planejamento de experimentos de otimização robusta.
        16.5.2.1. Identificar variáveis-chave do *noise*.
        16.5.2.2. Incluir fator do *noise* no planejamento.
    16.5.3. Estratégia para análise de experimentos de otimização robusta.
        16.5.3.1. Aplicar técnica de resposta múltipla.
        16.5.3.2. Maximizar a conveniência total.
        16.5.3.3. Minimizar a variabilidade para uma média determinada.
        16.5.3.4. Buscar a melhor combinação entre uma média próxima do objetivo e uma baixa variabilidade.
    16.5.4. Controle Estatístico do Processo como conceito e estratégia.
        16.5.4.1. Amostragem de aceitação e promessas rompidas.
        16.5.4.2. Exposições práticas de experimentos de Controle Estatístico do Processo (SPC) e Aula Prática de manejo do software: Exercícios do Processo do Funil — Resumos para Referência Rápida.
    16.5.5. Processo de Raciocínio para planejar um experimento.
    16.5.6. Material complementar sobre Cálculos do Tamanho de Amostras.
16.6. Tarefa de Casa: Relatório do Projeto do Planejamento de Experimentos; resultados do projeto no formato DMAIC.

IV. Notas sobre a Elaboração deste Livro

Nós conscientemente optamos por demonstrar nível de conhecimento e técnicas de *Senior Master Black Belt* em Seis Sigma em todas as fases da produção deste livro. Nosso "enxuto" sistema de produção incluiu dois autores. Quando necessário, contratamos os serviços de ilustração de especialistas para atender nossa rígida programação de tempo.

Produzimos as versões eletrônicas de nosso livro independentemente. A versão em papel brochura de perfeito acabamento, com impressões de Kinko numa capa de quatro cores, foi feita sob encomenda em um sistema rápido de produção. Custeamos somente o trabalho do pessoal e a utilização do maquinário da editora.

A Internet, o poder da computação e o software possibilitaram que finalizássemos todo o trabalho de elaboração e produção do livro em 90 dias. Este é o clássico período de tempo despendido em um projeto Seis Sigma. Iniciamos criando o título *Profit Sinais* (Sinais de Ganho) em 18 de junho. Terminamos o trabalho, no formato PDF, em 11 de setembro de 2003.

Embora fosse uma coincidência inteiramente ocasional, o término de nosso livro nesse dia foi um modo apropriado de celebrar a liberdade, a liberdade de expressão, a igualdade, a Ciência Aplicada, os valores democráticos, a arte e a busca da felicidade. As decisões baseadas em evidência são tão importantes para a paz mundial como o são para a prosperidade.

Os aplicativos que desempenharam um papel primordial na produção deste livro são os seguintes:

- O Microsoft Word® 2000 e 2002 foram nossas primeiras ferramentas de composição.

- O software estatístico JMP 5.0®, desenvolvido pela SAS, foi nosso programa analítico favorito. Utilizamos também o Minitab com clientes que têm esse padrão.

- O Microsoft Excel® foi utilizado para capturas de tela de planilhas de trabalho e alguns gráficos. Usar Excel para análise vetorial de matriz de dados mostra a quantidade de trabalho requerida antes de uma planilha se comportar como um aplicativo de análise confiável regido por regras.

- O Microsoft Explorer® foi o navegador Web que usamos para nossas pesquisas na Internet.

- O Microsoft PowerPoint® foi utilizado com freqüência por Russell para efetuar os primeiros esboços e desenhos técnicos.

- O Adobe Illustrator® 10 transformou todas as ilustrações em arquivos EPS para fins de produção.

- O Adobe Photoshop® 7.0 foi utilizado pra certas ilustrações fotográficas e gráficas.

- O Adobe Acrobat® 6.0 Professional nos ajudou a disseminar as cópias para revisão.

- O Adobe In Design® 2.0.2 nos possibilitou efetuar o desenho, o layout e a criação de nosso livro.

- O Crystal Ball by Decisioneering® foi o programa complementar do Excel que utilizamos para fazer com que esta planilha se comportasse como uma matriz de dados.

- O Process Model®, um programa de diagramação de fluxo baseada em matriz de dados, foi utilizado para criar os diagramas de fluxo.

- O programa de Controle Estatístico do Processo, software complementar do Excel, da Quality America, foi utilizado para criar um gráfico de controle.

- Computadores de mesa e laptops da Dell, e impressoras a laser modelos LaserJet 1300 e Officejet v40xi da Hewlett-Packard, geraram material impresso para alimentar o modo tradicional de leitura e revisão de provas.

Em nossa opinião, não se trata apenas de uma expectativa razoável o fato de *Black Belts*, *Master Black Belts* e *Executive Champions* utilizarem uma lista similar de programas em seus trabalhos diários; ela é essencial para avanços estimulados por projetos Seis Sigma.

Agradecemos profundamente a nossas esposas, Lynne e Michelle, e nossos maravilhosos filhos, Austin e Molly. Paciência é uma virtude que eles possuem. Nós os amamos.

Além da equipe inteira de suporte técnico dos produtos Adobe, quatro pessoas se superaram nas tarefas enquanto nós elaborávamos este livro. Jack Benham nos foi apresentado em julho de 2002. Bom-dia amigo! Sempre dinâmico e motivador. Sem a visão, liderança e pleno domínio da técnica de gerenciamento dele este livro não teria sido concluído.

Chery Payseno, nossa amiga, parceira, enfermeira e ex-administradora hospitalar apresentou espontaneamente seu estudo de caso na seção Superando a Barreira do Tempo. Ela ainda nos encorajou a empreender a variância da contabilidade de custos e a colocarmos o título do conceito do ponto de equilíbrio na segunda ilustração — Figura 2 — do Prefácio.

Nossa amiga, companheira e revisora final do copidesque, Bethany Quillinan, adentrou na arena para ajudar-nos a ver nossos mundos sob um outro conjunto de olhos. Ela fez um ótimo trabalho de Seis Sigma em um prazo de tempo extremamente curto.

Finalmente, nosso amigo Bill Moore, Presidente da Divisão Hospitalar da MedCath, nos prestou voluntariamente um suporte editorial inestimável. A especificidade de suas críticas construtivas e as soluções que ele propôs solidificaram de forma imensurável a qualidade de nossa obra.

Assim, "Agradecemos muito..., mas muito mesmo, a Lynne, Austin, Michelle, Molly, Jack, Cheryl, Bethany e Bill".

Índice Remissivo

A

Adams, John, 175
Aladim, 141
Análise da variância da contabilidade de custos, IX, X, XVI, 24-26, 84, 139, 140
Análise da Variância, 10, 26, 28, 179
Análise de planilha, 14
Análise do ponto de equilíbrio, 141
Análise dos Efeitos do Modo de Falha (*Failure Mode Effects Analysis* – FMEA), 78
Análise, VII, VIII, X, 6, 23-24, 118
Analogia, 17, 78-79, 119, 120
ANOVA, 10, 17, 26, 56
Aristóteles, 118, 125, 137, 178
Arquimedes, 19

B

Base da evidência, VIII, XI, 59, 84, 167
Bernstein, Peter L., 151
Black Belt, 10, 45, 47, 58
Bonecas russas, 73
Box, George E. P., 80, 119

C

Calder, Alexander, 129
Campos, 30
Capabilidade do processo, 113
Centros de emergência, 92-93
Cinismo, 84
Cohen, Bernard, 58
Comissão Conjunta, 92
Comitê Executivo, 167
Conhecimento, 8-9, 11
Correlação, 139
Corrugated Copters, 154
C_{pk}, 79, 154
Credulidade, 22
Críticas à Qualidade, 66
CTQ, 66, 96
Cubo, 12
Custos da Qualidade, 76-78

D

Da Vinci, Leonardo, 16
Darwin, Charles, 139
Decisão baseada em evidências, VIII, X, XI, XV, XVIII
Defeitos por milhão, 60
Desvio-padrão amostral, 34
Diagrama de controle, 76, 163, 178
Disney, Walt, 19-20, 140
Disraeli, 84
Distribuição Normal, 40
DMAIC, XVI, 62, 95-96

E

Einstein, Albert, 16, 19, 58
Einthoven, Willem, 7
Eletrocardiograma, 6, 7
Emerson, Ralph Waldo, 179
EMT, 94
Estudos de Caso, 83-115
Euclides, 19

F

Fábrica Oculta, 75, 78, 176
Fads and Fallacies, 51
Feedback (retorno de informações), 101
Feigenbaum, Armand V., 76
Ferramentas do Seis Sigma, XV
Feynman, Richard P., 154
Fisher, Ronald A., 16, 22
Fobia por matemática, 177
Força da evidência, 83

G

G. Charter Harrison, 141
GAAPs, 26
Galileu, 180
Galton, Francis, 26, 139
Galvin, Robert, 55
Gantt, Henry L., 63
General Electric, 76, 180
Generalização, VII, XIII, 4, 140
Geometria de matriz de dados, 89
George E. P. Box, XVI
Gerenciamento científico, X-XI
Gosset, William, 6
Gould, Stephen Jay, 139
Gráfico de Pareto, 93, 104, 135, 136
Graus de liberdade, 35-36, 129, 130
Guinness, 6

H

Harrison, G. Charter, 139
Hill, Sr. Austin Bradford, 100
Hiperespaço, 11, 16, 19
Histórias, 22
Huff, Darrel, 23

Hunter, J. Stuart, 43
Hunter, William, 43

I

Ilusões, 27-28
Imagineering, 4
Impressões digitais, 140
IS, 77

J

JCAHO, 92
Jefferson, Thomas, 175

K

Kaizen-blitz, 110
Keats, John, 22

L

Lei do universo, 35, 50, 123
Logros, 27-28

M

Mackay, Charles, 27
Mapas do processo, 62
Mapas, tendências, 75
Marconi, 16
Matrioska, 73
Matriz de dados, VII, X, XIII, XV, 3
Maxwell, James Clerk, 58
Medições, VII, XIII, 119
Michelangelo, 16
Minitab, 56
Modelagem de regressão, 139
Motorola, 180
Multiplicação, XII-XIII

N

n dimensões, 4
NASA, 154
Netter, Frank, 6
Newton, Isaac, 22
Nível de Confiança, 50, 96
Nova Equação da Administração, 3, 125-126, 137

O

OFAT, 24

P

Padrões de evidência, XVI, 21-53, 124
Pensamento crítico, 28
PERT, 63
PhD de Cinco Minutos, XVI, 118
Picasso, Pablo, 10
Pitágoras, 21
Planejamento de Experimentos, 17, 20
Planos perpendiculares, 14
Previsão de linha reta, 142
Princípios de Trabalho, 48-49

R

Raciocínio, 49
Refração, 22
Registros, 88
Revisão trimestral, 207
Ronald Fisher, VII, IX
Rothamsted, 5

S

Sacos de Papel, XII-XIII
Sagan, Carl, 126
Sculpey Clay, VIII, 127
Seis Sigma, XVI, 57
Shewhart, Walter A., 167
Simulação, 67-70
Sinais de Ganho, 17
SIPOC, 120
Sisifus, 141
Smith, Bill, XV
Straw man (homem de palha), 45

T

Tamanho da amostra, 29-30
Taylor, Frederick W., 52, 69
Tempo de Permanência, 130
Teorema de Pitágoras, XVI
Teoria do Seis Sigma, 19
Tetraedro, VIII, 118, 128
Themis, 51
Transparência, XI
Três Rs, XVIII
Turrell, James, 19
Twain, Mark, 29

V

Valor p, 41-42
Valor P, 50
Valores previstos, IX, 17, 129
Variação, VIII
Vetor, VIII, 30, 118
Vetorial, análise, VII, VIII, XI, 39, 46, 47, 128, 133, 167

Entre em sintonia com o mundo

QualityPhone:
0800-263311
Ligação gratuita

Rua Teixeira Júnior, 441
São Cristóvão
20921-400 – Rio de Janeiro – RJ
Tel.: (0XX21) 3860-8422
Fax: (0XX21) 3860-8424

www.qualitymark.com.br
E-Mail: quality@qualitymark.com.br

Dados Técnicos

- Formato: 18 X 25
- Mancha: 14 x 21
- Corpo: 11
- Entrelinha: 13
- Fonte: Times New Roman
- Total de Páginas: 240

Impresso nas oficinas da
SERMOGRAF - ARTES GRÁFICAS E EDITORA LTDA.
Rua São Sebastião, 199 - Petrópolis - RJ
Tel.: (24) 2237-3769